借鉴芬兰经验，推动幸福广东建设

JIEJIAN FENLAN JINGYAN,
TUIDONG XINGFU GUANGDONG JIANSHE

郑德涛　林应武　主编

中山大学出版社
·广州·

版权所有　翻印必究

图书在版编目（CIP）数据

借鉴芬兰经验，推动幸福广东建设/郑德涛，林应武主编. —广州：中山大学出版社，2015.9

ISBN 978-7-306-05458-6

Ⅰ. ①借… Ⅱ. ①郑… ②林… Ⅲ. ①公共管理—广东省—文集 Ⅳ. ①D63-53

中国版本图书馆 CIP 数据核字（2015）第 227530 号

出版人：徐　劲
策划编辑：赵　婷
责任编辑：赵　婷
封面设计：林绵华
责任校对：林彩云
责任技编：黄少伟
出版发行：中山大学出版社
电　　话：编辑部 020-84111996，84113349，84111997，84110779
　　　　　发行部 020-84111998，84111981，84111160
地　　址：广州市新港西路 135 号
邮　　编：510275　　传　真：020-84036565
网　　址：http://www.zsup.com.cn　　E-mail：zdcbs@mail.sysu.edu.cn
印刷者：广东省农垦总局印刷厂
规　　格：787mm×960mm　1/16　16 印张　300 千字
版次印次：2015 年 9 月第 1 版　2015 年 9 月第 1 次印刷
印　　数：1～1000 册　定　价：38.00 元

如发现本书因印装质量影响阅读，请与出版社发行部联系调换

编委会

主　　编：郑德涛　林应武
副 主 编：陈康团　李善民
编　　委：郑德涛　林应武　陈康团
　　　　　李善民　谭　俊　肖　滨
　　　　　李　华　何艳玲　应国良
执行编辑：李　华　应国良

芬兰五期开班合影

芬兰五期学员和领队、芬兰公共管理学院领导合影

学员们在芬兰上课情景(一)

学员们在芬兰上课情景(二)

学员们在芬兰赫尔辛基合影

学员热烈讨论中

目 录

第一部分　公共管理与公务员制度

试就"芬兰模式"探讨中国食品安全问题…………………… 傅文锋（1）
广东公安微博群建设成效及体会 …………………………… 刘　博（6）
芬兰城市化发展水平研究及启示 …………………………… 李　巍（16）
芬兰应急管理工作情况及其对广东省的启示 ……………… 安怀军（24）
芬兰公共管理的主要经验及其对广东的启示 ……………… 龙家有（29）
芬兰公务员制度对中国的启示 ……………………………… 蓝国彬（45）
如何提升公务员职业幸福感
　　——来自芬兰KAIKU项目的经验及启示 ……………… 曾远清（51）
芬兰公务员制度的特点分析及启示 ………………………… 陈志美（58）
引入以结果为导向的绩效管理办法，完善公务员考核
　　制度 ………………………………………………………… 陈国华（69）
芬兰的绩效审计风险分析及启示 …………………………… 张乐玲（78）

第二部分　教育、科技与人力资源开发

芬兰义务教育对推进广东省义务教育高质均衡发展的
　　启示 ………………………………………………………… 许顺兴（89）
芬兰职业教育对湛江市技能人才工作机制的若干启示 …… 陈江泓（99）
中芬博士后培养模式的比较与借鉴 ………………………… 马　凌（103）
芬兰职业技术教育体系与启示 ……………………………… 李　农（111）
芬兰职业教育及其对广东省的启示 ………………………… 林　明（118）
芬兰科技创新促进经济持续发展的经验及其对广东省的
　　启示 ………………………………………………………… 黄江康（125）
芬兰高新技术产业发展经验对广东省加快外贸战略
　　转型的启发 ……………………………………………… 李勇毅（133）

芬兰成功经验对加快推进东莞人力资源开发创新
  发展的启示 ………………………………………… 卢耀昆（140）
芬兰人才资源开发经验及其对深圳人才发展战略的
  启示 ……………………………………………… 龚祖兵（145）

第三部分　行业发展与社会保障

芬兰林业生态发展之路及启示 ………………… 罗奕宏（158）
中芬房地产市场比较研究 ……………………… 周贵明（168）
芬兰行业协会商会发展现状对广东省的启示 … 黄锻炼（171）
广东省加快发展现代农业对策探讨
  ——兼谈芬兰发展现代农业的经验和启示 … 蔡　立（180）
芬兰社保体制改革的若干启示 ………………… 莫洁兰（190）
芬兰医疗卫生制度浅析及其启示 ……………… 史明丽（196）
借鉴芬兰经验，完善广东社会保险公共服务体系 … 丰　波（206）
广东利用信息技术推进政府廉洁治理的实践与思考 … 杨　飞（220）
借鉴芬兰经验，推动幸福广东建设的思考 …… 王留军（235）

后　记 ……………………………………………………（245）

第一部分 公共管理与公务员制度

试就"芬兰模式"探讨中国食品安全问题

傅文锋

中国是一个具有五千年文明史的国度,中国的饮食文化发展史则可以追溯到更久远的年代。当外国人由衷地感叹中华饮食文化积淀之深厚时,国人却在被"苏丹红"、"瘦肉精"、"三聚氰胺奶粉"、"地沟油"、"毒豆芽"、"染色馒头"、"黑烤鸭"等毒害。秉承"民以食为天"的中国人,这个最关心"吃"的民族,正逐渐对食物失去了信心。在中国,遭遇有害、有毒、非健康食品已经成为人们生活的常态,食品安全问题也正成为关系人民群众的生命安全、经济健康发展、国家安定和社会稳定的重大问题。

一、中国食品安全困境

2011年,复旦大学研究生吴恒曾征集33名志愿者编撰了《中国食品安全现状调查(2004—2011)》,并将这个调查报告取名为"易粪相食"。所谓"易粪相食",就是食品的生产者清楚自己制作的食品是垃圾,因此从来不吃,但当他吃到另外一种食品时却自然中招,就这样,大家你买我的,我买你的,互相吃对方制造出来的垃圾。这个词语受《左传》中"易子相食"的启发,饥荒年代的悲剧用在物质丰盈的当下,颇具讽刺意味,也一语中的地概括出了当前中国食品安全的现状。

全国粮油标准化委员会油料及油脂工作组组长、武汉工业学院食品科学与工程学院教授何东平曾说过这样的话:"你一定也吃过地沟油。"据他估计,目前我国每年返回餐桌的地沟油有200万~300万吨。而中国人一年的动、植物油消费总量大约是2250万吨。按照这个比例,平均吃10顿饭就可能有1顿饭碗上地沟油。

中国目前正面临着整体性的食品安全危机，这背后已经不仅仅是监管的问题。制造问题食品的商贩只盯着钱，不以为耻反以为荣，即使三聚氰胺能毒死孩子，也照样拼命地生产。羞耻感的沦丧、价值观的迷失，在此得到了充分的体现。食品安全危机还在不断蔓延，中国食品安全的出路在哪里？

二、食品安全的"他山之石"

如何建立食品安全监管的长效机制，保证消费者能吃上绿色、新鲜、安全的食品？或许"他山之石"可以为我们提供一定的借鉴。下面笔者就尝试从芬兰的食品安全模式对此进行探讨。

（一）完善制度，食品监管有法可依

芬兰政府十分注重关系到国民身体健康的食品安全问题。政府通过立法加强对食品卫生安全的管理，促进政府有关部门、食品加工业以及科研机构广泛合作，并在全国建立了"从农场到餐桌"的食品安全链，层层监控，处处把关，进行卓有成效的食品安全监管。

建立完善的法律制度是解决食品安全问题的根本所在。芬兰有关食品安全的法律法规涉及面很广，食品标准和监管程序方面的条款相当详细。例如，芬兰的食品法明确规定了食品生产的监控和管理程序，以及生产、运输到销售过程的卫生要求，明确了食品添加剂和接触食品的材料（包装和容器等）的使用限制。这些规定使政府部门的具体监管有法可依，且程序清晰。

（二）源头抓起，全程监管保障安全

农产品的优质和安全保障始于种子。为此，芬兰农业部要求所有农作物的种子都不得含有相关法规中列举的有害生物体。对肥料也有严格规定，肥料中不得含有任何有害于土壤、环境、人类和动物健康的物质。芬兰政府对镉的负面影响非常敏感，在相关法规中严格限制肥料中镉的含量。值得注意的是，芬兰政府对杀虫剂的使用慎之又慎，近年来严格限制并实施监控。

畜牧产品的品质和安全保障始于种畜禽的选育。芬兰农林部对种畜禽的品种、选育方法、健康检查、卫生防疫、繁殖和饲养环境等都有严格的法规进行把关。饲料是芬兰畜牧生产中的监控重点。2008年2月，芬兰农林部出台新的饲料法，对动物饲料作出新规定：严格限制饲料中的添加剂，明确列出禁用成分；指定监管机构，并明确其职责；规范管理措施及处罚规定。

芬兰的食品安全注重从源头抓起，环环紧扣，防范"从农场到餐桌"食品链中每一环节的质量和安全隐患。他们强调全程监管，包括生产、收获、加工、包装、运输、贮藏和销售等环节；监管对象包括化肥、农药、饲料、包装材料、运输工具、食品标签等；避免重要环节的缺失，并以此为基础实行问题食品的追溯制度。

（三）严格执行，加工销售标准明细

在食品加工方面，芬兰食品法规对食品加工过程中的卫生、操作程序、操作人员的卫生、添加剂（色素、香精、甜味剂等）和维生素，以及其他营养成分的添加、包装和容器的卫生及材料的选择等方面的细节都有具体和详细的规定，并与食品安全监管部门密切合作，加强食品卫生监控，以确保为消费者提供安全和高品质的加工食品。

在食品销售方面，芬兰的《健康保护法》为食品销售中的运输、储存和零售等环节制定了具体卫生标准，规定不同食品的储存温度，以及食品零售场所的清洁和具体消毒程序。此外，芬兰的食品零售商每天还必须检查所销售食品的保质期情况，按照法律条例规定，及时处理即将过期和已过期的食品。

三、中国食品安全问题破局之路

芬兰保障食品安全的做法和经验对于破解当前我国的食品安全困局具有一定的启示和借鉴作用。当前我国的食品安全状况不容乐观，其原因是多方面的，最主要的一点就是我国的食品安全法律法规体系尚不完善，与发达国家相比存在不小的差距，迫切需要与国际接轨，逐步加以完善。

（一）完善食品安全法律法规体系建设

完善食品安全法律法规体系建设，才能使保障食品安全的各项工作有法可依。这个体系应该是"以食品安全基本法为龙头，其他具体法律相配合，辅以食品安全技术法规和标准的多种层次的法律法规体系"。具体措施如完善有关对农产品种植等源头管理的规定，制定有关对新产品投放市场的审查及其跟踪观测的规定，增加对为生产、销售假冒伪劣食品提供原材料者的处罚措施，等等。最终使食品安全法律体系覆盖食品种植、养殖、加工、包装、贮藏、运输、消费等各个环节。

（二）建立有效的食品安全监督管理体制

建立有效的食品安全监督管理体制主要应做到以下三点：健全信息披露机制；普及食品安全教育，增强公众维权意识；建立食品安全责任追究机制。在中国，食品安全信息长期不透明和不公开，出问题后，消费者一直处于"不明真相"的状态。其实，对问题食品企业高频次曝光，让消费者发挥自觉抵制作用，是解决食品安全问题卓有成效的方式。

（三）提高食品安全立法技术

《国际食品法典》建立了一整套关于食品安全标准和食品质量标准、食品加工规范及食品加工准则等相关规定，它汇集了国际上已经采用了的全部食品安全标准、通用准则及其他指导性条款。这对我国提高食品安全立法技术，完善食品安全标准体系具有重要指导意义与借鉴作用。为此，我们应该加强以下几个方面的工作：加快国家标准、行业标准、地方性标准的修订工作，提高标准水平；加快采标步伐，加强标准创新工作机制，提高标准修订工作的透明度和公众参与度。从立法技术，食品安全标准体系方面进行提高和完善，确保我国食品安全法律体系更加成熟、规范、完整。

（四）改变多头监管，加强执法合作

多头监管是食品安全监督管理体制中的突出问题。曾有人大代表指出，"六七个部门管不住一头猪"，其实并非笑谈。实行分段监管体制，要进一步理清各部门的权限与职责，加强他们之间的执法合作，形成执法合力，这样才有利于调动各个部门的积极性，进而达到对食品安全进行有效监督的目的。

（五）保障法律法规惩治力度

目前，我国的民事损害赔偿理念还停留在让加害方负补偿性赔偿责任的阶段，即"损害多少赔偿多少"，这种赔偿方式对大多数经营者而言是微不足道的。与补偿性赔偿相比，惩罚性赔偿有利于提高消费者维护自身权益的积极性，加大食品生产经营者的违法成本。因此，加大赔偿和罚款的力度，同时注重吊销营业执照、吊销许可证等"资格罚"的使用，能大大提高惩治力度。

（六）法律执行应持续规范

我国目前在打击假冒伪劣食品、保证食品安全的执行过程中缺乏规范化和持续性，往往在出现重大食品安全事故后，由上级行政机关发布命令，进行

第一部分 公共管理与公务员制度

"一阵风"式的检查、处理,当这阵风过去后,假冒伪劣商品重新泛滥起来。这种缺乏规范和持续性的打假过程,无法从根本上解决食品安全问题。要想从根本上解决食品安全问题,必须保证法律法规执行的持续性和规范性,只有这样,才能真正让人民群众"买得放心"、"吃得安心"。

借鉴芬兰经验，推动幸福广东建设

广东省公安微博群建设成效及体会

刘 博

2010年初，广东省佛山市、肇庆市公安局在全国公安机关中率先开通公安微博，并通过实名认证，试水"微警务"。随后，省公安厅与全省21个地级以上市公安局共同组建了全国第一个政务微博群——"广东公安微博群"。广东省公安机关紧紧围绕社会管理创新、社会矛盾化解、构建和谐警民关系和公安中心工作任务，借助公安微博载体，准确把握"沟通桥梁、服务平台、舆情窗口"三大定位，紧扣"微博问政"这一核心，突出集群联动，继续开拓创新，积极运用公安微博开展微博问政与警察网络公关建设等工作，取得显著成效，进一步拓宽了网络问政和警民互动渠道，提升了公安机关的网络传播力和影响力，增强了网络话语权和舆论引导主动权，有力地促进了和谐警民关系建设。据统计，截至2012年1月31日，广东公安微博群的机构成员总数为331个，粉丝总数超过3700万，主动发布信息9.8万余条，回复网友提问和评论超过39万人次。

和西方发达国家警队相比，虽然公安机关应用微博等网络社交媒体起步较晚，但是发展势头迅猛，普及率较高。据人民网舆情检测室统计，截至2011年11月27日，仅新浪微博中的公安微博达6562个，占政务微博（包括官员个人和机构微博）总数19104条中的34.35%，且数量最多。广东省公安机关在"微时代"的大胆尝试和积极探索，更得到了时任国务委员、公安部部长孟建柱同志和副部长黄明同志的充分肯定和支持。黄明副部长在2011年9月召开的全国公安微博专题研讨会上指出："全国公安微博建设已成燎原之势，形成了以地级市公安政务微博为主并加以整合形成微博群的'广东模式'，广东省公安厅微博'平安南粤'已经成为具有重要影响的微博知名品牌。"2010年以来，被网友昵称为"厅哥"的广东省公安厅政务微博和广州、深圳、佛山、肇庆、梅州等市公安局政务微博先后入选全国"十大党政机构微博排行"、全国政法微博影响力排行榜十强，并分别被评为"2011年度中国最有影响力政务微博"、"2011年度中国优秀政务微博"、"2011年度全国十大政务机构微博"、"全国政务微博特别贡献奖"等。

一、公安微博助力警务工作的五大成效

（一）维稳信息新来源

在日常工作中，全省公安机关微博群充分利用两年来在微博圈形成的强大影响力和良好口碑，努力做到在与网民高频率、高质量的互动交流中第一时间发现涉警舆情信息，并第一时间上报处理。从2011年11月起，省公安厅微博工作团队将微博上反映的涉警涉稳等敏感信息，以政务网络信息快报、半月报、专题报等形式及时报送领导参阅，供领导及时掌握网上涉警涉稳热点问题。自该机制形成至2012年2月上旬，省公安厅成功发现并上报多起重大涉警舆情信息，并使信息在形成热点之前就得到及时的应对和妥善的处理，取得了良好效果。如2011年底，广州发生一起群众深夜乘坐出租车遭司机抢劫的恶性案件，虽然该案已被迅速侦破，但在微博上却演化成市民晚上乘坐出租车被抢劫的多个谣言版本，恐慌情绪一时蔓延开来。2012年1月5日上午8时，新浪微博名为"幸福广州"实名认证账号（粉丝数为50万）转发了名为"GZjason仔"的网友自称乘坐出租车被劫的信息。鉴于岁末年初治安问题易成为舆论热点，省公安厅微博工作人员发现此信息后迅速以快报形式上报领导，并通知广州市公安局处置应对。当天16：55，广州市公安局在核查情况后发出微博予以澄清。省公安厅再次组织全省公安微博群联动发布，使该谣言的传播势头迅速得到遏制。2011年深圳大学生运动会期间，省公安厅利用网络直播车及微博平台直接成功应对处置了20余起源自微博的涉警负面舆情。2010年以来，省公安厅利用微博先后成功处置60余起引起社会广泛关注的重大涉警舆情。在省公安厅的指导和推动下，各地公安微博管理团队也在以往开展的网络问政工作基础上建立起微博涉警舆情发现研判处置机制。2011年广州增城新塘"611"事件发生后，个别网友在网上发布"事件中有一名孕妇被打成重伤、其丈夫被活活打死"的谣传，广州市公安局第一时间通过微博予以澄清，并迅速抓获了散布谣言的犯罪嫌疑人，依法追究其法律责任。该信息通过全省公安微博群联动发布，及时扭转了网上舆情的不良走势。

（二）矛盾化解新渠道

在矛盾凸显期，互联网特别是微博已经成为网民表达诉求和不满情绪，展现社会矛盾的重要窗口，广东省公安机关积极开展"微博问政"，通过公安政务微博听民意、察民情、解民忧、办实事，利用微博化解矛盾、强化网上监

督，成为广东省公安机关社会管理体制创新和网络问政工作向纵深发展的重要内容。2011年11月22日，网民"符榆柏"在新浪微博发布信息质疑公安机关对广州大学城某高校门口大学生被劫一案的侦办工作不力。该案的发生及该微博的发布，引发了大量在校大学生的关注。省公安厅发现该信息后及时以快报形式上报并通知广州市公安局相关部门加大力度侦破案件、及时公布破案进展情况。12月3日，广州市公安局指导在大学城学生群体中颇有威望的辖区民警的微博账号"大学城周sir"发布案件侦破的消息，并号召"警民合力打造平安和谐大学城"，网友"符榆柏"在转发该信息的同时对处理结果表示满意。随后，广州市公安局一方面在大学城内增设治安监控摄像头、增加巡逻警力和岗亭，另一方面协调有关职能部门对大学城偏僻路段设置路灯。此举不仅成功化解了网民对公安机关的质疑，还改变了网友对公安机关的评价，网友们纷纷对公安机关和辖区民警的做法竖起大拇指表示赞许。2011年11月22日，新浪微博网友发微博称发现一警车每周末都停放在清远市某生活区，还在微博文后附上了该警车停放时的图片。省公安厅发现该信息后立即通知相关部门处理，经查，该车为佛山市公安局某民警返家时停放，佛山市公安局对该民警给予了相关处分，并将处理结果向网友通报，得到了群众的一致认可和好评。佛山、肇庆、中山等地公安机关收到网民通过微博反映当地警车乱停乱放的问题后，及时通过微博发布调查处理结果，网民拍手称快。

（三）打击犯罪新方法

搜集线索打击犯罪是公安机关的中心工作，广东省公安机关积极利用微博作为互动媒体的广泛影响力搜集线索协助破案，增加了搜集线索的新渠道，形成了打击犯罪的新方法。在2011年公安部部署开展的"清网行动"中，广东省各级公安机关均大力利用微博这一阵地开展宣传、劝投、追逃。自2011年9月江门市公安局蓬江分局民警创作被网友誉为"史上最萌劝投令"、规劝在逃人员投案自首的《见与不见》"清网行动"版，被全国各地公安机关及众多网友纷纷评论转载后，中山、梅州等地公安局都以古诗词体、客家山歌体等形式进行微博劝投，收到良好效果。9月16日，中山市公安局工作人员通过微博成功劝投一名故意伤害案在逃犯罪嫌疑人，被媒体和网友称其为"微博自首'第一人'"；11月中旬，中山市公安局微博团队再次通过微博劝投一名在逃犯罪嫌疑人；12月下旬，志愿者王金云通过微博与省公安厅微博联系，联合对在逃犯罪嫌疑人陈某进行劝投，12月25日上午，涉嫌故意伤害致死案、负案在逃16年之久的陈某在王金云和媒体记者的陪同下到深圳南山派出所投案自首，成为王金云及其所在志愿者机构与省公安厅微博共同劝投的第4名在逃犯罪嫌疑人。

（四）服务群众新途径

广东省公安机关积极通过开辟网上服务新途径，为群众提供高效、便捷、阳光的网上服务，通过公安微博群的形式开展网络访谈、网上便民利民服务等，以网络访谈落实"三访"，以政务微博进社区落实"三评"，已成为广东省公安机关微博应用的常态。目前，广东省大部分地级以上市的市公安局直属单位、分局、派出所、社区警务室均开通了微博，这些微博结合民警个人微博便形成了立足本地、联系全市、辐射广东的地市公安微博群，进一步拓展和延伸了全省公安微博群，传播效果产生倍增效应，服务效果也日渐显著。目前，广州、深圳、肇庆、中山等市公安局以添加功能模块的形式，整合公安政务网站的优质网络服务资源，将公安微博扩容成公安"微网"，集办事、查询、咨询、投诉、建议、举报等多种功能于一体，出入境、交管、消防、户政等与民相关的业务大多可通过微网办理，这种"一站式"服务使得微博的功能更加强大、网上服务更加便利，得到众多网友的一致认可。微博的双向互动性决定了公安微博提供服务的双向和互动性，微访谈便是很好的载体。目前，全省各地公安机关已形成了常态化的网民在线交流活动，珠海、汕尾、揭阳、湛江等地级市公安局"一把手"还亲自上线与网友交流互动。2011年至今，全省公安机关积极利用微博进行网上走访，开展微博访谈，累计发布信息超过4万条，评论的回复率超过90%，收集意见建议近9000条，创新网上群众工作方法。2011年12月，佛山市公安局创新推出"微社区"、"微主播"等形式，直接到网民反映问题多的地方，现场协调相关警种部门处理解决。微博团队走进社区，线上线下同步活动，把公安机关与网民交流形式从"键对键"与"面对面"二选一变成了"合二为一"，全方位为群众提供贴心服务。

（五）维护公信力新平台

在微博中，网络谣言具有巨大的传播力和破坏力，对于政府机构的公信力具有极大的损害，因此，公安政务微博也担负着在微博领域发现涉警谣言并澄清，修复和维护公安机关公信力的重要使命。广东省公安政务微博在工作中"紧盯"微博谣言，快速有力地处置了数起相关事件，切实维护了公安机关在微博中的形象和公信力。2011年12月25日，新浪微博账号"李清芳real"在其个人微博中发布了一张用手机拍摄的身披警服露胸不雅照，引起网民热议。由于该用户采用女警头像信息，而且标签中有"广东"、"惠州"以及"警花"和"女警察"等字样，导致不少网民误以为其为惠州民警，极大地影响了广东公安机关的形象。省公安厅发现此信息后迅速上报并通知惠州市公安局核查。26日，惠州市公安局发布微博予以澄清，及时辟谣，回应了公众质疑，维护了广东公安的形象。2012年1月19日，新浪微博账号"yan27gg"发微博称一年轻女子晚上8时左右在广州市北京路附近被一面包车强行拉上车轮奸，多名作案人员现已落网，提醒女孩们注意安全。临近年关，治安状况极易成为公众关注焦点，且靠近广州市北京路的西湖路将举办迎春花市，人多聚集，此微博易造成公众恐慌，并引起公众对警方治安工作的质疑和指责。1月20日，广州公安越秀分局发布微博辟谣澄清，声明查无此事，"yan27gg"也发微博认错致歉。再如2011年国庆黄金周第一天，不少网友在微博上谣传肇庆某高校3天内死了5个学生，请公安说明真相。肇庆市公安局微博团队立即协调相关部门开展核查，并于当晚发布了事实真相及事由，谣言在及时、权威的信息面前迅速消失。

二、做大做强公安微博的五点体会

（一）领导重视是关键

继2011年4月省公安厅党委组织理论学习中心组学习会专题学习微博知识、5月召开高规格的全省公安机关微博工作交流会推动公安微博工作后，10月25日、28日，省公安厅先后两次召集会议，研究推进微博问政工作的开展。省委常委、政法委书记、公安厅长梁伟发多次对广东省公安微博工作作出批示，并要求全省公安机关要通过微博、网站等多种形式"促进群众对公安工作满意提升率"。广东省各地市公安机关领导也高度重视公安微博建设：肇庆市局领导在经费异常紧张的情况下，拨出专款为公关科购置管理微博所需的移动终端（手机）、无线上网卡、笔记本电脑等设备；佛山市局领导专门为市局公共关系科增加5个民警编制，专职从事微博和网站管理工作。佛山石湾派出所把微博推广应用作为"一把手"工程，在李迅所长的带领下，该所领导班子纷纷开通个人微博。在所领导的强力推动下，该所陆续开通了"社区警民E家"等系列微博，全所76名民警中的66名开通个人微博，开通率达86.8%，其中有的民警已年过五旬，仍"织脖不辍"。

（二）主动创新是生命力

发展速度快、变化幅度大是互联网的核心特点，基于互联网传播的广东公安微博要保持领先优势和生命力，就要以开放的姿态不断学习，不断在形式、内容、结构、应用等各个领域主动创新,在发挥原有优势的基础上,不断创新微博功能、拓展微博服务,不断满足人民群众特别是网民的新期待和新要求。正当有人提出微博会削弱政务网站影响力和关注度之际,广东公安却用不一样的思维,用"微网"联动理念和方式,成功实现公安微博的"扩容"和政务网站的"延伸",这也是公安微博不断创新的最佳体现。

(三) 强化服务是落脚点

公安政务微博强化服务不仅是微博作为一种互动媒体的传播要求,更是人民公安为人民、建设服务型政府,服务"幸福广东"的目标要求。公安微博要紧跟时代新潮流,进一步开拓网上便民利民的服务项目和内容,服务社会、服务群众、服务实战,真正使得广东公安微博的网民口碑夯实在优质高效的服务上。例如,在2012年春运安保攻坚战中,肇庆、云浮两地公安机关利用公安微博及时发布全市春运道路交通信息、各春运执勤点、服务点推出的一系列便民为民服务措施,公安交警日夜奋战在春运一线、全心服务返乡摩托车"铁骑大军"等信息、内容,图文并茂,生动活泼,温馨感人,取得了良好的社会反响。

(四) 解决问题是根本

微博问政、网络问政体现为网民与公安机关的良性互动。最终影响网络问政效果的,一方面是网民的自由表达,另一方面是公安机关的虚心倾听和解决问题。"问了也白问"不能取信于民,只有切实重视和解决群众反映的问题,不断改善和保障民生,才会得到群众的信任和拥护。国外警队应用社交媒体的成功经验也非常值得我们学习参考。正如芬兰赫尔辛基警察局负责社交媒体工作的警长马尔科·佛瑞斯所说:网络社交媒体是非常有效而且可行的交流沟通方式,尤其是对年轻人这个庞大的社会群体。有了社交媒体后,人们可以直接提出问题,由警方予以回应和解决,由此可以促进双方的了解和互信。

(五) 制度建设是支撑

规范化的制度是公安微博可持续发展的支撑。要通过公安微博实现最大限度的警民交流互动,就必须有规范的管理、完善的工作制度作为维系公安微博生命力的支撑。这包括从信息发布、受理、反馈以及各业务部门的协作管理方面制定相关制度,到建立完善网络涉警舆情的落地、处置、反馈、追究机制,并积极做好日常微博管理工作的值班责任制度,以及建立回复口径库,定期对群众诉求类信息进行分析梳理,发挥联动协作效力。以佛山市公安局为例,该

借鉴芬兰经验,推动幸福广东建设

局制定了《佛山市公安局微博管理办法(试行)》,编写了《佛山市公安局微博工作法》,从规章制度上指导各级公安机关及民警个人规范使用微博工作。文件要求目前已经开通的各地公安微博加强日常管理,确保微博内容每天更新,且主动发布的信息不得少于3条,评论回复率不得低于90%。要求突出公安机关职能特色,体现第一时间发布原则,侧重本地活动和讨论。对工作不到位、责任不落实的微博,责令限期整改直至关闭淘汰。

三、善用微博的四点经验

对公安机关而言,以微博为代表的网络新媒体是一门必修科,早晚要学要用。对现代化警队而言,更要学会在"咒语"中体察民情,在"板砖"中提高素质,在"围脖"中解决问题。

(一)"谣言止于知者":第一时间发布权威消息

微博拥有的极速传播力、简易发布力是把双刃剑:一方面,微博可以为优质信息的分享提供更便捷的平台;另一方面,微博也可能加快谣言的传播,公众的非理性恐慌和不信任在微博上随时有可能扩大甚至爆发。当微博中出现涉警信息时,公安机关只有在第一时间正视问题,通过公正的调查研究,第一时间发布权威消息,才能积极应对公众期待,形成良性互动,建立政府的公信力。因此,广东公安微博在涉警网络热点信息中,变"被动应对"为"主动作为",把"在广东公安微博群中第一时间联动发布权威消息"作为工作准则。面对网上的批评和质疑时坚持"三不"——不封、不堵、不删。

(二)"网言网语"来自"网"民:网络语言的转换和运用

网络作为一种新的传播介质,也拥有其传播规则和表述语言。公安政务微博代表着政府的立场,传达的是官方的声音,而微博更多的是网民自我表达的平台,如何在两者间进行平衡?"与网友沟通时,公安微博一定要有街坊味。"《南方都市报》"深度报道"记者李军在应邀参加广东省公安厅组织的公安微博座谈会时,对公安微博提出了如上建议。广东公安微博在工作中曾走过不少弯路,受过不少教训,也从教训中总结了经验,公安微博语言经历了从"官话"、"公文体"、"通告体"到"网言网语"的转变。媒介研究人士总结道:火爆不是广东公安的唯一特征,放下身段与民众沟通则是其火爆的基础。广东公安微博中行文表述方式的转变,就是为了更贴近网民,更好地宣传公安理念和为民服务。

（三）"1+1>2"：组建微博群，发挥集群联动优势效应

广东公安微博与其他省份的公安微博相比，最大的特点就是"群"模式：广东省公安厅及 21 个地级以上市公安局的微博组成了"广东公安微博群"，省公安厅、地级市公安局、县区公安分局、派出所及民警四级双向联动，增强了微博层面警务信息的传递、共享和联动。在微博群中，某一层级微博中得到的信息，都可以及时通畅地反馈到上一层级和下一层级，信息在微博群中能够形成一个"闭合的链条"，在信息的搜集交流方面更加便捷。而基于微博群的网络涉警信息传播，比起传统的机关公文传递程序，更是要快捷得多。"一点发布、多点响应"的全省集群联动效应，主要体现在微博问政和信息联动发布上，通过联动"发力"，达到了"1+1>2"的传播效果和办事成果。

（四）从"微博"到"微网"：以网络问政整体制度建设支持微博

微博作为一个新兴的网络工具，为网络信息传播带来了又一阵"冲击波"，广东省公安微博顺势而起，迅速取得领跑优势。微博不应该是孤立的，政务微博的发展是以整个网络问政体系的发展为基础的，必须与政务网站产生互动，才能更好地拓展服务，这也是广东公安微博团队始终坚持的理念和观点。深圳、肇庆市公安局结合网民的实际需求，以添加功能模块的形式，整合公安政务网站的优质网络服务资源，将公安微博扩容成公安"微网"，集办事、查询、咨询、投诉、建议、举报等多种功能于一体，得到网民的认可，称这种"一站式"服务使得微博的功能更加强大、网上服务更加便利。同时，"微网"联动将微博问政有效地纳入网络问政体系，充分展现广东公安网络问政的工作成效。广东公安"微网"联动创新实践，为政务微博平台的改版打下了坚实的基础，正逐渐成为全国政务微博发展完善的新方向。

四、广东公安微博群运营中存在的问题

在当前的微博工作中，我们主要遇到以下几方面的问题：

一是微博商业运营平台监管问题，尤其是微博运营商竞争导致的有选择性地制造话题、形成网上对立情绪、忽视公安机关正面声音等问题突出。同时，个别微博运营商对有明显违法内容的微博删控不及时，主动配合政府部门工作意愿很弱，在一定程度上助长微博上虚假、不实信息的泛滥。

二是在全国公安机关乃至政府机构纷纷进驻微博、应用微博的浪潮下，广

借鉴芬兰经验，推动幸福广东建设

东省公安机关政务微博工作的先发优势已不明显，主要存在发展速度放缓、持续投入不足、管理力量相对薄弱、相关制度建设尚待加强等问题。公安微博如何继续保持新鲜活力，如何在当前纷繁复杂的网络舆论环境中凸显权威和公信力，需要我们继续解放思想，继续探索实践。

三是利用微博等社交媒体进行舆情应对、公关策划的能力亟待提升。毫无疑问，以微博为代表的新媒体已成为社会舆论的新制高点。占领并利用这块阵地并为我所用，对于警察公共关系建设至关重要。我们必须更新理念和工作模式，建立与其特点相适应的新机制，才能更加有效地开展舆情应对及公关策划等工作，才能被社会公众广泛接受并取得实质性效果。

五、继续深化公安微博应用的四点建议

广东的网民数量、网民活跃度、手机上网用户数量均居全国前列，因此，微博发展的新趋势新进展，都在广东出现和发展，这是我们的机遇，也是我们的挑战，广东各级公安政务微博更应充分因势利导，因地制宜，以公安部打造公安微博"五个新平台"（收集社情民意新渠道、舆论引导新阵地、群众工作新平台、展示队伍形象新舞台、维护社会稳定新手段）为指导，总结经验，进一步擦亮"广东公安微博群"品牌。为此，广东公安微博群下一步工作必须紧紧围绕以下四个方面进行：

（一）加强保障，加大微博投入

积极创造有利于政务微博工作发展的内部和外部环境条件，本着节约务实、效率为本的原则，落实各项保障措施，继续加大对政务微博工作的人、财、物等方面的持续投入，重点培养网站专业管理队伍，努力实现工作的可持续发展。

（二）完善机制，提升管理水平

进一步完善政务微博工作机制，建立网上服务及网上信访专职联络员机制，落实部门及专人对接，落实网上服务、网上信访及微博问政等工作；进一步建立健全专项办复和督办机制、信息流转处置机制、微博值班制度等一系列围绕微博问政工作的机制，切实保障微博问政工作的运行。

（三）加强协调，提高工作效能

以加强广东公安政务微博群建设来支持整个网络问政平台体系建设，深化

完善公安微博应用，建立健全各警种参与、区域协同、"微网"联动的长效工作机制，充分发挥纵向各层级以及横向内设警种、各部门的职能作用，进一步提高工作效率。变网络"问"政为网络"行"政，做大做强"广东公安政务网站群"和"广东公安微博群"，积极应用公安微博等警民互动平台开展正面宣传和舆论引导。

（四）因地制宜，办出地方特色

积极创造有利于政务微博工作发展的内部和外部条件，鼓励各地围绕本地群众、突出服务、办出特色，避免"高、大、全"，力求"小、精、准"，并建立相应的考核及激励机制，以调动各地开展公安微博特色工作的积极性。

芬兰城市化发展水平研究及启示

李 巍

2011年5月9日至7月8日,笔者有幸参加了第五期广东省公务员公共管理芬兰专题研究班的学习,其中在芬兰公共管理学院一个月的学习生活中,笔者对芬兰城市化发展水平有了比较直观的认识,对于如何提高广东省城市化发展水平也有较多感想。

一、芬兰城市印象

芬兰位于欧洲北部,东临俄罗斯,南面濒临波罗的海和芬兰湾,西面是波的尼亚湾及瑞典,西北部则与挪威接壤。海岸线长1100公里,地势北高南低。内陆水域面积占全国面积的10%,岛屿约17.9万个、湖泊约18.8万个,有"千湖之国"之称。全国1/4的国土面积在北极圈内。其城市具有以下特点。

(一)城市人口少

芬兰国土面积33.8万平方公里,相当于两个广东省土地面积,但全国总人口只有530多万,仅仅相当于广东省常住人口的1/20,还不到广州市人口的一半。芬兰地广人稀,作为全国最大的城市,首都赫尔辛基的人口也仅有约58万,超过全国总人口的1/10。中北部较大的城市,如奥卢、罗瓦涅米等人口稀少,大多不过几万人。芬兰是全球人口密度最小的国家之一,在北部一些地区甚至每平方公里不足2人。

(二)城市化率高

芬兰曾经是典型的农业化国家,伐木和农业长期主导了人们的职业,人们大多依湖而居,过着田园式的生活。在工业化革命进程中,更多的人开始向南部沿海的以赫尔辛基为代表的城市迁移,芬兰在完成国家经济的产业构建过程中,诞生了像诺基亚、瓦锡兰以及北欧设计等在全球具有较大影响力的工业企业,也形成了赫尔辛基、坦佩雷、瓦萨等在全球经济格局中具有一定影响力的城市及其城市经济。如果单从时间跨度而言，芬兰可谓经历了一个快速城市化的过程。在1900年的时候，芬兰的城镇居民占人口比还仅仅是7.5%，从1952年赫尔辛基奥运会后的50年时间里，人口才开始大规模地往城镇转移，目前芬兰的城市化率已经超过80%，即便是在乡村生活的人，真正纯粹从事农牧业生产的也已经非常少了。

（三）城市规划合理

赫尔辛基的城市格局，在空间布局和功能组织上都是比较好的，其主要特色是注重功能分区和主张低密度，着重控制环境质量。赫尔辛基是典型的海滨城市，由于属于半岛格局，因此老城区主要位于半岛南部沿海一带，包括总统府、市政厅、议会大厦、赫尔辛基大教堂、中心火车站、赫尔辛基大学老校区、大型商业购物中心等，均在南部离海岸不远的区域。随着城市化的进程，特别是赫尔辛基奥运会的举办，整个城市不断向东北、北部和西北方面延伸，如不少奥运会比赛场馆就修建在北部区域，另外，赫尔辛基大学新校区、西贝柳斯公园以及一些高档住宅小区等也选址北部，从而使整个城市的面积大大扩展，也使城市的整体格局更为合理。

（四）城市风光靓

郭沫若在20世纪50年代访问芬兰时曾赋诗一首："信是千湖国，港湾分外多，森林峰岭立，岛屿似星罗。"赫尔辛基实际上是由众多岛屿组成的沿海湖泊城市，加上交错的平原、绵延的丘陵、片片农田森林，风景美丽如画。芬兰号称"世界设计之都"，这一点在城市设计方面表现得尤其突出，无论是政府官员还是建筑设计师，始终在孜孜不倦地思考如何通过设计来创造更美好的城市。赫尔辛基的城市设计注重了充分利用地形地貌，对城市绿色敞开空间（公园、绿地）的营造和自然水面的引入方面尤其下了功夫。全城公园、绿地随处可见，大片的原始森林令人叹为观止，有参天大树、绿野青草、缤纷鲜花和各类小动物。赫尔辛基到处都有水，水是城市的精粹，群群野鸭和天鹅在水中欢快玩耍，对人毫无畏惧感。赫尔辛基的美，在于它让人置身于风景如画的自然环境中，即使是在市区，随处也是一幅幅动人的美景。

（五）城市建筑美

赫尔辛基是一座既古老又年轻、既典雅又繁华的都市，时至今日，在城内仍可找到具有中世纪特色的不规则的街道。最古老的市区是位于波罗的海边的老城，地处市中心，老广场、老街道、赫尔辛基大教堂、乌斯别斯基东正教堂应有尽有，充满了中世纪情趣。芬兰最初是瑞典的领地，芬兰这个名称就是瑞典语"新发现的地方"，芬兰人自称"苏米"人，瑞典国王古斯塔夫一世为了和汉莎同盟的城市塔林争夺贸易，于1550年在塔林对面的波罗的海海岸修建了这个城市，命名为赫尔辛基，开始了她的历史。在赫尔辛基街头，数百年历史的建筑和几十年历史的建筑比肩而立，显得古朴、庄严而富有历史的凝重感，每一栋建筑各具特点，作为一个整体，又和周边的建筑浑然一体，形成统一的城市建筑风格。赫尔辛基传统建筑的墙基大多用花岗石垒砌而成，坚固耐用，上端是尖顶塔楼，别具一格，外部装饰艺术性极强；现代建筑也绝不标新立异，不会造成"鹤立鸡群"的不和谐景象，城市建筑风格统一、文脉延续。

(六) 城市交通畅通

在国内受够了城市拥堵之苦的我们，来到赫尔辛基，突然发现城市交通原来是可以如此畅通有序的。赫尔辛基的交通顺畅，得益于公共交通的发达和广泛使用，该城市的交通与城市的发展密切相关。赫尔辛基的公共交通除了拥有公交、地铁、出租车外，还有有轨电车，人们搭乘公共交通非常便利，手持一张公交卡，就可以根据需要登上各种公交工具，换乘点的设计非常科学，换乘各种不同的公交工具非常方便，各类公交车辆运行也十分准点。以我们从入住的假日酒店到芬兰国家行政学院上学为例，一路上我们要先乘坐公交，然后换乘地铁，再换乘有轨电车，全程大约40分钟，共乘坐3种公交工具，接近一个月的学习期间，我们每天只需提前50～60分钟从酒店出发，从未迟到过，可见其交通之便利和准点。1952年奥运会后，赫尔辛基着力将单中心城市打造为多中心城市，通过建设与中心城相连的轨道交通向新城疏散人口，居民到中心城的出行没必要使用小汽车，尽管新城多在市中心一二十公里开外，但有便捷和频繁的公共交通，居民感觉到新城就是赫尔辛基的一部分。赫尔辛基的"城市—区域"发展模式对我国大城市建设很有启发性：要在小汽车大规模发展以前就建立起公共交通优先发展的机制；新城建设要与轨道交通密切结合；城镇体系的发展要与公共交通体系相适应。

二、芬兰城市化进程对广东城市化发展的启示

芬兰属于地广人稀的国度，广东属于人口稠密的省份，尤其是珠三角地区，人口密度之大，远非芬兰这样的人口小国可以比拟。按理说，芬兰的城市化道路和广东城市化道路完全没有可比性。然而，正所谓"他山之石，可以攻玉"，仔细学习芬兰城市化的发展进程，对正在城市化进程中的广东来说，

还是很有借鉴意义的。

（一）提高城市化发展水平，是提升综合竞争力的重要内容

城市是代表一个国家或地区参与国际竞争的重要载体，是工业化、信息化、城市化、市场化、国际化的承载平台。美国《商业周刊》有一个著名的观点："当城市成功的时候，整个国家也会成功。"未来综合国力的竞争，在很大程度上由城市的竞争力决定。国家之间、国内不同区域之间的竞争，说到底，就是城市的经济、社会、文化、生态、建设发展水平的竞争。

从世界城市的发展潮流看，城市的竞争力主要取决于两个方面，一是承载力，另一个是宜居。承载力是指城市的资源享赋、生态环境、基础设施和公共服务等对城市人口及经济社会活动的承载能力，它决定了城市能建多大，能容纳多少人口，能承担多少就业，能提供什么程度的生活质量，等等，这是城市实现可持续发展的前提条件。宜居是指经济、社会、文化、环境协调发展，人居环境良好，能够满足居民物质和精神生活需求，适宜或者说是可以让人们在喜欢的环境里工作、生活和居住。

随着世界城市化进程的加快，城市群的地位日益凸显。同时，城市群的集聚效应、辐射效应和联动效应带动了周边地区的发展。在芬兰，城市群的作用同样如此，赫尔辛基、埃斯波、图尔库、坦佩雷、海门林纳等相邻的几个城市组成了赫尔辛基都市圈，成为芬兰国家的经济支柱和命脉，其GDP占了芬兰GDP总量的50%以上。再如，美国的大纽约区、五大湖区、大洛杉矶区，日本的大东京区、阪神区、京都名古屋区，英国的大伦敦区，法国的大巴黎区等世界级城市群，不仅成为本国的经济增长极和物质支柱，甚至成为发展的精神支撑，在国际竞争中发挥了举足轻重的作用。美国三大城市群的GDP占全美GDP的67%，日本三大城市群的GDP占全日本GDP的70%。

我国珠三角、长三角、京津冀三大城市群先后崛起，GDP也占了全国GDP的39%，初步具备了跻身世界级城市群行列的条件。其中，广东省与港澳共同构成的珠三角城市群，是最有发展潜力也是最能代表中国参与国际竞争的世界级城市群。因此，国家"十二五"规划和珠三角《规划纲要》都明确要求要进一步深化粤港澳合作，促进区域经济共同发展，打造更具综合竞争力的世界级城市群。这是中央交给广东的重要任务，也是中央为广东省发展指明的方向。它不仅是城市化发展的大势所趋，也是我国打造具有国际竞争力区域的客观要求。

（二）提高城市化发展水平，是产业转型升级的重要载体

芬兰曾经是传统的农业社会，以农产品种植和伐木为主要产业支柱。从20世纪50年代开始，芬兰以举办赫尔辛基奥运会为契机，开始以城市转型升级带动产业转型升级，一跃成为一个令世界惊叹的高科技国家。芬兰虽然只有530多万人口，但在信息科学、生命科学、能源和再生能源科学、新材料、空间科学、海洋科学、环境科学以及管理科学等领域，都在世界占有一席之地，并且在很多领域拥有尖端技术，取得了令世人瞩目的成绩，走在了世界的最前列。当前，加快产业转型升级是广东省的核心任务，提高城市化发展水平将为产业转型升级创造有利条件。通过城市改造升级，能够吸引高端产业进驻和高级人才落户，从而推动产业的转型升级，促进人口的结构优化。

德国的鲁尔区从一个污染严重、陷入困境的重工业区，成功转变成当今欧洲领先的环保技术中心，就是通过进行大规模的城市更新，恢复生态，改善环境，由此吸引了1600多家环保企业和科研机构落户，带动了一大批环保领域的高科技人才前来发展。近年来，广州的国际知名度和影响力有了新的提高，经济实力和发展潜力再次得到公认，这实际上是因为广州以"迎接亚运会，创造新生活"为主题，着力推进水环境和人居环境综合整治，城市建设水平大幅提高，城市面貌实现了脱胎换骨的"大变"，城市的形象和地位得到显著改善，从而吸引了国内外很多投资者和大项目，也吸引了很多高素质人才的目光。可见，城市的转型升级能够有效提升产业层次和人口素质。

（三）提高城市化发展水平，是扩大内需、促进消费的重要抓手

城市人口的聚集，极大地拉动了内需和消费，赫尔辛基大都市圈集中了芬兰近一半的人口，这种人口的集聚，成为拉动内需、促进消费的有力途径。对我国和广东省而言，提高城市化发展水平，既是一个长远的战略，同时也是一个现实的选择。实施扩大内需战略是我国和广东省的长期战略选择，城市化是扩大内需的有效手段。一方面，城市规模的扩大能够直接拉动基础设施、公共服务设施建设和房地产开发投资。据统计，2007—2009年，全国固定资产投资总额53.5万亿元，其中86%是城市固定资产投资，总额超过46万亿元，同期城市人口增加了约4480万人，即每增加一个城市人口需要115万元的固定资产投资额。广东省有大量发展中的中小城市，完善这些城市的基础设施和配套服务，投资效应巨大。另一方面，城市人口的增加可以促进居民生产、生活等多方面的消费。据测算，广东省城乡居民消费水平约为3.6∶1，城市化水平每提高1个百分点，就会有45万农民转为市民，他们的消费支出若达到

目前城市居民消费支出的平均水平,增加的消费需求就相当可观。同时,随着城市收入的增加和消费结构的升级,在满足生产生活基本消费的基础上,人们将更加注重文化、旅游、休闲类的新型消费产品,为刺激和扩大消费需求提供更广阔的发展空间。因此,加快城市化进程,提高城市化发展水平,是实施扩大内需战略、促进消费的重要措施。

(四)提高城市化发展水平,是提升人民群众幸福感的重要途径

赫尔辛基博物馆长期在播放农业社会时期芬兰人生活方式的影片,由于芬兰地处高寒地区,冬季漫长且寒冷,无论是农产品种植还是畜牧业均十分不便,人们生活之艰难可想而知。进入工业化时代以来,人们纷纷迁入城市,享受更好的工作、生活环境和更便捷的交通,人们的生活质量有了质的提高。如今的芬兰人内敛、富足,生活得从容而自信。上海世博会的主题是"城市,让生活更美好"。城市是如何让生活更美好的呢?主要体现在以下三个方面:一是有利于促进就业、增加收入。城市建设、城市经济、城市生活的快速发展,能为居民、高校毕业生以及农村剩余劳动力提供丰富的就业岗位,使群众的收入更多一些、增长更快一些。二是有利于提高公共服务质量。相对来说,城市的医疗卫生、文化教育和社会保障等公共服务体系更为完善,服务水平更高,群众的生活质量更有保障。三是有利于提升生活品质。城市化的一项重要任务就是宜居环境建设。城市高度集聚化使得城市的公共服务要求特别高,因此,解决好城市的各种问题也是提高城市化发展水平的一个重要任务。例如,交通拥堵、环境污染、暴雨积涝这些常见的"城市病",严重影响城市居民的生活质量,群众意见很大。提高城市化发展水平,下大力气加强基础设施建设,改善人居环境,可以让群众在城市中生活得更幸福。

三、广东城市化存在的突出问题及几点思考

同芬兰的城市化相比,广东在城市化方面还存在几个非常突出的问题:一是城市建设仍然还在"拼土地、拼资源、拼成本","摊大饼"现象比较普遍;二是城市基础设施严重滞后,交通拥堵、城市内涝、体育活动场地及绿地不足等问题日益突出;三是环境污染严重,城市的蓝天白云和清风碧水成为稀缺品;四是城市管理水平较低,体制机制亟须改革创新。上述这些问题,可以用一位专家的话来概括:建筑洋了,特色没了;档次高了,生活难了;城市大了,空间小了;人口多了,交往少了。要破解这些难题、解决这些问题,应着力从以下几方面入手:

借鉴芬兰经验，推动幸福广东建设

（一）树立绿色发展理念，从粗放发展向重视低碳生态发展

绿色发展是宜居城市的一个重要标准，建设资源节约、环境友好、生态平衡、适宜人居的"生态文明"，关系到城市的长远发展和人民的福祉。因此，实现城市的转型发展，从粗放的城市发展模式向低碳生态方式发展，是当前和今后的一个重要发展方向。这方面，国外一些城市值得我们学习借鉴。例如，被称为美国"绿色之都"的波特兰市曾经是一个以矿产资源和森林采伐等传统产业为支撑的城市，它用10年时间成功转型为一个人居环境良好、高科技产业实力雄厚、世界公认的生态园林城市。这个城市有五大特色：一是拥有美国最多的绿色建筑，所有新区开发建设都是最高等级的绿色建筑；二是轨道交通系统非常完善，并免费鼓励居民乘坐轻轨出行；三是建有慢行交通系统，鼓励居民自行车出行；四是大力推广使用节水设施，城市周围的两条河流完全处于原始的自然状态；五是大量发展电动汽车，鼓励使用清洁能源，空气质量非常好。可见，生态环境建设，本身就是生产力，而且是更高层次的生产力，是可持续的绿色生产力。

（二）树立智慧发展理念，向重视信息化、智能化管理模式转变

智慧发展是建设理想城市的重要支撑，也是提升城市生活品质和承载力的重要内容。20世纪90年代以来，城市信息化建设经历了信息港和数字城市两个阶段，随着21世纪信息技术的迅猛发展，城市信息化建设的新目标已经变成"智慧城市"。智慧城市是一个以信息网络为基础的城市信息体系，它综合运用地理信息系统、全球定位系统、遥感系统、宽带网络、多媒体等技术，对城市的基础设施、公共服务进行全方位的信息采集、动态管理和辅助决策。可以说，智慧城市虽然是物质的，但却是一个有生命的系统，是未来城市发展的方向。智慧城市的概念还在不断的完善当中，建设更是在初始阶段，有着广阔的天地和空间，这是城市未来的竞争力所在。建设智慧城市，就是要充分发挥广东的科技实力，以信息化、智能化助推城市化，让越来越多的高新技术在城市运营体系中得到应用。

（三）树立包容发展理念，向更加重视共建共享和文化传承转变

城市的包容发展，就是要更加注重精神文化的接纳与融入，兼收并蓄，共建共享。城市要有活力，必须要有强大的包容能力。城市人口流动性大，外来人口多，是现代社会的一个特点。如何对外来人口增强包容性，则是一个亟待提上重要议事日程的新问题。广东省是全国流动人口第一大省，珠三角城市的

外来流动人口多，一些城镇甚至出现户籍人口与外来人口严重倒挂的现象。但是，我们的社会缺乏对外来人口融入本地城市的制度设计，对大量涌入的外来人口，城市缺乏住房、教育、医疗等公共服务的考虑。能否解决好这些问题，关系到未来的城市发展与社会和谐。城市的包容发展还体现在文化的传承和多元上。文化是城市的灵魂。一个城市的产业形态可以复制，高楼大厦可以复制，但历史渊源和文化特色不可复制，这是城市具有的独特魅力。

（四）树立以人为本的发展理念，从重物轻人向重视民生导向

城市是因人而生的，城市的生命力源于城市中的人和他们的活动，目前，我们的城市建设日新月异，看上去更大、更漂亮、更现代化了，但人们的幸福感并不高，这值得反思。城市的发展说到底是为了人的发展，而不是单纯追求基础设施的数量和市容市貌，市民生活的幸福感才是检验城市价值的唯一标准。只有牢牢树立以人为本的理念，在发展城市经济的同时尊重人们的愿望、满足人的需要，实现人的全面发展，才能让我们的城市更宜居、更文明，给人民群众提供更高的生活品质。温哥华是全球最宜居的城市之一，它在城市改造和建设中做到一切以"人"为出发点。如在社区改造中，政府注重将原先的混合社区转变为"多功能一体化街区"，使居民步行即可到达工作区域，下班后的各类生活需求都能在本区域内得到满足，街区更趋人性化。在备受关注的住房问题上，纽约、香港等人口密集、地价昂贵的城市，有近一半人口是通过公共房屋的政策改善居住条件的，从而逐步解决普通人买不起房子的困难。这些先进经验启示我们，按照宜居要求推进幸福广东建设，就要在城市化发展中处处体现以人为本，更加重视民生导向，充分体现人文关怀，逐步完善基本公共服务，使城市成为大家的城市，提升全社会的幸福感。

芬兰应急管理工作情况及其对广东省的启示

安怀军

芬兰是世界高度发达国家,人均产出远高于欧盟平均水平,实行着"从摇篮到坟墓"的社会福利模式,贫富差距很小,国民享有极高标准的生活品质,社会稳定,应急管理形势非常平稳,有着很多值得我们学习借鉴的经验。2011年5月9日—7月8日,第五期广东省公务员公共管理芬兰专题研究班在中山大学和芬兰公共管理学院举办,笔者有幸参加了为期两个月的培训和学习,芬兰公共管理的各个方面特别是应急管理工作给笔者留下了深刻的印象。芬兰应急管理工作先行一步,给我们提供了很多宝贵的经验与做法,值得好好学习总结。

一、芬兰应急管理工作形势

芬兰位于欧洲北部,国土面积33.8万平方公里,比广东省面积(17.98万平方公里)大15.82平方公里,人口约530万,少于佛山市(585万),与瑞典、挪威、俄罗斯接壤,南临芬兰湾,西濒波的尼亚湾,海岸线长1100公里,有"千湖之国"之称。芬兰是世界高度发达国家,人均产出远高于欧盟平均水平,实行着"从摇篮到坟墓"的社会福利模式,贫富差距很小,国民享有高标准的生活品质,社会非常稳定,应急管理形势非常平稳。

自然灾害方面,芬兰自然灾害的风险对人们来说微不足道,几乎不存在地震灾害,虽然这几年暴风雪和洪涝灾害的风险有所增加,但远远低于造成风险隐患的警戒线。事故灾难方面,很少发生较大(死亡3人)以上交通事故,居民每年死于交通事故的几率为1/13000,死于火灾事故的几率为1/50000。最近一次较大以上交通事故发生在2010年8月14日,芬兰东部城市约恩苏附近发生一起汽车相撞事故,导致5人死亡。公共卫生方面,由于芬兰天气寒冷,各类传染病发病率非常低,很少有造成大面积流行的疾病。社会安全方面,芬兰民族成分相对单一,社会机构比较稳定,居民福利较高,犯罪率很低,发生大规模群体性事件的可能性几乎不存在。据报道,各类犯罪已连续第三年下降，2012年3月犯罪率与去年同比下降5%。

当然，芬兰应急管理工作也面临一些威胁，在某种程度上影响了社会的稳定。一是不同社会群体之间的排斥是芬兰社会面临的最大威胁，失业、收入差距加大、劳动技能的匮乏成为劳动力市场和社会普遍排斥的风险。二是各类安全事故发生率上升。各类安全事故是芬兰位居第四的死亡原因。近年来，家庭中、旅游过程中发生的安全事故造成的死亡人数已经是道路交通事故中丧生人数的7倍以上。酒精相关的中毒已变得越来越普遍。每年有100多人在火灾中丧生，相比较而言，这一数目已经很高了。三是不同种族群体之间的冲突加剧。芬兰正在迅速成为多元文化国家，2006年，外国移民增加至近12.2万人，占芬兰总人口的2.5%，在赫尔辛基地区，移民和少数民族甚至占总人口的8%以上，不同族群之间发生冲突的概率增加，社会管理的难度越来越大。四是暴力犯罪在持续增加。其中，家庭犯罪率是欧盟平均水平的2倍，斗殴犯罪在过去10年来一直在增长。其他如边境犯罪等也在某种程度上对社会安全构成威胁，但总体而言还没有那么严重。

二、芬兰应急管理体制

芬兰的应急管理体制与其政体密切相关。自1917年12月6日宣布独立以来，芬兰就一直是一个独立的共和国，其历史基础是斯堪的纳维亚自耕式农场主社会。芬兰是北欧国家中唯一在此基础上建立共和国体制的国家，并且芬兰的总统要比其他斯堪的纳维亚国家的国王或君主有更强的政治影响力。芬兰实行共和制和"议会代表"民主体制，议会依照比例代表制原则以直接选举方式产生，人民拥有政治权力并通过议会来行使。议会是国家的最高权力机构，采取一院制，由200名议员组成，每4年改选一次。总统每6年选举一次，芬兰于1995年1月1日正式成为欧盟成员国。

（一）应急管理法制

芬兰非常注重把各项工作纳入法律规范的渠道进行，政府各个部门的工作均制定相应的法律，并将其置于政府官方网站的显著位置，让人一目了然，应急管理工作当然也不例外。芬兰应急管理工作法案主要有《紧急权力法案》、《平民危机管理法案》等几十个法案，其中最为重要的是《紧急权力法案》。

《紧急权力法案》的目的是维护法律秩序、宪法权利和人权，并在紧急情况下保障主权独立和领土完整。该法案的适用需满足以下五个条件之一：一是对芬兰的武装攻击，以及战争和战争的后果；二是对芬兰领土完整的严重侵犯和威胁针对该国的战争；三是战争或外国国家之间的战争威胁，严重的国际危机意味着战争的威胁，并要求立即采取行动增加芬兰的防御准备，以及其他特定条件以外有类似效果的事件，即它们可能严重危害国家存在的基础和福祉；四是严重威胁人口的生计或基础国民经济的行为所带来的进口受阻，或中断不可缺少的燃料和其他能源、原材料和货物，或可严重扰乱国际贸易；五是特别重大以上的灾难。由此可见，该法案主要适用于战争或准战争如大灾大难等情况。根据法案有关规定，发生重大以上突发事件后，政府根据议会的授权，可以使用法案中规定的紧急权力。紧急权力主要包括：①公民政治权力、民主权利的剥夺，如选举的延期、公民工作时间与强度的增加等；②政府预算的调整，必要时政府有权临时调整财政预算；③政府审批权力的扩大，政府可以签发一些法令；④政府对金融领域控制的加强，如医疗、意外等保险范围的调整，政府可以根据灾害的情况适当调整保险的范围、期限、保险额度等，可以调整债券、股票等有价证券的追偿期限、方式等；⑤政府对交通运输、市场流通等领域的控制加强。由此可见，在紧急状态下，芬兰政府将获得更加广泛的权力，最大限度地调动各个方面的资源，提高突发事件应对能力。

如果说《紧急权力法案》是在紧急状态下对政府权力的加强，《平民危机管理法案》则是硬币的另一面，该法案主要对政府雇员、公民的权利作了相应的规定。此外，《警察法》对警察的职责、执法等进行了规范，《反洗钱法》对洗钱行为的监控、治理等进行了规范，《红十字法》对红十字会工作进行了规范。

（二）应急管理机构设置

芬兰政府由选举产生，设置有12个部，大约16名部长，没有副部长。12个部分别是：总理办公室、外交部、司法部、内政部、国防部、财政部、教育和文化部、农业和林业部、交通和通讯部、就业和经济部、社会事务和卫生部、环境部。其中，内政部负责有关应急管理工作的统筹协调工作，其他各部负责职责范围之内的应急管理工作。

内政部部长总负责应急管理机构的工作，负责日常工作的最高官员是常任秘书长。该部设有四个部门：警察署，负责警务工作；应急服务部，包括应急反应管理中心和消防基金等，主要负责应急管理工作的协调工作；移民局，负责移民工作；边防委员会，负责边境管理等工作。另外还有部内设置的行政部、财务部、法律事务组、内部审计单位、新闻和通信服务等，相当于我国的后勤服务部门。

第一部分　公共管理与公务员制度

（三）应急管理运行机制

芬兰内政部高度重视应急管理工作，将其作为该部的主要职责。2007年8月29日，芬兰政府成立了一个项目，准备启动内部的保安计划。政府将确定一个机构间的内部安全方案，以保证内部安全的主要目标和措施。除其他事项外，该计划的重点将转向以预防重大海上事故和环境灾害、家中安全、打击有组织犯罪、遏制极端主义运动、反恐怖主义活动、家庭暴力和预防的斗争非法移民和贩卖人口。为此，他们制定了《安全第一——国内安全方案》，提出74条旨在保持和提高安全性的措施，并提出了2015年前"把芬兰建设成为欧洲最安全的国家"的总体目标。为了实现这一总体目标，政府给各行政部门、机构和企业等设定了工作职责，要求他们务必完成目标任务。芬兰的应急管理工作主要是通过此方案规范有关权利、义务，并将其上升为各部、各单位的政策措施。

三、芬兰应急管理工作对广东省的启示

他山之石，可以攻玉。芬兰虽然是一个小国，但他们在应急管理工作方面的经验值得我们充分借鉴。

第一，应急管理工作必须注重社会整体和谐，以实现社会整体和谐和最大限度地消减各类突发事件发生、蔓延的空间为目标。经济高度发达而社会高度公平是芬兰留给我们最为深刻的印象。因为经济发达，国家有充分的财政来源保障民生，人民生活水平一直维持在世界最高水平。因为社会公平，人民就没有"不患寡而患不均"的担忧，各类社会问题得以消灭在萌芽状态，不致酿成突发事件，可以说最为接近广东省提出的应急管理目标"无急可应，有急能应"。

第二，应急管理工作必须从完善法律制度入手，立法先行，并及时将法律规定落实为具体的政策措施。芬兰的法制非常完善，各项工作均能依法开展。各类法律、法规涉及芬兰应急管理工作的方方面面，为应急管理工作的开展提供了充分有力的法制保障。制定的各项政策措施也非常注重与法律、法规的衔接，确保法律、法规能够"落地、生根、开花、结果"，达到了调整各类法律关系的目标。广东省应急管理工作在起步较晚的情况下，在短短几年的时间内已经取得了长足的发展，由于《广东省突发事件应对条例》等地方性法规的制定使执行工作有板有眼，取得显著成效，但应急管理法制薄弱的现状并未得到根本改观，仍需在不断探索、借鉴中继续充实、完善、提高。

第三,应急管理工作必须注重中长期规划,充分把握应急管理形势的发展变化。兵马未动,规划先行。有了明确的目标,才能制定具体的工作措施并按照落实。芬兰制定的《安全第一——国内安全方案》明确提出2015年前"把芬兰建设成为欧洲最安全的国家"的总体目标,并提出74条具体的工作措施,情况明、目标清、措施准,牢牢把握住了社会发展的脉搏,初步的实施情况表明了这一规划的前瞻性。为进一步贯彻落实《中共广东省委、广东省人民政府关于加强社会建设的决定》(粤发〔2011〕17号)中"强化公共安全和应急管理责任"有关精神,广东省历时近一年编制完成的《广东省突发事件应急体系建设"十二五"规划》在2011年底印发实施,这对进一步完善应急管理"广东模式",全面营造应急文化氛围,提升应对复杂多变公共安全形势的综合能力,当好全国应急管理工作排头兵必将发挥重要作用。

第四,应急管理工作必须强化部门职责,同时要强化应急管理宣教培训工作,充分调动公众参与的积极性。与我国相比,芬兰国家部委并不多,承担了社会管理各个方面的工作,每个部委职责都很明确,职责由法律来保障,制定的政策措施必须符合法律规定,部委的职责得到加强的同时也达到了有效的协调。芬兰公众的应急管理意识很强,充分体现为生活中的各个细节,如地铁中人流自动站在扶梯的右边,腾出左边作为应急通道;骑自行车健身的人的自我保护措施很周全,都佩戴着头盔,给人留下了很深刻的印象。广东省外来人口多,知识水平差距很大,治安压力大,社会管理任务非常繁重,遇到的难题也多,必须进一步强化有关部门的职责,提高应急管理机构的协调性和权威性;与此同时,加强应急宣传教育培训工作,提高公众的应急意识也十分有意义。

第一部分 公共管理与公务员制度

芬兰公共管理的主要经验及其对广东的启示

龙家有

2011年5月9日至7月8日,笔者有幸参加由广东省人力资源和社会保障厅主办的第五期广东省公务员公共管理芬兰专题研究班,先后在中山大学政务学院和芬兰公共管理学院(HAUS)接受各为期一个月的培训。赴芬兰学习期间,课程设置和拜访的相关机构全部是关于芬兰公共管理理念、公共管理机构及其职能、公共政策的制定与实施,以及地方政府治理、区域协调、欧盟对芬兰公共管理的影响等方面的内容。经过认真思考,根据自己在芬兰为期一个月的所听、所看、所想,笔者试图对芬兰公共管理的理念、公共管理组织、公共政策等方面作一个系统的归纳和整理,同时,对广东公共管理的相关问题提出一些个人意见和建议,以供没有机会赴芬兰学习的公务员和有兴趣的社会人士学习参考。

芬兰位于欧洲北部,面积33.8万平方公里,人口532.6万(2008年统计数据),人均GDP 3.5万欧元,是经济较为发达的西方社会民主型国家,是创新型经济体,是世界上社会福利水平最高的国家之一。根据世界银行对各国的统计,芬兰是世界上贫富差距最小的国家之一,在经济持续增长的同时实现了社会公平。芬兰政治民主,经济自由,文化多元,社会和谐,国际评估组织对芬兰的竞争力、创新力、幸福指数、民主指数、教育水平、可持续发展、透明度等多项指标的评估排名都位居世界前列。先进的公共管理理念、完善的公共管理组织和透明的公共管理政策,是芬兰政治民主、经济自由、文化多元、社会和谐的基石。同时,芬兰也面临人口老龄化、人口高度集中在南部城市导致的区域发展不平衡、高福利难于维持等问题,对此,芬兰的政治人物、学界和政府提出了一些应对措施。广东是我国改革开放的先行地,承担着我国行政体制、经济体制、文化体制和社会体制改革试验区的历史重任。芬兰公共管理的成功经验和解决公共管理问题的对策措施,对广东正在不断深化推进的行政体制、经济体制、文化体制、社会体制改革,对于建设幸福广东,有许多值得学习和借鉴之处。

一、芬兰公共管理的主要成功经验

公共管理从产生意义上讲是公共组织的一种职能，包括以政府为主导的公共组织和以公共利益为指向的非政府组织（NGO）为实现公共利益，为社会提供公共产品和服务的活动。公共管理是以政府为核心的公共部门整合社会的各种力量，广泛运用政治的、经济的、管理的、法律的方法，强化政府的治理能力，提升政府绩效和公共服务品质，从而实现公共福利与公共利益。公共管理作为公共行政和公共事务广大领域的一个组成部分，其重点在于将公共行政视为一门职业，将公共管理者视为这一职业的实践者。芬兰公共管理的成功经验可概括为：紧跟时势变化而变革的先进公共管理理念，运转高效而且不断完善的公共管理组织，公开透明而且惠及全民的公共管理政策。

（一）芬兰的公共管理始终紧跟时势的变化而调整

20世纪80年代以来，结果导向管理（或称绩效管理）为芬兰政治人物、学界和高级公务员普遍接受，成为芬兰公共管理的灵魂，引领着芬兰公共管理的变革和发展方向。这是芬兰公共管理的成功经验之一。

20世纪80年代以来，面对政府规模的扩大、财政经济压力的加剧、社会问题和政府不可治理的增多，以及官僚主义和腐败现象的泛滥，西方主要发达国家纷纷开始了大规模的政府再造运动。政府的运作亦发生了相应的变化，即由传统的、官僚的、层级节制的、缺乏弹性的公共行政，向市场的、因应变化的、深具弹性的公共管理转变。芬兰亦不例外，正如芬兰公共管理学院 Seppo Mansukoski 主任所言，从70年代末至80年代，芬兰学界对传统的任务导向管理进行了广泛讨论与争论，并逐步实现了从任务导向管理转向结果导向管理，公共组织及其高层人员永恒追求和关注的重点从功能转向结果。90年代以后，根据形势的变化，进一步完善、丰富和深化结果导向管理的目标、概念、理论、手段和工具，芬兰的许多公共管理组织和私营组织广泛开展活动，将结果导向管理的理论转化为实践，并在追求结果的同时注重过程管理。进入21世纪，芬兰将网络管理引入结果导向管理，网络管理既成为公共管理的理念，又成为重要的公共管理工具。

芬兰政界、学界和高级公务员普遍重视公共管理的研究与实践。芬兰的结果导向管理最初由私营组织在商业经营中运用，后来被公共组织的单个部门采用。历经30多年的发展，已成为所有公共管理组织的共同理念和实践活动，并跨部门合作进行。芬兰的结果导向管理具有如下一些特点：一是组织高层十分关注管理和工作的结果(经济与社会效益和客户满意度),根据组织要取得什么样的结果,确定投入多少资源;二是组织内全体员工共同参与,组织高层与员工就组织的目标、员工职业规划、项目规划等进行深入地沟通和讨论,核心是使组织中的每个人都了解并参与取得结果的全过程;三是组织高层要有很强的领导能力,下属则要有极强的执行能力,在管理与执行过程中表现出来的能力、态度要符合结果的要求,高层要给予下属充分授权,相互支持,相互帮助,相互启发,相互监督;四是结果导向不是单纯强调结果,同时关注过程、状态和能力,只是将结果的要求作为评判过程、能力态度的标准;五是结果导向管理还有跟踪、评估和改进措施。

(二)公共管理组织和公共管理人员普遍富有协商与合作精神

协商与合作不仅体现在政党政治、中央政府各部门、中央政府与地方政府、地方政府与地方政府之间,而且体现在公共政策的制定与实施、公共组织的内部决策和不同利益群体工资福利的谈判过程中。这是芬兰公共管理的成功经验之二。

芬兰长期执政的社会民主党遵循的是一种以自由、民主、合作、妥协为内涵的价值观念。这种观念已深入芬兰的政党政治、公共管理的各个领域,是芬兰根据国情、历史与文化特点探索出的一条适合自身发展的模式。芬兰是多党制,不同意识形态的政党通过妥协让步、建立联合政府来达成共识,这是芬兰政治的一个重要特点。自"二战"以来,芬兰各届政府基本上都采取了民主协商的形式,各政党之间容易妥协,议案一般也能经过妥协而达成一致。在1987年选举中,社会民主党与保守党这两个理念完全不同的政党联合执政,直至现在。在2011年4月举行的芬兰议会选举中,执政的联合党在选举中获胜,但另一右翼政党正统芬兰人党才是此次选举的最大赢家,一跃成为芬兰第三大党,而该党明确反对欧盟的救助计划。我们在芬兰学习期间,几乎所有芬兰人都在谈论、关注此次选举,虽然政党间争论剧烈,不同政见的政党历时两个多月的协商,最终达成妥协,组成了新一届联合政府。我们在芬兰期间,目睹了芬兰人对民主协商政治的热诚,也目睹了对组成新一届联合政府的街头庆祝活动。

根据芬兰公共管理学院授课老师 Ari Sihvola 的介绍,芬兰的中央政府各部门之间、中央政府部门和地方政府之间为了某项公共项目达成良好结果,通常会共同协商、合作开展。中央政府设有3~4个政策委员会,其中最为重要的是经济政策委员会,主席由芬兰总理担任,其他成员包括财政部两位部长、经济事务部部长、劳工部部长,此外,政府最多还可指定其他四位部长参加。委员会负责处理涉及总体经济发展和经济政策的问题、促进政府财政的指导纲要,以及总理决定的其他经济政策问题。财政部预算司总干事担任委员会会议秘书。政策委员会之上为部长联席会议,中央各部的部长均为其成员。政策委员会和部长联席会议都是一人一票,集体协商作出决定。政策委员会通常是每周一、二召开政策委员会会议,周四召开部长联席会议,周五由总统召集会议,对重大问题作最后决定。芬兰的公共财政、人力资源和教育、医疗、文化、环保、交通等各项公共政策的出台,都要经过议会、政府、社会各方反复讨论,民主协商,共同形成。

芬兰财政部直属的中央政府雇员办公室主任 Asko Lindqvis 指出,公务员的薪酬也是可以通过协商达成的。除高级公务员外,普通公务员可以成立工会,其中,中央层级的公务员工会有 3 个,分别代表白领、蓝领和中间人士。中央政府雇员办公室与上述 3 个工会进行集体谈判(有时议会也会加入谈判),签订集体协议,确定薪酬。协议签订后,双方必须严格遵守合同。此外,地方政府雇佣委员会亦可通过集体谈判形式与有关组织签订集体协议。目前,全芬兰有 50 个组织机构具有与中央、地方政府雇佣机构签订集体谈判协议的权力。地方政府集体谈判协议签订前,须报请中央政府雇员办公室批准。

(三)平等与普惠的理念是芬兰全体国民的共识

平等与普惠的理念不仅体现在高级公务员与普通公务员之间、官员与平民之间、富人与穷人之间,也体现在不同区域、不同种族、不同文化之间,更体现在男女完全平等上。这是芬兰公共管理成功的经验之三。

芬兰拥有人人平等、福利惠及全民的社会观念。芬兰的高级公务员与普通公务员、官员与平民、富人与穷人、男人与女人在法律地位上完全平等,但基于能力和工作成效的不同,劳动收入会有差距。任何人都有平等、自由参与社会事务的权利。

教育是最能体现芬兰的平等与普惠的公共管理理念之一,芬兰公民都有免费接受从学前教育到终身教育的平等机会。无论身在何处,无论家庭是否富有,无论说何种语言,无论是男是女、学习能力强弱,芬兰人都能享受到教育平等与普惠的机会。芬兰公共管理学院国际部主任 Anti Kanttunen 先生指出,教育的平等与普惠体现在多个方面:一是高质量的教育覆盖全国,每个区域都有学前教育(日托)、小学、中学、大学和职业技术教育学校,无论居住在芬兰的任何地区,国民都能享受到高质量的教育;二是无论母语是瑞典语还是芬兰语,学生都能够自主选择读何种语言学校;三是性别平等,无论是男性还是女性,都有平等享受教育的机会,芬兰女性受大学教育的比例已高于男性;四是无论家庭富有还是贫穷，学生都能免费接受教育，经调查确认，家庭的财政状况对学生所受教育没有任何影响；五是政府对学生教育的资助途径和金额完全公开，任何人都有平等得到资助的权利；六是因材施教，"不放弃每个人"，对学习有障碍的人士，政府提供特殊教育。

芬兰是个高福利国家。除上述教育领域外，芬兰的医疗、住房、失业补贴、对儿童家庭的补助、社会保险等社会福利政策覆盖全民，惠及全民。芬兰公共管理学院的培训主管 Lauri Luoto 先生指出，芬兰社会福利政策的特点是覆盖全民，人人都享有基本社会福利，体现为：一是男女平等，芬兰是欧洲第一个妇女享有选举权的国家，并出台建立日托中心、鼓励男性在家照顾幼儿等一系列政策，保证妇女生育后能全职工作；二是芬兰的社会福利政策是防止贫穷而不是支持贫穷，受益人与家庭是富裕程度、家族背景没有任何关系，对儿童家庭的补贴额度都是同等的；三是失业补贴、学生补贴主要由国家提供，全国基本一致；四是当学生、贫困人士、残疾人士遇到困难时，可以从社会保障系统中另外获得支持。

（四）合理界定中央政府与地方政府的公共管理职能

芬兰政府层级极少，仅有中央政府与地方政府两级。中央政府实行大部制，大幅精简机构和人员；地方政府实行高度自治，以便更好地履行公共服务职能。这是芬兰公共管理的成功经验之四。

政府是履行公共管理职能的核心载体。根据形势的变化，芬兰对中央政府和地方政府不断进行改革和创新，通过宪法和法律合理划定中央政府与地方政府的事权和财权，合理界定中央政府与地方政府的公共管理职能。例如，中央政府主要负责国防、外交、警察、边防、交通设施建设、文化遗产保护、知识产权保护、地区事务协调、欧盟事务协调等；地方政府负责社会福利事业，如公共医疗与健康、照料儿童、教育、社会保障，免费提供图书馆、康体设施，以及废物处理、道路维修、公共交通、环境卫生、暖气供应、供水、就业，等等。明确规定中央财政和地方财政的支付方式与比例，例如，国防、外交费用全额由中央财政支付；高等教育由中央与地方财政共同支付，中央政府负责大学教育费用，地方政府负责学前教育、中学教育和职业教育等；失业、退休、残部人士保障等社会福利由中央、地方和社保基金共同支付，社保基金由雇主与雇员按比例缴纳构成。

中央政府不断推进大部制改革，向地方政府或社会公共管理组织出让事权，并不断增大向社会购买公共服务产品和服务的内容，以达到大幅精简机构和人员的目标。芬兰中央政府机构部门从原来的 30 个，经历次精简，到 2009

年为18个部。近期,再次将教育与文化及体育部、劳工与经济发展部、环境与国土及住房部、社会保障与卫生部等进行合并重组,仅设立12个部。1950年,芬兰中央政府的公务员人数大幅超过地方政府,为1.45万人,而当时的地方政府公务员仅有9.7万人。1990年,中央政府公务员增至21.3万人,2000年精减至12.5万人,目前更是减至8.7万人,包括由国家财政供养的军人、警察和文化机构、科研机构人员等。其中,高级公务员仅130多人,由部长直接任命。部长18名,有些部有2~3名部长,如财政部有2名部长,分别负责财政、公共管理与地方事务,教育与文化部有2名部长,分别负责教育、文化与体育工作。

芬兰现有336个地方政府,最大的赫尔辛基市有人口60万,最小的城市仅有人口1500人,超过10万人口的城市仅有7个。与中央政府公务人数不断精减趋势相反,地方政府雇员人数有不断增多的趋势,近年趋于稳定,1970年为13.3万人,1980年为31.7万人,1990年为43.4万人,2000年为41万人,2010年为近44万人。地方政府的最高权力机构是市政委员会,市议员的数量按各市人口的多少来确定,由13~85名不等的议员组成。市议会下设市政委员会,由各政党按比例代表制构成,多由执政党控制,是地方政府公共管理的具体执行机构,市长由委员会聘任(全国仅有2个市的市长是政治任命的),相当于城市职业经理人,由地方政府雇员委员会管理。市政委员会下设若干专业委员,如教育委员会、环保委员会等,相当于市政府的工作部门。地方政府具有高度的自治权,可以征税。地方政府收入的主要来源是税收,约占收入来源的50%,其中,个人所得税占87.2%(个人所得税交给地方政府的是平税,交给中央政府的是累进税),房地产税占4.3%,企业税占8.5%(企业税先交给中央,再由中央按比例返还地方);经营性收入约占27%(如乘坐电车付费),中央政府补贴平均为19%(最穷地区获得最高补贴,最高为60%,而富裕地区如赫尔辛基市没有补贴),地方政府借贷约占4%(地方政府可自由向国际组织或国家获得借贷,不用中央政府批准)。这种高度的自治权力来源于宪法,中央政府可以根据法律授权给地方政府安排任务,但超越法律规定的事务,地方政府可以不予接受。

(五)芬兰政府积极促进公共管理与服务主体多元化

芬兰公共管理的成功经验是政府促进区域协调组织、公共管理代理机构、社会公共服务组织发达、功能完善,在公共管理和公共服务中发挥了不可替代的重要作用。芬兰公共管理组织主体多元,主要有中央政府及各部门、区域治理与协调组织、地方政府、公共管理代理机构、公共管理培训机构、教堂委员会、相关科研机构、国有控股公司、非营利性组织等等。

芬兰的行政区划分为六个省（区），包括南芬兰省、东芬兰省、西芬兰省、奥鲁省、拉普省和奥兰自治区，省长由总统任命。省级行政区下分为20个区郡和90个分区，这些省、区郡和分区并不是严格意义上的地方自治政府，除奥兰自治区具有实际上的独立自治（军事除外）权外，省级机构代表中央政府管理地方事务，主要是负责地方政府之间的协调功能；区郡级机构主要负责地方政府之间的交通、规划、土地、环境保护等方面的协调，省、区郡级机构实际上是中央政府的代理机构；分区机构仅是服务国民的官方组织。

在政府和政府管理的相关协调组织之外，成立了大量的执行机构、公法行政法人、私法行政法人、非营利组织来履行具体的公共服务供给职能。公共行政法人是与政府部门部分或完全独立、履行独立职能、具有一定管理自主权的公共组织。例如，芬兰区域及地方政府联合会履行了部分公共管理职能，全芬兰所有地方政府都是该会会员，雇佣人员约300人，其下还设有公司，雇佣人员约100人。其职能是：一是代表政府与政府雇佣的医生、教师等政府雇员群体进行谈判，无须政府直接出面；二是运用专业知识和技能，向地方政府提供专业咨询意见；三是代表地方政府向国会议员、中央政府进行游说工作；四是开展公共管理与公共政策的研究，为地方政府提供发展策略方面的服务。该会的经费来源主要是地方政府缴纳的会员费和出售专业服务的收益，但从未获得中央政府的补贴和财政支持。又如，芬兰国立卫生与福利研究所隶属于芬兰社会事务与卫生部，雇佣人员达1200人，该所既是研究机构，又是国家卫生福利监督机构和战略编制机构，并设有精神病院和智障学校。该所经费的68%来源于国家财政预算，27%是外部研究与合作项目收益，另外5%来源于收费项目。废物处理则由中央和地方共同控股的股份公司负责。再如，芬兰财政部属下就有一些基金会、行业协会和有限公司，履行公共管理或公共服务职能，其中，负责芬兰公务员培训工作的芬兰公共管理学院就是财政部属下的一个有限公司。

（六）公共管理组织合理开发人力资源，重视人才培训和培养

芬兰公共管理组织普遍重视战略规划的编制、实施与评估工作，公共管理组织的中、高级管理人员普遍具有较高的国际视野、战略思维、专业知识和技能。芬兰建立和完善了公务员的开放体系、培训机制、评估机制、激励机制和工作满意度改进措施等，选拔和吸引社会上的优秀人才从事公共管理工作，提升公共管理效能。这是芬兰公共管理的成功经验之六。

早在20世纪七八十年代，芬兰的政治家就高度关注战略规划。芬兰自

借鉴芬兰经验，推动幸福广东建设

1917年独立起至1991年苏联解体前，其政治与经济深受苏联的巨大影响。自1989年柏林墙倒塌、东西德统一后，芬兰就面临着国家应当何去何从的艰难的战略选择。对于国土面积大、人口稀少、与强国为邻的芬兰而言，国家安全与外交是其在东欧剧变后面临的首要课题。芬兰的政治家在柏林墙倒塌后就作出了战略准备，在苏联解体后的1992年立即完成了加入欧盟的战略抉择，并获得国民的支持，芬兰于1995年正式加入欧盟。这一历史事件对芬兰公共管理的各个领域产生了巨大影响，芬兰的公共管理组织都将战略规划和年度计划的编制、执行、评估、监督和改进作为首要的工作任务，并公之于众。战略规划一般为期五年，组织内全体人员广泛讨论、全体参与，其核心内容包括：一是组织的视野，是指公共管理组织对自身状态、规模和行动的社会政治规划，是希望在未来能够获得目标导向的、精神的、有吸引力的激励性远见；二是组织的目标或使命，展现公共管理组织存在的原因、法定需要提供的主要公共服务、关键过程和技术、主要的支持团体、主要部门、主要的途径与表现形式；三是组织的核心价值观或共同价值观；四是能够为公民与社会带来效用的基本任务；五是财政资源与人力资源的安排；六是绩效与质量；七是责任和问责；八是运作团体与员工核心能力和工作能力的提升；九是战略规划取得成功的最关键因素与直接影响成功的条件和环境。

公务员是公共管理的主体力量。由财政部直属的中央雇员办公室雇佣公务员约9万人，地方政府雇佣委员会雇用公务员近44万人，教堂雇佣委员会雇用公务员约2万人（全国劳动力人口近300万，私营机构雇佣人员200余万，其他组织雇佣的人员不足50万）。国家公务员数量最多的是国防、边防人员、警察和教师，地方公务员数量最多的是教师、医生和护士。

芬兰公务员系统是一个开放的体系，如有职位空缺，可通过公开招聘方式雇佣或从公务员内部提拔，依照《国家公务员法》和《国家公务员退休金法》等法律进行管理。芬兰的高级公务员由政府确定的专门代理机构依法定程序与要求公开招聘，并进行管理，由总统或国家相关机关任命，其薪酬是由双方协商达成的。高级公务员和地方政府行政首长都是具有国际视野、战略思维、创新理念、专业知识和技能的公共管理专业人士，普遍关注战略规划、创新、价值取向、人力资源更新、技能提升、政策工具和绩效，与政党领袖有密切合作关系，有丰富的公共管理经验和跨部门任职的经历，并有朝着商业机构职业经理人方向发展的趋势。为提升职业技能，高级公务员会定期参加一些公共管理研讨会或交流活动，有自己的职业规划和培训计划；一般任期是5~7年，采用合约形式聘用，与其上一级领导签订工作合同，合同内容包括任期、目标、绩效和薪酬等。中、低级公务员的职位普遍较为稳定，甚至任职终生，离职者极少。中央公务员在 20 世纪 90 年代第一次大幅度减员，不是通过裁员完成的，而是通过将邮政、电信、铁路等政府机构改制为私营企业来缩减的，近年来进行的第二次减员，则是将大学从国家机构改革为相对独立的公共实体而完成的。中、低级公务员的薪资由基本工资、绩效工资和结果奖励三部分构成，通过绩效工资和结果工资提高工作效能。绩效工资由各机构根据实际自行确定，约占工资总额的 25%～50%。绩效分为极高、优异、良好、满意、改进五个等级，多数公务员被确定为良好。等级由雇员与其直接的上级评估确定，如有异议，则提交专门委员会确定。结果奖励只针对整个组织或机构，不针对个人。

芬兰高度重视公务员的职业规划、知识与技能培训、终身教育和工作满意度调查，帮助公务员塑造共同的价值观、职业精神和合作精神，提升职业技能，保持良好的工作状态，以及乐观积极、心情愉悦的工作态度，把工作当作生命的重要组成部分，取得更好的工作效果。以海关系统的公务员培训为例，芬兰海关是欧盟海关的组成部分，目标是确保人员及货物在欧盟区域内的自由流动，当前关注的领域是电子海关，其价值观是可靠性（廉洁）、服务意识、责任（关员对海关、客户负责，海关对关员负责）、职业能力。培训目的是让海关关员掌握适应新形势发展所需要的语言、信息技术和公共管理等多种职业技能，以及防止犯罪等专项技能。培训时间通常是两年半，采用混合型学习法，即将集中学习、远程电子教育和在工作中由专人指导下的学习相结合，其中大部分时间是在工作中学习，由丰富工作经验的教师现场指导和考核。另有一些短期的专项培训，时间长短不一，如预防犯罪专项培训为期约 20 天。培训的教师有专职人员，但更多是临时聘用的海关、公共管理和高等院校等方面的专家。培训分基础培训和继续认证教育。基础培训的对象是新入职人员，继续认证教育完成后，可获得国家认可的学位，还可进入高等院校继续学习。高级海关人员则会参加财政部举办的公共管理培训，重点是视野与战略方面。2010 年全年培训项目共 650 个。此外还有欧盟层次和部门合作举办的培训，芬兰海关、警察和边防三部门签订战略合作协议，定期举办联合培训，共享资源，交流信息，预防犯罪。

（七）公共部门建立完善的绩效考核评估机制

芬兰建立了完善的以财政绩效为基础的绩效考核评估机制，通用评估框架（CAF）是最为常用的考核评估方法。芬兰财政部积极推动的绩效财政是各种绩效考核评估的核心，也是最为有效的引领一切公共管理改革发展的重要政策工具。芬兰财政部集财政预算、公共管理和税收管理职能于一体，成为芬兰公

借鉴芬兰经验，推动幸福广东建设

共管理改革的领路者和模范者。这是芬兰公共管理的成功经验之七。

20世纪90年代初，芬兰政府开始实施绩效导向管理改革，以提高公共服务质量，满足国民的需求。这次绩效改革首先由财政部发起，改革的主要内容如下：一是将中央各部的事权大量下放至地方政府和各部直属机构，提升工作效率，地方政府和各部直属机构具有很强的独立性，中央各部部长无权干预其日常事务，达到大量裁减中央层级公务员的目标，结果是中央层级公务员的人数从改革前的21.5万减至不足9万；二是政府成立之时都要编制四年财政预算框架，每位部长都要清楚知道四年内每年的预算资金，量入为出，确定各部门的工作绩效目标与结果，当年没有用完的预算可以转为下一年度使用，但须说明理由；三是由议会与政府、政府与各部、各部与其直属的所有工作机构根据年度预算，每年年初签订绩效协议，年终各部必须将绩效报告提交财政部，由财政部汇总，并报告议会；四是绩效协议和绩效报告向社会公布，由社会监督，绩效协议和绩效报告须有明确的效果与产出指标。

欧盟为鼓励各成员国对财政质量进行有效的控制，于1988年欧盟财长会议上确定建立通用的评估标准。2000年推出第一版，其后广泛征求用户意见，召开专门的小型研讨会，每两年召开欧盟质量管理会议讨论，不断进行改进。2003年、2006年、2009年、2012年分别推出第二、三、四、五版。通用评估框架（CAF）有如下主要特点：一是专门为公共管理部门设计，而不是移植已有的私营企业质量控制与评估标准；二是简单易用，很小的公共组织也能使用，不占用另外的资源，不用专业机构特别指导；三是免费，所有机构均可免费使用，而其他质量控制标准通常需要付费；四是全员参与，公共管理机构的高层、中层和普通员工需要全体参与讨论，了解评估的目标、程序、方法与结果；五是持续进行，参与的机构每年都要进行，坚持下去。

（八）芬兰实行高税收带来的"从摇篮到坟墓"的高福利政策

芬兰是典型的福利国家，社会福利保障较为完善。这一政策导致社会财富平等分配，贫富差距极小，国民普遍具有高度的安全感、自豪感与优越感，社会和谐稳定。这是芬兰公共管理的成功经验之八。

芬兰通过实施高税收和高福利政策调节贫富差距，税收占GDP的比重达42%。调节差距的主要手段依然是税收和社会保障，正是在综合运用这些手段"劫富济贫"的前提下才达到了缩小收入差距的社会政策效果。作为高福利国家，芬兰是世界上高税收国家之一。在各种税收中，个人所得税涉及范围最广。个人缴纳的所得税不仅是芬兰政府和地方筹集财政收入的重要来源，同时也成为调节社会成员收入水平、缩小贫富差距的有效手段。芬兰实行的高收入者高税收的政策，使社会成员的收入差距趋于合理均衡。在强有力的收入再分配政策下，芬兰形成以中等收入为主体的稳定的社会结构，社会财富趋向平均化。

芬兰实施"从摇篮到坟墓"的社会福利政策，为全体国民提供生儿育女、教育、健康与医疗、失业与丧失工作能力、养老、死亡等终生的基本社会保障。根据芬兰公共管理学院培训主管 Lauri Luoto 先生和国际部主任 Antti Karttunen 先生介绍，婴儿出生前就得到政府提供的婴儿用品包裹（包括服装、玩具、育婴书籍等）或 140 欧元现金；从出生至 17 岁，每个小孩每月获得政府提供的 100～182 欧元补贴，单亲家庭每月还将另外获得 46 欧元补贴；婴儿出生后，产妇获得 105 个工作日的产假和全额工资，158 天至一年内，照料小孩的父亲或母亲可以获得假期和相当于失业补贴的工资，最长可达三年，但一年后的补贴会减少，每月大约在 400～500 欧元之间；为鼓励父亲在家照顾小孩，父亲比母亲在家照顾获得的补贴会多一些。1～7 岁的小孩可以进入地方政府提供的日托中心，每月政府补助 980 欧元，个人支付 200 欧元；如果不送日托中心，自己在家照顾，将获得 300 欧元的补助。残疾儿童或慢性病儿童的家长还可领到特殊儿童照顾补贴，低收入家庭也能够获得住房补贴和生活补助。芬兰实行免费教育政策，在小学和中学就读的学生免交学费、书本费、午餐费和交通费，高中或职业中学的学生每月还获得 246 欧元补助；高等院校同样免交学费，大学生每月获得最高 298 欧元的学习补助和 201.60 欧元的住房补贴（补助多少取决于学生的兼职收入多少，与家庭富裕程度无关），此外，政府还担保学生可从银行获得最高每月 300 欧元的学习贷款，学生参加工作后逐步还清。青年人参加工作后，如果失业，可领取基本失业补助或与工资挂钩的补助。所有公民享受基本医疗待遇，预防、门诊费等基本医疗服务费用自付 5%～10%，药品费每年自付 600 欧元，超过部分由政府全额支付，儿童免费享受初级医疗保健服务。从业者在患病期间还可领取病假补贴，由于工伤事故或患职业病，病人不仅能够报销全部医疗费，而且在养病期间可拿全额工资。残疾人也受到很好照顾，年满 16 岁的残疾人享受养恤金和家庭服务，政府为老年人、残疾人和小孩提供便利的设施和服务。退休公民都可领取养老金，没有退休金收入的老年人可领取国家提供的最低养老金——国民养老金。退休者还可领取与工资挂钩的职工退休金。此外，为使老年人在家中安度晚年，社会福利部门向老年人提供各种上门的家庭服务和卫生保健服务，赫尔辛基市 75 岁以上的老年人中，有 12% 接受家庭护理，有 12% 住养老院，其余人身体状况较好，无须提供护理服务。

此外，芬兰在文化、教育、环保、创意经济、廉政建设、信息化等方面都有许多成功的经验。

二、芬兰当前面对的主要问题及改进措施

芬兰也存在人口老龄化、人口过度集中于南部城市地区、中北部地区人力资源不足与经济发展后劲不足、高福利政策难以维持等问题,芬兰政界、学界对此进行了广泛讨论,采取了一些改进措施。

人口老龄化是芬兰当前面临的首要社会问题,一方面是人均寿命越来越长,女性达85岁,男性达81岁;另一方面是人口出生率一直不高。人口老龄化问题已引起芬兰社会的广泛关注和讨论,在给我们授课的教师、政府官员和社会组织与科员机构负责人中,无不提到人口老龄化问题。为应对人口老龄化的冲击,芬兰政府采取了一系列措施:一是延长退休年限,正在讨论的观点是从63岁延长至65~68岁,以增加就业人口比例;二是鼓励自愿延长退休时间,对工龄满40年以上或退休年龄65岁以上者,工作时间越长和退休年龄越高,获得的退休金就越多;三是鼓励年青人尽早就业,对大学生经过五年学习仍未毕业者,取消继续学习的各类资助和补贴;四是鼓励生育,政府对育婴家庭给予帮助和各类补贴;五是采取适度的移民政策,欧盟成员国的公民几乎可自由到芬兰就业,爱沙尼亚、立陶宛等国已有许多人员到芬兰从事建筑、保洁等工作,对欧盟以外国家的公民则严格控制,移民至芬兰必须有充足的个人财政支持,不能加重芬兰的福利负担。

芬兰人口少,并且高度集中在赫尔辛基及其周边城市,中部、北部人口稀少,特别是北部地区更是地广人稀,导致中部、北部地区人力资源严重不足,经济增长乏力,这是芬兰面对的第二个难题。在芬兰336个地方自治政府中,仅有20个左右能够维持经济持续增长,独自承担辖区内的教育和社会福利能力,其他城市都需要获得中央政府的支持。为促进区域经济社会平衡、协调、可持续发展,芬兰政府采取了下列措施:一是实行教育和社会福利的均等化,保证居住在偏远地区的国民能够享受同样质量的教育和社会福利,政府对偏远地区的人均教育投入高于大城市;二是改善偏远地区的交通、文化、体育、康乐和旅游设施,使人们特别是年轻人愿意留在当地发展;三是对愿意移民到偏远地区的人士,采取更为宽松的移民政策;四是根据中部、北部地区的资源特点,适度发展当地的经济。

人口老龄化导致的高福利政策难以维持,这是芬兰社会面临的第三个难题。高税收给企业、个人和社会带来沉重的负担,影响了人们的劳动积极性和芬兰产品在国际市场上的竞争力。一方面,芬兰劳动力不足,有许多工作岗位

没人做，需要外国劳动力补充；另一方面，芬兰存在着较高的失业率，目前的失业率在7%左右。对此，芬兰政府采取了以下对策措施：一是采取多种形式的促进就业政策，加强对失业人员的培训，提升其职业技能，减少对长期失业人员的资助，失业期越长，资助越少；二是芬兰人普遍接受了高等教育，失业者多是结构性失业，为此，加快发展知识经济、创意经济和绿色经济，推进经济持续增长，以解决维持高福利政策的经济来源；三是适应时势变化，调整大学专业结构，培养社会经济建设所需人才。

三、芬兰公共管理经验对广东的启示

广东是中国改革开放的前沿阵地，承担着我国行政、经济、文化、社会体制改革的历史重任。芬兰在公共管理上所取得的许多成功经验，给广东带来许多有益的启示。

（一）深化行政体制改革，合理界定各级政府的权限和职能

参照芬兰中央与地方政府的职能划分，合理界定各级政府的权限和职能，减少管治层级，转变政府职能，推进省政府工作部门的大部制改革，调整地市级和镇级政府职能，扩大县级政府管理权限，完善公共管理组织，建立运行高效、公正廉明的有限责任政府。参照芬兰中央政府的做法，强化省政府及其工作部门的政策制定、规划编制与发布、监督检查、区域协调发展、预防犯罪、公共交通一体化、社会政策与公共福利均等化等职能，省政府及其工作部门制定的公共政策与规划具有极大的强制性，地方政府必须无条件执行，确保政令畅通。对执行不力、拒不执行的地方政府主要负责人，经提请省政府常务会议批准，按干部管理权限和任免程序实施免职。地方政府如有异议，可向省委提出申诉，最终由省委裁决。取消省政府工作部门的所有审批权，大幅度精减省直工作部门及公务员数量，将省政府组成部门合并至20个以内。调整地市级和镇级政府职能，地市级政府代表省政府管理地方事务，主要是负责县级政府之间的交通、规划、土地、环境保护等方面的协调和对县级政府的绩效考核工作，乡镇政府实际上是县级政府的代理机构，是服务辖区内居民的官方组织。扩大县级政府管理权限，增加其公务员数量，按照省政府及其工作部门制定并公布的政策和规划，独立负责所在县区的经济、文化和社会管理事务，包括公共医疗与健康、教育、社会保障、文化、康体设施、道路维修、公共交通、环境卫生、煤气供应、供水、就业等等。

积极促进公共管理与服务主体多元化，充分发挥区域协调组织、公共管理

代理机构、非营利性组织、科研机构、相关国有控股公司、社会公共服务机构在公共管理和公共服务中的重要作用，加大向社会组织采购公共服务的比重。加强对公务员公共管理理论、专业知识和技能、职业精神和合作精神、服务意识的培训，建立公务员终身培训制度。建立公务员奖惩机制，其薪资由基本工资、绩效工资和结果奖励三部分构成，通过绩效工资和结果工资提高工作效能。运用现代信息技术进行公共管理，建立公共管理信息资源共享机制。

（二）深化经济体制改革，优化产业布局，转变经济发展方式

广东必须实现人才、资本、货物的完全自由流动，建成统一开放、竞争有序、完善的现代市场经济体系，建成创新驱动发展的新型经济体。

参照芬兰的做法，省政府设立经济政策委员会，主任由省长担任，成员包括发改、财政、税务、经济贸易、金融、科技、信息、劳动等部门的主要负责人。委员会负责优化产业布局、调整经济结构、转变经济发展方式、制定经济政策和部署政府财政等事项，从经济全球化、区域经济一体化的战略大格局来思考和谋划经济发展，加强对全省市场与产业的统一规划，形成以珠三角为龙头，东西两翼、北部山区优势互补、错位发展，粤港澳台深度合作的产业发展新格局，确保经济持续、健康发展。仿效芬兰经验，设立经济竞争管理局，负责调查和处理垄断经营、不正当竞争的行为，创造公开、公平、公正、守信的市场竞争环境，建成统一开放、竞争有序、完善的现代自由市场经济体系。加强市场监管，完善市场监管体系，组建各类质量控制、食品安全、药品安全等专业市场监管组织。建立开放的企业和经营者个人信用体系。健全资本、金融、信息、技术等要素市场，实现人才、资本、货物在全省范围内的完全自由流动。改革企业审批许可制度，减少审批环节，简化审批手续；对不涉及国计民生和国家安全的信用良好的中小企业，原则上实行网上登记备案制度，无须专门机构审批。调整产业结构，大力发展战略性新兴产业，形成布局合理、特色鲜明、科技先进、经济效益高、国际竞争力强的经济产业协调发展新格局。积极引导和培育多层次、多样化的市场消费。

芬兰在人口稀少、人口老龄化状况下，依然保护经济的持续、平稳发展，关键是三点：经济发展方式的不断创新、区域经济一体化和持续的人才发展战略。借鉴芬兰的经验，经过改革开放30多年历程的广东，必须坚持改革开放，坚持创新驱动经济发展的方向，加快转变经济发展方式，以人的知识、智慧、技能和天赋为源泉，以创作、创造和创新为手段，借助于现代信息与科技提升传统产业，大力发展具有高知识含量、高附加值、文化与创意及科技高度融合、低能耗与低污染、影响力和辐射力强的知识密集型的战略新兴产业，实现

产业转型升级，提升经济竞争力。在经济全球化、国际与国内竞争全面铺开、自身发展能力不足的背景下，广东必须大力促进区域经济一体化，特别是要加快珠江三角洲经济一体化进程，改变产业一体化水平不高、各自为政、无序竞争、缺乏统一规划与协调发展的经济发展格局。尽早提出应对人口老龄化的策略，加快教育改革，培养创新型人才，大力引进国内、国际优秀人才。

（三）深化文化体制改革，弘扬传统文化，保持文化多样性

当今综合国力竞争的一个显著特点是文化的地位和作用更加突显，越来越多的国家把提高文化软实力作为发展战略的重要内容。从一定意义上说，谁占据了文化发展的制高点，谁拥有了强大的文化软实力，谁就能够在激烈的国际竞争中赢得主动。广东是岭南文化的发祥地、海上丝绸之路的发源地、近现代革命的策源地、改革开放的前沿阵地，应当承担起作为中国文化体制改革试验区的历史重任。在促进文化大发展大繁荣的路径选择上，应当坚持文化事业和文化产业双轮驱动、两翼齐飞的思路。

首先，要大力发展文化事业，构建完善的公共文化服务体系。包括：着力加强和改善文化民生，让全民共享文化发展成果；着力提升文艺创作水平，营造宽松的文艺创作环境，为民众提供更加丰富多样的文化需求；着力加强文化遗产保护，保持中华民族文化的多样性，传承中华民族传统文化；着力扩大文化交流，了解国际需求，生产国外人士喜爱的文化产品，促进中国文化"请出去"而不是"走出去"。

其次，大力发展文化创意产业，借鉴芬兰经验，成立由学者、艺术家、产业界和教育、文化、经贸部门相关人员组成的文化产业委员会，研究全省、全国及全球文化产业发展，建立政府间、相关行业组织间、学界和相关行业龙头企业间统一的跨行政区的区域协调管理机构，签订合作发展的协议或制度，定期或不定期召开会议，检讨区域内文化创意产业合作发展中存在的问题，探讨相关对策。包括以下方面的内容：完善文化市场宏观调控机制，健全文化市场行政审批许可制度，落实简政放权和属地管理，强化和完善对文化市场的依法管理，创建依法经营、公平交易、诚实守信的市场秩序，创造公开、公平、公正的市场竞争环境；健全文化市场中介机构和行业组织，发挥其在行业协调、行业自律、服务维权等方面的作用；培育和做强文化市场主体，鼓励综合实力强的文化企业跨地区、跨行业、跨媒体、跨所有制兼并重组，发展文化产品和服务市场，健全资本、金融、信息、技术等文化要素市场；统一出台适合本地区特点的区域文化创意产业合作发展中长期规划和产业政策，加强对全省文化市场与创意产业的统一规划，形成优势互补、错位发展、深度合作的产业发展

新格局；加强粤港澳合作，推动促进文化产品和服务出口，定期发布文化出口重点企业和项目目录，加大政策和资金扶持力度；建设文化创意产业园区、基地和集群，促进文化创意产业的集约化、规模化和专业化等。

（四）深化社会体制改革和财税制度改革，促进社会公平正义

借鉴芬兰经验，结合广东实际，完善社会财富分配制度和社会福利保障制度。可以通过以下的措施：一是通过税收和福利政策调节贫富差距，调节社会成员收入水平，调节中央政府和地方政府财政收入，形成以地方政府税收为主的财税制度和以中等收入为主体的稳定的社会结构。二是确立为全体居民提供终生的基本社会保障，促进社会公平正义，缩小贫富差距，营造安全、舒适、和谐、稳定的社会环境。三是建立完善的以绩效财政为基础的考核评估机制，以提高公共服务质量、提高行政效能、满足国民需求为导向，将省直部门的事权大量下放给地方政府、省直部门直属机构和社会中介组织，提升工作效率，引领公共管理改革发展。四是每届领导班子成立之时都要编制任期内的财政预算框架，每位部门首长都清楚知道任期内每年的预算资金，确定各部门的工作绩效目标与结果，当年没有用完的预算可以转为下一年度使用，但须说明理由。五是年度预算由人大审议通过后，由财政部门与用款单位每年签订绩效协议，年终各用款单位必须将绩效报告提交财政部门，由财政部门汇总，并报告人大常委会。六是绩效协议和绩效报告向社会公布，由社会监督，其绩效协议和绩效报告须有明确的效果与产出指标。

参考文献

[1]（澳）欧文·E.休斯.公共管理导论［M］.张成福，王学栋，等译.北京：中国人民大学出版社，2007.

[2] 刘强.瑞典、芬兰居民收入分配状况及调节政策考察报告［J］.经济研究参考，2007（32）.

芬兰公务员制度对中国的启示

蓝国彬

芬兰等北欧国家的公务员体系历来以清廉著称，特别是在20世纪80年代，芬兰、瑞典等国围绕增强活力、适应经济全球化要求、建立创新型政府而积极推行公务员制度改革，取得了明显成效。这些国家的公务员监督制度，逐渐成为国内外专家学者研究关注的热点。芬兰的公务员管理体系是一套相对成熟的制度架构，其内容全面地覆盖了公共部门人力资源管理中公务员录用、培训、绩效考核、监督、保障等方面，并体现出许多有借鉴意义的特点。随着我国公务员制度的不断发展，许多制度构建过程中固有的问题也逐渐显露出来。所以，吸收芬兰公务员管理中成效显著的做法，并与我国自身的政治实际相结合，完善我国公务员规章中的具体条例，有助于形成并完善适合我国国情的具有中国特色的公务员制度。本文从分析芬兰公务员管理制度入手，具体讨论这一制度在公务员录用、培训、绩效考核、监督、保障等方面的特点，并结合我国的实际，提出进一步建立健全我国公务员管理制度的建议。

一、芬兰公务员管理的特点与经验

芬兰的公务员管理体系在近百年的完善和发展过程中，逐渐形成了一套成熟的制度架构，其内容全面地覆盖了公共部门人力资源管理的各个方面。

（一）公务员录用：公平公开的招录原则，灵活的招录形式

芬兰的公务员队伍主要分为政务、管理、聘用三类，涵盖的范围也相当宽泛，包括政府官员、普通工作人员以及军队、司法部门的工作人员，还有大专院校教师、卫生系统医护人员、国家科研机构人员、社会福利工作人员、公职系统的工勤人员。公务员招考坚持广泛、公开、平等竞争的原则。同时在录取形式上，主要根据岗位需要，采取灵活的招考形式，所有空缺都面向全社会各个阶层公开招录，符合条件的均可报名。芬兰的公务员招录没有统一的考试。对一般岗位人员，主要通过资格审查，以了解专业能力背景为考察内容，再辅

以专家推荐和面试。同时,针对不同部门、不同领域的特殊需求,也会采取有针对性的考试考核方式。例如,招考警察要进行笔试、面试、体能测试、心理测试,并且每个环节由不同的部门负责,防止出现不公平现象。

此种招录方式有利于广泛吸纳人才,招录进来的人也因才适用,能够较好地发挥自身才能,为打造高效政府奠定了基础。

（二）公务员培训：市场化管理,"因岗施教"地进行培训

芬兰的公务员培训不是由政府组织设立的机构进行,政府内部也没有专职的公务员培训师资力量,而是通过向社会各类培训机构购买培训服务来进行的。这种方式将公务员培训工作推向市场,从而在培训服务提供者中引入竞争机制。培训实行订单式管理,培训机构只有符合培训需求、提高服务质量,才能拿到培训订单。各培训机构为了提高自身的竞争力,争取更多的订单,就要不断提高培训水平,不拘泥于传统的、单调的教师教授、学生被动接收的填鸭式教学培训。目前,芬兰的各类培训机构已形成研讨式、项目式、教练式、网络式等以参与互动式为主导的多样化培训方法,并建立了一套完善的评估体系,培训效果以学员吸收掌握的内容,学员、组织、公众是否满意等作为重要的评价参考。芬兰的公务员培训较少进行大班次、多人数的共性集中培训,而是按岗位需要和要求,因岗施教,这样能够具体有效地提高公务员履职能力和专业技能主要目标。正因如此,在调整雇员到新的政府部门岗位时,许多雇主很乐意出资对雇员进行新工作岗位的业务能力培训。

（三）公务员考核：引入企业绩效管理考核机制

绩效就是指部门或者个人在一定的时间内,以某种方式行使职能而实现的某种效果,是效率和效益的总和,包括部门绩效和个人绩效两个层面。芬兰政府实行的是以结果为导向的绩效管理,不仅关注职能部门或者个人履行职能的过程,更加重视获得的结果和社会影响。绩效管理包括绩效目标的制定、实施、跟踪、评估以及评估结果的使用等过程,而公务员的绩效评估已经成为芬兰政府绩效管理过程的关键性环节,绩效信息的有效沟通和绩效目标的有效跟踪的成功经验是最值得我们借鉴的。

芬兰公务员实行绩效工资制,主要由基本工资和绩效工资组成,此外还有少量的奖励工资,奖励工资与个人所属部门的绩效考核有关,如果个人所在的部门在上一年度的政府绩效评估中成绩突出,中央财政会给雇员所在的部门一定的奖励资金,而部门主管会将这部分资金奖励给公务员个人。这种奖励主要以精神奖励为主,能更加激发公务员的积极性,也体现了绩效管理的基本

理念。

（四）公务员监督：严厉惩治腐败，实行全面有效的监督机制

北欧国家的廉政成就举世公认，在国际权威反腐机构"透明国际"公布的各国廉洁程度排名中，芬兰名列榜首。这些成绩来源于政府严格的公务员监督机制。芬兰 20 世纪 20 年代制定的《公务刑法》明确规定，公务员如受贿罪名成立，不仅立即免职，同时还将视情节轻重，处以从一般性罚款到 4 年监禁的处罚。公务员接受金钱、珠宝、家用电器、特殊（低利息）贷款、免费旅行等都可被视为受贿，甚至接受荣誉头衔和有关部门的推荐也不例外。

同时，芬兰的新闻媒体也从政府外部对政府官员进行监督，如果政府官员有不体面的事被媒体曝光，就会威信扫地甚至被起诉。同时，在芬兰，官员的行为皆在公众监督之下，任何人都有权随时检举和揭发违法的政府官员，每个人都可以对政府官员的工作进行监督，任何人发现政府官员有渎职行为都可向警方告发或向其上司检举，甚至可以直接向法院起诉。多层次、全面广泛的监督力量促使芬兰的公务员严格自律。

（五）公务员保障：重视公务员男女平等和心理健康，维护公务员权益

在芬兰公务员队伍中，男女比例较均衡，几乎是各占一半，女性公务员和男性公务员在社会上拥有同等地位，芬兰议员中有 1/3 是女性。芬兰的人力资源部门配备有专门的心理专家，就公职人员在晋升心态上是否胜任、平时心理健康问题等进行咨询，并提出建设性意见。

二、对完善我国公务员管理制度的启示

随着我国公务员制度的不断发展，许多制度构建过程中固有的问题也逐渐显露出来。通过分析芬兰等国已日臻完善的公务员制度，并结合我国自身的政治文化特点，可以从中获得一些经验以及可供改进的路径。

（一）公平竞争、创新招录任用干部形式

公务员考试的目的是选贤任能，实现因岗择人、能职相配。然而我国当前主要采用的考试模式，特别是笔试环节，往往是"一张卷子打天下"。事实上，仅仅通过一张卷子很难准确地考察报考人员的能力素质。

随着公务员队伍进一步职业化、专业化，以及各个层级对公务员的要求越

借鉴芬兰经验，推动幸福广东建设

来越高，建立分级分类考试制度势在必行，而且更具科学性。首先，应当设立专门的招考部门，对考试的内容、考试的方式进行改革，使公务员考录的全过程更加具体、更具有针对性；其次，采取灵活的方式，拓宽公务员的选人用人渠道，通过这样的招录方式进行公务员录用，能够让更多的优秀人才进入公务员队伍。

在任用干部方面，要创建公开、公平竞争的机制。"公开"是扩大选人用人视野、平等公正地选拔任用干部的前提，而"竞争"则是增强干部队伍活力、选贤任能的最重要保证。目前，政府体系中一些地方和单位领导干部多在政府内部产生，这使选人用人视野在一定程度上受到局限，不利于在较大范围内促进优秀人才脱颖而出。有些干部在本地、本单位环境背景下能够很好地完成本职工作，但在更大的环境和范围内，不一定有足够优势完成自己的管理任务。所以，如果简单地局限于从本地、本单位产生干部，势必造成整体上用人不公的问题，这就要求切实加大竞争性选拔，不断创新选拔的方式方法，以充分体现出比较鉴别、竞争择优的原则。

（二）加强培训，提高执政能力

公务员培训制度是现代国家公务员制度的重要组成部分，同时也是提高公务员管理水平和工作效率的重要保证。我国政府也不断增加对公务员培训工作的重视程度，逐步建立并完善科学、系统的国家公务员培训制度，以期实现为国家培养和造就一支精英公务员队伍的目标。

虽然将培训职能外包在我国政府部门的政治文化下无法实现，但芬兰公务员培训中"因岗施教"的原则值得我们借鉴。我国公务员的培训可通过分阶段培训来实现"因岗施教"。这些阶段包括：①岗前培训，即针对初任的公务员进行的培训，其目的在于使之尽快地适应行政机关的环境和工作要求，熟悉公务人员的工作性质，转变自己的择业观念与动机，树立良好的道德风尚。②任后培训，它可以培养公务员适应社会环境变化和政府职能转变的能力，是公务员培训中的核心部分，通过培训，使之更新知识、适应环境，提高管理水平。③晋升培训，是指对在职公务员中有潜力、有培养前途的人员的培训，目的在于使之具有更高职位所需要的知识、技能和才干，为以后担任更高的职务作准备。这是一种较有针对性的培训，从时间上看也是一种临时性的培训，且不具有普遍性。

（三）细化考核标准，强化监督

我国政府部门的公务员考核还有许多有待提高之处，关键在于要根据不同的岗位制定不同的考核标准,对不同部门的不同类别、不同层次的公务员应制定具有针对性、细节化的考核标准。

确立科学合理、行之有效的考核标准体系要做到以下几点:一是由管理专家、理论专家和考核对象三方共同制定考核标准;二是确立制定考核标准的法律依据和科学依据;三是可参照其他国家的考核方法,根据我国国家公务员对其义务、职位职责和年度工作目标的要求,应将考核内容即德、能、勤、绩、廉几个方面根据组织、工作和任务的实际给予细化,达到可以操作的程度,同时确定各项考核指标的权重比例。科学合理的公务员考核标准体系,最终应根据公务员分级分类管理新体制要求,可建立对领导成员考核指标、非领导成员考核指标和综合管理类、专业技术类、行政执法类公务员考核指标等若干个相应的考核要素指标体系。

(四)严厉治腐,营造廉洁从政的氛围

芬兰之所以能成为世界上最廉洁的国家之一,和它惩治腐败的严厉程度是分不开的。对腐败进行严厉打击,是最直接、最具威慑力、最易见成效的手段。我国当前腐败现象还比较多,治理和完善工作相对复杂,需要较长的一段时间进行全面整治。首先,应抓紧建立健全有关的法律法规,充实公务员管理制度中的反腐内容,尽快制定一些从源头治理腐败无能的廉政基本法律法规。其次,要增强对贪污的打击和惩处力度,提高腐败成本。对贪污受贿,一经查实,不管是谁,都要依法重惩,并录入个人信用体系。同时,要加大宣传力度,充分利用新闻媒体与普通民众的监督作用,将监督公务员的职能和权利扩展到社会多层次,从而实现全面的公务员监督,严格治理腐败,营造廉洁的公务员行政环境。

三、小结

芬兰,是一个法治理念深入人心、政府信息透明公开、公共管理组织高效、有着不断创新的管理理念和严格完善的廉政建设制度的国家。其公务员制度是适合其国家而设立的,是其政治经济发展的产物,对于推动芬兰的政治、经济的发展起到了积极作用,同时,对完善我国的公务员制度也有很好的借鉴经验。因此,我们不妨取其精华,吸收芬兰公务员管理中成效显著的做法,并与我国自身的政治实际相结合,完善我国公务员规章制度中的具体条例,形成适合我国国情的具有中国特色的公务员制度,为建设和谐社会奠定基础。

参考文献

[1] 汪辉. 国外公务员管理制度比较探析 [J]. 人才资源开发, 2012 (3).

[2] 叶凤吉. 芬兰、瑞典国家公务员制度的分析与启示 [J]. 北方经贸, 2010 (5).

[3] 马庆钰, 寇凤超. 北欧廉洁政府的经验与启示 [J]. 国家行政学院学报, 2005 (增刊).

[4] 倪星, 程宇. 北欧国家的廉政建设及其对中国的启示 [J]. 广州大学学报, 2008 (4).

[5] 龚培兴, 汪建新等. 欧洲三国公务员培训的经验与启示 [J]. 中国井冈山干部学院学报, 2010 (1).

[6] 朱立言. 北欧: 政府官员在大学开课——中国 MPA 教育代表团考察北欧四国见闻及体会 [J]. 中国行政管理, 2003 (2).

如何提升公务员职业幸福感
——来自芬兰 KAIKU 项目的经验及启示

曾远清

面对日益引起关注的中国公务员职业压力问题，中国公共部门人力资源管理体系应当如何改进，以缓解公务员职业压力和提升职业幸福感？本文试图通过介绍芬兰政府财政部下设立的为提升公务员职业幸福感和生产力提供支持和服务的 KAIKU 项目，为此问题提供参考经验，并探讨 KAIKU 项目对中国公共人力资源管理的启示。

一、问题的提出：中国公务员的职业压力与职业幸福感

中国经济发展的快速、公民社会的崛起以及体制改革的相对滞后，对当前中国政府的职能运行带来了很大的挑战，这一压力直接影响政策的执行者——公务员。

公务员的职业压力以及职业幸福感在近年来成为研究的关注点。其中，大部分的研究试图解释公务员心理压力的来源。例如，梁海萍（2009）指出，公务员在工作中经常因为人际关系、任用机制以及缺乏必要的调适技能而产生心理问题，同时，一些公务员不稳定的性格特征也会对其心理健康状态产生影响。罗军、禹玉兰（2011）通过工作压力、身心健康和情绪管理问卷方法得出结论，认为公务员的工作压力中，职业生涯发展压力最大，其次是工作负荷压力、组织中的结构与气氛压力、组织外因素压力，再次是人际关系压力、组织中的角色压力。朱立言、胡晓东（2008）对公务员的工作倦怠情况进行了研究，指出公务员表现出工作倦怠的主要原因包括工作压力、单调性、重复性、超负荷性和无自主性，工作职责不明确以及岗位角色结构的模糊性。商磊、张家云（2009）对基层乡镇公务员的工作压力进行了研究，认为基层公务员的主要压力来源包括四个方面：工作的直接性、社会的综合性、职业道德要求以及工作难度高。景怀斌（2008）基于职业压力感的研究视野进行了研究，将公务员职业压力源分为外在和内在两类。外在压力源有社会环境、岗位

要求、家庭、公私冲突、制度、潜规则、工作任务、工作报酬、人际应酬、竞争、领导因素、组织文化等方面，内在压力因素有心理素质、成长期望、性格因素、价值观、角色和认知等。它们相互作用，共同决定着公务员对压力源的解释。

在缓解公务员的职业压力以及提升职业幸福感的解决方法上，现有研究主要关注以下方面：建立公务员的心理安全调试机制，进行心理健康教育培训等课程；建立以人为本的管理模式、建立人际协调机制和完善公务员职业能力提升的路径，建立公务员培养制度（王阳，2008）。也有研究提出，良好的制度环境是关键，包括考核、用人制度和心理调适机构。同时，应当维护特定公务员群体的心理健康，例如，借助妇联的力量保证女性公务员的良好工作心态（常征、王娟，2011）；严格执行基层公务员的休假制度，加强公务员抗压素质培训，避免基层公务员接受过多上级命令和群众反应的双重压力（商磊、张家云，2009）。

以上文献的讨论主要停留在制度设计和管理模式改进的理论层面。在具体操作层面上，一些国家对于解决该问题已经积累了一定的实务经验。例如，美、英、日等国多年来普遍采用以解决员工职业压力的"员工帮助计划"（Employee Assistance Plan）概念。这一概念指由企业为员工设置的一套系统而长期的福利与支持项目。通过专业人员对组织的诊断、建议和对员工及其直属亲人提供的专业指导、培训和咨询服务，帮助员工及其家庭成员解决各种心理和行为问题，提高员工在企业中的工作绩效（朱立言、胡晓东，2008）。

不过以上经验仅在少量文献中略有提及，还未出现对国外相应制度和项目运行的具体介绍以及借鉴运用的探讨。因此，本文试图通过对芬兰财政部下设的针对缓解公务员工作压力和职业幸福感的KAIKU项目的介绍和探讨，为中国公共部门人力资源管理提供借鉴和启示。

二、芬兰KAIKU项目：促进公务员职业幸福感的经验

（一）KAIKU项目的背景

KAIKU项目致力于促进政府工作群体幸福感和功能性的发展。KAIKU提供服务的内容包括：职业康复、职业幸福感训练和咨询、实施风险管理，以及有关保险、赔偿金和就业保险的事务。其中，公务员职业幸福感支持服务（occupational well being support service）是KAIKU项目中最为关键的一项。这是因为，芬兰政府对公共部门人力资源管理有这样的理解：如今，"工作"的

本质已被改变。它现在的特征意味着：知识型工作，增加的心理压力，同时需要健康的意识；需要创新能力；平衡的管理模式；节约，增加效率。维持和提高工作能力是劳动力市场政策和国家经济的关键目标。而工作人员的衰老、工作变动、人数减少和工作节奏的不断加快等问题，使得"提升公务员工作能力和工作幸福感"这一概念变得格外重要。

（二）KAIKU项目的目标是提升职业幸福感

1. KAIKU项目所定义的职业幸福感

按照KAIKU的观点，职业幸福感是通过工作的过程，从工作岗位上产生的。它既是个人的经历，也是团队的经历，每个人的职业幸福感都是不同的。

职业幸福感立足于领导力、对工作的胜任力、控制能力以及包容性，并由团队共同建设。它能够增加工作热情和团队意识，为有效地、有创造力地实现某一特定目标提供所需的活力。换言之，在一个组织中，很多因素会影响到职业幸福感，例如，领导力、对工作的控制力和工作气氛，以及建立在良好的健康基础上的工作能力。

2. 职业幸福感是生产力要素

政府运行费用的大部分是由人工成本构成的，因此，生产力是政府成本效率的关键因素。

在下述方面可以看出这点：参与和发言的机会、多样化的能力以及培训能提高生产率；工作环境安全性的提高尤其能带来成本节约和高效率支出；人员身体健康能减少病假并提高成本效率。

另一方面，缺乏职业幸福感会带来运作风险和支出。虽然很难计算职业幸福感在组织表现上的直接效果，但没有职业幸福感肯定会造成运作风险和支出。潜在后果包括：降低生产率和学识，会增加员工发生意外事故和感到疲惫的风险；降低专业能力，会造成成本效率降低、质量和顾客满意度降低，并且降低工作能力；工作氛围恶化，最坏情况下会造成小集团的产生、员工扣留信息，对工作漠不关心、粗心大意，增加人员跳槽的风险，损坏雇主的名誉；糟糕的领导会导致低效率，增加不确定性，增加缺席现象，员工能动性减退，承诺减少，以及创造力和更新能力减弱。

此外，残疾事故是雇主的一项重大开支。雇员通过自己努力发展职业幸福感，雇主就能够减少这项支出。因此，员工发生残疾事故、领取失业津贴的数量越少，雇主的开销也越小。

实践证明，员工对退休的预期意愿受到以下因素的影响：与能力相关的问题、工作吃力、自己的工作不被欣赏、工作持续性不确定、压力和发表意见的机会受限。因此,在深受老龄化问题影响的芬兰,KAIKU 计划的目标是使人们对实际退休年龄的期望从 2003 年调查显示的 59 岁 10 个月提高到 61 岁 6 个月。因此,KAIKU 的短期目标是让更多雇员在工作年限内积极工作。

3. KAIKU 提升职业幸福感服务的使命和目标

KAIKU 项目的使命是支持政府人事政策和政策方案目标的方针。具体来讲,政府方案的目标是通过对雇员的风险管理提高工作寿命;实现高水平管理;提高工作组织的工作能力,以及竞争力、效率、更新能力带来的成就感。这一目标是为了确保更多雇员能在工作寿命内保持积极参与的态度。

在这一使命下,KAIKU 项目的目标是通过如下方式,使提升职业幸福感的活动成为日常工作和管理的主要部分:工作团体的每个成员了解他们的核心任务,由核心任务而产生的目标以及如何达到目标;工作团体的每个成员有能力将自己的工作和目标以及该组织的服务任务联系起来;工作团体的每个成员得到合适的支持以使他们完成工作;雇员的工作技巧、经验和强项都被有效利用和分享,他们的能力得到提高,并得到有计划的、实用的和合理的资源供给;采取措施确保每个在职员工都拥有幸福感;此外,工作内容、工作场所和操作实践和目标由团队一起讨论和构建;每个主管都保证他们团队的成员有足够的条件将自己的工作做好。

4. KAIKU 支持服务的方式:咨询、赞助与培训

作为专业支持,KAIKU 为各个工作团队提供了辅导、咨询和培训服务,并且为各工作团队提升职业幸福感的项目提供经费,以此引导各个工作团队顺利开展增强职业幸福感的活动。KAIKU 咨询业务包括支持各个机构的管理、KAIKU 发展者和其他职业幸福感行动者找到发展他们工作团体的新道路,评估现状、计划以及评估解决问题的备选方案。顾问的任务是帮助顾客识别、理解他们工作环境中的不同进程。当然,提供的咨询服务属于短期服务。

KAIKU 项目用于支持政府各工作团队为增强其公务员职业幸福感而制定的计划,例如发展工作诀窍传承的方法、提高雇员的互动和平等、提高领导能力等。

为支持职业幸福感活动,KAIKU 项目为各政府部门提供广泛的人员培训。培训的目标是帮助受训人员建立一种综合性的理解,使人们更好地理解影响个人和团体工作能力水平的因素,同时使 KAIKU 项目所建立的资源网络得到有效应用。

5. 建构职业幸福感:人事制度、服务支持、主管与雇员融为一体

在 KAIKU 项目的理念中,构建公务员职业幸福感需要人事制度、KAIKU 的服务支持,更需要各部门主管以及公务员自身配合以共同进行。

首先,良好的工作环境和制度环境是公务员职业幸福感的制度基础。所以,政府公务员的人事制度应当对价值导向和道德法则、各级主管和公务员的工作内容等进行规定;同时,人事政策要指导政府各部门工作团队主管及雇员提高他们的职业幸福感。

其次,在人事政策的指导下,主管需要完成如下工作:进行公开和开放的合作和互动;提高雇员的技能和工作诀窍;创造一个积极的工作氛围;使每个雇员都拥有幸福感和工作能力;鼓励雇员,创造参与机会。

雇员应努力完成如下工作:对所在的工作团队负责;对自己的工作负责;对自身的发展负责。同时,他们在"工作是如何完成的"这一问题上有发言权,并愿意使用这一发言权力表达自己的观点和建议。

在此过程中,KAIKU 为工作团队提供专家咨询、培训、资金赞助的服务。保证人事制度的落实,促成主管与雇员之间的协作,以此提升公务员的职业幸福感。

在建构职业幸福感的体系中,KAIKU 项目强调以下两点特征:

第一,工作团队自身的职业幸福感的发展计划不能依赖于外包。每个工作团体都有责任保证工作场所的幸福感,也有责任保证自身的持续进步。增强职业幸福感是一个不能外包的基本任务。它首先(同时也是首要的)是主管和整个组织管理的责任。职业幸福感的提高,要从开放对话以及对相关事务进行建设性的真诚讨论开始。每个公务员在提高个人职业幸福感和团队幸福感中也有自己的角色。除了职业幸福感外,每个雇员的整体幸福感包括物理、心理、社会和精神幸福感。对于这些方面,每个人都有各种各样的、不断变化的经历、感受和意愿。最终,每个个体对自己的幸福感有责任,无论是在提高幸福感方面,还是在设置自身目标和范围方面。

第二,KAIKU 提供的专家咨询和技术服务能够为工作团队提供支持,但不应该为工作团队中的幸福感目标负责。例如,KAIKU 专家所建设的咨询服务提供网络,能够帮助工作团队提高工作场所的幸福感,但工作团队对最终的成果负有责任。不能仰赖专家咨询服务,也没有什么现成的解决方案或工具包可以从一个工作场所拿到另一个工作场所使用。职业幸福感的发展无法通过外部方式实现,而是要由各政府部门的工作团队自己主动进行,并由他们自己负责。

三、结论与启示

芬兰财政部的 KAIKU 项目在提升芬兰公务员职业幸福感的工作上取得了

很大的成效，也是国际上得到认可的经验，对中国公共部门人力资源管理有以下启示。

（一）公务员职业幸福感：需要引起关注的理念

KAIKU 计划对于我国公务员制度的借鉴意义首先在于其"保障公务员职业幸福感"的理念。对于芬兰政府来说，减少政府开支、缓解老龄化社会难题，延缓退休时间，是产生 KAIKU 项目的直接动因。此外，芬兰政府也意识到，只有工作环境使得每个公务员都有良好感受，才能够充分运用人力资源能力，提升整体工作效率和生产力。

尽管国情不同，这一理念对中国公共部门人力资源管理来说同样有价值。在中国，职业幸福感至今仍然是一个没有受到足够重视的概念。尤其对于公共部门来说，强调等级、控制和服从的特征使得公务员个体的表现空间有限。对这一理念的重视，不仅能够减少公务员承担的不必要的压力，而且能够保证政府的公共管理政策得到更有效地执行。

（二）专业的服务支持：提升职业幸福感的途径

芬兰的 KAIKU 项目提供的是通过专业性服务解决职业压力问题的模式。通过设立针对性的项目，提供专业咨询、专项资金和针对性培训来解决问题。这为中国公共部门人力资源管理提供先行的模板。中国公共部门的人力资源管理主要由政府各层级的公务员管理部门负责，但是到目前为止，还没有专门针对缓解职业压力以及提升幸福感的项目。这使得中国目前日益增多的公务员心理压力事件对专业性的解决途径需求变得更为迫切。

（三）和谐沟通的团队环境：获得职业幸福感的根本

KAIKU 项目的成功并非是这一个项目自身的成果。如前所述，KAIKU 所提供的专业服务，是注入公务员个人所属的团队建设当中的。其中，个体所面对的主管、同事、下级之间的合作也是 KAIKU 提供支持的前提。KAIKU 项目尤其注重领导在提升下属职业幸福感方面的培训和咨询，并要求团队进行更多的个体直接沟通，尤其是上下级沟通。这都提示了 KAIKU 项目是系统工程的一个部分。对于中国的公共部门人力资源管理来说，KAIKU 的这个特征更多是对以领导为中心的体制文化的改进参考。创造一个注重沟通、相互了解、风险共担的环境，使公务员个体增加自信心和归属感，这是获得职业幸福感的重要来源。

综上所述，芬兰 KAIKU 项目为中国公共部门人力资源管理提供了一个有效解决职业压力问题的模板,但对于其经验在中国的运用,不能仅是技术层面的复制和参考。要解决中国公务员职业压力问题,还必须去寻找深层的压力源。除去个人心理压力的因素,在人力资源管理层面,中国公共部门人力资源管理体系仍需要更多关注公务员职业生涯管理这一环节,以多元化培训满足公务员的自我发展需求,以多样的晋升、退出机制提供发展前景,以稳定的薪酬福利和公正的绩效考核创造有效的激励效果。在中国现有制度环境层面,人民群众民主、权利、法治、监督意识的不断增强对政府传统自上而下的社会管理模式提出了挑战,经济转型产业升级对政府宏观调控能力提出更大要求,政府管理中不断扩张的公权力与相对滞后发展的法律监督体系所产生的冲突,为公务员个体的工作带来超出承受范围的压力。因此,政府职能转变与政府权力的收缩是解决此问题的根本。当然,幸福感归根结底是人类对自身探索的哲学问题,以上制度与管理层面的改进也许无法直接带来幸福感,但却是集体为其成员减少不幸福感的措施。

参考文献

[1] 常征. 女性公务员心理健康状况研究:以北京市H区为例 [J]. 中国行政管理, 2011 (6).

[2] 梁海萍. 对公务员心理健康状况的调查分析——以上海市公务员为例 [J]. 领导科学, 2009 (12).

[3] 罗军. 公务员工作压力、情绪管理与身心健康关系的研究 [J]. 中国卫生事业管理, 2011 (9).

[4] 景怀斌. 职业压力感视野下公务员机制的问题与建议 [J]. 公共行政评论, 2008 (4).

[5] 商磊. 乡镇公务员工作压力成因及应对策略 [J]. 中国行政管理, 2009 (6).

[6] 王阳. 公务员职业心理健康的影响因素与干预机制 [J]. 中国行政管理, 2008 (9).

[7] 朱立言. 我国政府公务员之工作倦怠研究 [J]. 中国行政管理, 2008 (10).

借鉴芬兰经验，推动幸福广东建设

芬兰公务员制度的特点分析及启示

陈志美

芬兰地处北欧，人口仅为530多万，只相当于中国的一个中小城市。但就是这个"小国寡民"的芬兰，多年来在经济发展、社会福利制度、政府廉洁行政、科学技术创新、信息化建设、环境保护等许多方面走在了国际前列，并在2003—2005年连续三年被世界经济论坛评为年度"世界最具竞争力的国家"。芬兰之所以发展迅速，原因是多方面的，如资源丰富、人口较少、长期处于和平时期、经济政策得当等等。这同时也与芬兰始终拥有一支高效、廉洁、高素质的公务员队伍密不可分。"透明国际"组织公布了近年的腐败指数并对全世界140多个国家和地区的公务员及政治家的腐败程度进行了排名，芬兰以9.7分的得分连续第四年成为全球最廉洁政府。下面，笔者着重对芬兰公务员制度的特点进行分析，并归纳出对我们有意义的几点启示。

一、芬兰公务员制度概况

芬兰政府目前有13个部门。总的来说，中央政府是一个强势政府，地方政府也享有高度的自治。过去经历了权力下放的变革，中央政府各部门主要从战略层面上进行规划，对各地政府的决策进行指导。政府部门的分类与其他国家基本相似，设有财政部、外交部、国防部等。在芬兰，权力最大的是财政部，不仅执行日常的政府预算，还负责公共管理事务等；内务部负责警察、消防以及地方的一些事务。另外有公共卫生部门、教育文化部门等等。

芬兰公务员队伍分为政务、管理、聘用三类，范围较为宽泛，不仅有政府官员及普通工作人员，也包括军队、司法部门工作人员，还涵盖了大专院校教师、卫生系统医护人员、国家研究机构人员、社会福利人员、公职系统的工勤人员。芬兰政府有83%的编制公务员和17%的合同制公务员。前者根据公务员法的规定签署合同，后者根据劳动法的规定签署合同。前者的权利义务由国家法律规定，后者的权利义务由作为雇主的政府部门与本人协商签署。芬兰中央政府层面的公务员有12万人，工资来源于国家财政预算。在各部门中，公务员数量最大的是教育部。地方公务员的工资来源于地方财政预算,有40万人左右。

芬兰的公务员制度归纳起来主要有以下几个特点:

(一)公务员选拔机制:广泛公开,实行平等竞争

芬兰在公务员职位出现空缺时,采取公开竞争的方式面向全社会发布所需人员的条件,符合要求的均可参与竞争。芬兰公务员不经过公开招聘不能录取,因此,相关部门要在媒体和互联网上公开每一个招考职位的招聘信息,对每一个职位所要求的知识结构、职业技能作出详细而又具体的描述。全部考试结果要在媒体上公布,未被录用的人员可以查询录用过程,如发现劣于自己的人被录上,可以提出申诉。芬兰在录用公务人员时,坚持公开、公平、竞争、择优的原则,严格把好入口关。录用公职人员须考法律知识,上岗必须进行守法宣誓,对具有监督职能的行政机关或司法机关的官员选任尤为严格。所有进入部门工作的官员一律要宣誓守法,明确知道什么能做、什么不能做,并准确地把握社交和腐败的界线。在公务员招考过程中,坚持"人人平等"原则,一般不对外貌、身高、体重、肤色作出限制性规定,只要符合报名要求即有机会通过考试进入公务员队伍。在公务员录用考试内容上精心设计,尽可能使考试能真正反映一个人的综合素质和对岗位的适应性,保证充分竞争。

(二)公务员管理机制:通过财政预算控制人员编制

在芬兰,政府或预算部门根据各部门所承担的工作任务为其匹配核定一定数额的预算,在接到任务和预算后,具体需要多少人来完成,由部门负责人自行决定到市场上雇用,上级主管部门不再干预,只要确保完成任务,节余下来的资金由部门负责人自行支配,可以用此增加公务员的工资。这种发挥市场在人力资源配置中作用的做法,避免了政府机构无限膨胀、因人设事的弊端。

(三)公务员培训教育机制:充分体现市场化的特点

芬兰对公务员的培训大体分为四种类型:①短期培训,即公务员为增长知识、提高能力的培训;②晋升培训,即公务员为晋升上一级职务所进行的培训;③离职培训,即公务员本人想在某方面得到提高,由本人申请,经单位批准脱离现职接受培训;④新录用公务员上岗前的初始培训。芬兰的公务员培训制度有四个特点:一是培训制度化。芬兰制定了相关法规制度,对公务员培训作出规定,使公务员培训制度化。二是培训机构市场化。芬兰政府高度重视公务员培训,但政府不设立专门的公务员培训施教机构,不供养专职的公务员培

借鉴芬兰经验，推动幸福广东建设

训师资队伍，而是把公务员培训推向市场，政府花钱直接向社会购买专业培训服务，各类培训机构只有符合培训需求、提高培训服务质量，才能拿到培训订单。三是培训内容多样化。为了适应不同岗位、不同层次公务员培训的需求，芬兰公务员培训在以公共管理为重点的基础上，课程涵盖了法律、行政、管理、经济、信息技术等多方面的内容。在课程设计上，除了面向所有公务员开放的一般性课程外，培训部门还根据"顾客"的特殊需要量身定做课程，建立自主择训机制。培训内容的针对性很强。四是培训方法实践化、网络化。芬兰公务员培训既有传统的课堂讲授式方法，也有教练式、作业式、实地培训等实践性方法。近年来，实践性的培训方法在培训中的应用越来越多。芬兰公务员培训在注重实践性的同时，也非常重视网络培训，推广以网络技术为核心的现代化培训手段。

（四）公务员流动机制：鼓励公务员交流轮岗

公务员的职务常任制会造成公务员管理的封闭性，缺乏人才流动将导致行政机构出现例行公事和体制僵化的现象，从而阻碍公共事业的发展。芬兰充分认识到这个问题，普遍加强了公务员的交流。

交流的方式主要有：一是强制性交流。这种方式以岗位任期制和强制轮岗为主。岗位任期制主要针对中高级公务员，通过规定中高级职位的任职年限，促使相关性很强的部门之间的公务员从低层向高层的流动，高级公务员的任期一般为7年，届满后必须流动。强制轮岗主要针对中低级公务员，通过强制要求公务员在不同的岗位工作，达到丰富公务员阅历、提升其能力的目的。二是非强制性交流。这种交流主要建立在公务员本身意愿的基础上，以满足公务员自身发展需要为主要目的，通过制定政策，鼓励公务员主动交流。公务员在新轮换的工作岗位上工作2年以后，可根据自己的兴趣与事业发展确定是否再换岗；如果公务员在第三个岗位上没有升迁到高级主管，还可以继续流动到别的岗位上去。三是培养性交流。这种交流主要是推动公共部门与私营部门之间的人员交流。这种交流旨在培养公务员的综合素质和能力，以阅历培养为主要目标。此外，芬兰公务员用人机制与社会高度接轨，交流频繁、顺畅。公务员在政府机关工作的平均年限为10年。多数情况下，公务员辞职都会获得批准，只有对于紧缺的专业人才，政府才会高薪挽留。这种做法增进了政府与社会之间的信息流通，使政府更了解社会需求，为政府提供更有针对性的公共服务打下了基础，也使政府公务员队伍的能力结构、知识结构不断得到更新和完善，更加符合社会发展要求。

（五）公务员考核机制：实行以结果为导向的绩效管理

同其他欧盟国家一样，芬兰十分重视对公务员的考核，把私人企业实行的绩效管理办法引入公务员管理中，实行以结果为导向的绩效管理，包括计划制定、计划实施和跟踪、绩效评估等环节，特别重视绩效信息的沟通及绩效评估程序的科学性。年初，芬兰政府部门先根据职能，按照政府的战略计划制定工作目标，在确定目标过程中，领导者与公务员要进行协商论证，达成共识，目标确定后，部门内任何人都要无条件地执行。公务员要依据部门目标制定个人年度目标，在这一过程中，公务员要与领导者进行充分协商，经过反复的商量，最后在双方都同意的基础上以合同方式进行确认。年中，领导者要对公务员个人年度岗位目标落实情况进行跟踪检查。年底，公务员个人要根据年度岗位目标落实情况写出年度绩效评估报告，领导者对部门内公务员目标完成情况进行综合评价，并在与公务员本人反复沟通后，形成正式的评估报告，报本单位内部审计委员会通过。政府通过绩效评估，来衡量部门或者个人在一定时间内，以某种方式行使职能而实现的某种效果，并将绩效评估的结果与约占公务员工资总额50%的绩效工资相挂钩，形成了较为灵活的工资制度。这种管理方式，不仅关注职能部门或个人在履职的过程、程序，更注重获得的结果和社会影响。

（六）公务员监督机制：监督体系完善，公务员廉洁从政

芬兰公务员滥用职权、以权谋私的现象极为少见。芬兰各地法院每年受理的行贿受贿案件不足10起，被公认为"世界上最廉洁的国家"之一。这主要是因为芬兰对公务员的监督机制较为完善，从立法、机构的设置，到监督手段等各方面都形成了相对完整的体系，其中不乏颇具创新和实效的做法。

一是有严格的立法。芬兰公务员之所以能够自觉遵守执政纪律，严格的立法和完善而有效的监督体系发挥了重要作用。

二是有公开透明的制度。透明和公开制度是芬兰政府工作的一个重要原则。公共部门的一切都要公开，接受市民和媒体的监督。政府档案馆以及公共部门的所有档案材料不仅对专家和研究人员开放，而且对新闻界和公众开放，同时还提供查询、借阅和复印等服务。公民在需要时可以通过这一途径了解政府部门的有关情况，从而有效地防止政府部门产生腐败现象。在公车管理方面，政府的透明度相当高。芬兰政府机构公车数目极少，除总统外，只有总理、外交部部长、内务部部长和国防部部长4人享受配备专车的待遇，而且专车只限执行公务时使用。其他部长在执行公务时，由秘书向政府申请用车。政

府部门有义务定期如实地公布官员使用公车情况，媒体有权查询。如果某政府官员用公车办私事，将会被举报或被媒体曝光。此外，在官员选拔上，他们实行"透明政治"、"透明行政"或透明的选官任官制度，这种做法较好地避免和杜绝了买官卖官现象的发生。

三是重视民间组织和社会舆论的监督作用。芬兰有透明国际组织的分支机构，由社会各阶层热心反腐败的优秀人士组成，他们以非政府组织的形式积极参与反腐败工作，负责全球范围内腐败问题的调查，并将调查成果予以公布。同时，舆论和新闻媒体对政府官员的监督起着不可忽视的作用，是保障公民权利、约束官员公务行为最有效的武器之一。在芬兰，由于国家小，发生一点小事就很容易被新闻界抓住。如果政府官员有不体面的事被媒体曝光，他就会威信扫地甚至被起诉。芬兰政府为公民提供了各种机会，让每一个人都可以对政府官员的工作进行监督。任何人发现政府官员有渎职行为都可向警方告发或向其上司检举，甚至可以直接向法院起诉。

四是腐败成本十分高昂。芬兰法律规定，公务员不能接收价值较高的礼品，而他们对价值较高还有细化的定义，就是根据物价指数调整，一般要控制在20欧元左右，在当地也就相当于几个汉堡和几杯啤酒的价钱。一旦公务员碰触到这条"高压线"，司法部门、新闻媒体、社会舆论都会立即作出反应，查实腐败问题后，公务员不仅会被立即革职，失去优厚的福利待遇，严重的还会入狱，即使腐败风波过去了，也会遭到社会的鄙视，私营机构不愿雇用，在亲朋好友、街坊邻居面前也抬不起头，腐败成本十分高昂。

（七）公务员福利待遇保障机制：有健全的权益保障机制

芬兰公务员的福利待遇保障机制较完善，主要有以下五个特点：

一是强调高薪养廉的作用。芬兰国力充足，国民生活富裕，是典型的高福利国家，社会福利保障体制比较完善，对人的生老病死都给予社会补助和服务。一般居民生活水平较高，而公职人员的工资福利待遇则更高一些。芬兰公务员在工资以外，还享受假期、保险等很多福利。公职人员相对的高薪使得其腐败行为代价也相对较高、风险较大，因此，腐败动机相对减弱，因而减少了腐败案件的发生。这也是芬兰腐败案件较少发生的一条不可忽视的经验。

二是有健全的权益保障机制。芬兰有工会谈判机制，绝大多数公务员都加入工会组织，通过工会保障自身权益。公务员的工会组织定期与雇主进行谈判，就公务员的工资、工作环境等进行商讨，确定公务员工资水平等。同时，芬兰建立公务员个人谈判机制。公务员个人可以直接与雇主就个人的权益进行谈判，争取和保障自身的权益。因此，在芬兰每个公务员的工资水平可能都不一样。当然，公务员的收入水平差距不会太大，类似工作岗位的收入水平也不会差距太大。

三是高度关注公务员的心理健康。芬兰的人力资源部门专门配备心理专家，对公职人员在晋升心态上是否胜任、平时的心理健康问题等进行咨询，并提出建设性的意见。

四是退休政策体现以人为本。芬兰实施弹性退休制度，规定公务员可在一定的时间内选择退休时间，即可按规定的最低退休年龄时间退休，也可在规定上限内根据自身情况自定某一时间退休，由于公务员范围涉及较广，对有些专业技术领域，若雇主与雇员本人愿意，还可再延长工作时间。因按工作年限的长短确定退休后的工资待遇，达到最高工作年限的，还能得到政府特别津贴，多数人选择尽量延长工作年限，以获得比较好的工资待遇。

二、芬兰公务员制度给我国的启示

芬兰经过长期的经济建设，市场经济体制已逐步成熟，经济发达、人民富足、物质丰富，精神文明已达到一定程度。当前我国还处在社会转轨变形时期，社会主义市场经济体制正在健全和完善过程中。在当前形势下，如何建设一支高素质的公务员队伍，保证政府高效、廉洁运作至关重要。芬兰在公务员制度建设方面的一些先进做法和经验，给我国提供了有益的启示。

（一）进一步加大公开竞争性选拔任用干部的力度

公开是扩大选人用人视野、平等公正地选拔任用干部的前提。芬兰公务员制度最大限度地体现了公开的原则。例如，在录用公务员或竞争职位时是开放性的，一律面向社会，突出强调公平公正，内部在职人员竞争职位时没有优先权，这样可较好地解决一些人任职时间一长，就向组织要求提职的问题，对于我国进一步完善公开竞争性选拔任用干部的方式，具有一定的借鉴意义。

一是要坚持公开、平等、竞争、择优的原则，在干部的录用、公开选拔和职务晋升等方面引入竞争机制，不断疏通和拓宽从高等院校、科研单位、企业和其他社会组织中选拔干部人才的渠道。

二是在干部的晋升上要重点打破选人用人中论资排辈等条条框框，要不拘一格、唯才是用。

三是对干部人才的选拔、任用要建立开放型机制，重点落实广大群众对干部工作的知情权、参与权、选择权和监督权，要做好民主推荐、任期公示制度，认真听取群众意见，接受群众监督。

四是进一步加强竞争性选拔方式的制度创新,在开展公开选拔时,应分类设置公选职位,突出强调因岗择人,并注重加大各环节综合遴选的差额比例,以更好地发现和掌握优秀人才。在机关中层干部竞争上岗时,逐步探索搭建干部在较大范围内合理流动的平台,并建立与之相配套的制度规范。

(二) 实现管理效能的最大化,通过财政预算控制人员编制

管理的层级和幅度直接决定管理效能。干部人事管理的层级多、幅度宽,效能就会相对低一些。芬兰对政府部门、大学及科研机构等一些独立单位的管理(芬兰将其列为公务员管理范围,在我国属事业单位),主要是通过定任务、核定预算来宏观控制,这种做法可以较好地扩大单位用人自主权、调动单位内在的积极性。借鉴芬兰的做法,我们在探索推进事业单位人事制度改革时,也可通过定预算、编制、任务来对事业单位进行宏观控制。将具体的管理和使用权限下放给事业单位,让单位自身根据需要,采取新人新办法、老人老办法的方式来决定具体需要招聘多少人员、资金如何分配、编制如何使用,这样可以有效调动单位内在积极性,合理地将人力、财力用在最需要的地方,解决以往有的单位在一定程度上存在的人浮于事、资源浪费问题。

(三) 不断提高执政能力和水平,必须突出能力建设的主题

拥有一支高效、廉洁的公务员队伍,这与卓越的干部培训有着密切的联系。芬兰高度重视对公务员的培训,开展培训工作时,坚持以能力建设为中心,突出以人为本,注重培训实效,强调刚性约束,引入市场化培训机制,这些做法对于深化我国的公务员培训工作具有借鉴意义。

一是在培训主题上,要突出能力建设。要把培训的目标、内容、方式和能力建设紧密结合起来,做到培训的目标指向能力、内容围绕能力、方式着眼能力。

二是在培训内容上,既要重视理论,也要重视实践。要重视对公务员进行系统性职业知识、职业能力和职业道德的培养,造就一批高素质、有能力且热心于公共事业管理的公务员队伍。要把国内外学术前沿的最新成果、改革开放和现代化建设中新鲜的实践经验,及时补充到培训内容中,使培训成为向公务员传授新知识、传播新信息、扩大新视野、倡导新理念、提供新方法、提升能力的重要平台。要改变培训以授课为主的模式,逐步加大实践性的内容,既要重视理论培训,又要与工作实际相结合,以实践性的培训方法,着力提高公务员解决问题的实际能力,注重公务员的自身参与。

三是在培训方法上要坚持以人为本。要注重抓好分级分类培训,根据不同

职务层次、不同类别公务员的特点和需要，制定具体的培训内容、时间、考核方式及经费等，建立有效制度。要坚持以党校为主阵地，联合一些高等院校或培训机构，多种方式、多个层次地办学办班，既要有中长期的培训班、进修班，也要有短、平、快式的研讨班、专题班。

四是在培训机制上，要提高培训的针对性。要针对公务员培训需求差别化、个性化，培训方式多样化、培训机构多元化、培训手段现代化等新的趋势，不断探索和运用有利于公务员的职业发展、符合公务员成长规律的培训理论、方式和方法。要在过去行之有效的干部培训计划的基础上，普遍实施职业生涯发展规划，帮助每个人制定个性化的职业生涯发展培训计划，充分尊重个人的特点和发展意愿，可以考虑建立培训自我申报、鼓励自我开发的制度，从而使培训具有较强的针对性，提高培训的实效性。

五是在培训机构选择上，要注重运用市场机制。按照政府宏观调控与引入市场竞争相结合的原则，打破培训资源部门所有、地区分割的现象，优化培训资源配置，使优势资源发挥最大的效用。

（四）实现人才资源的优化配置，必须积极畅通人才流动渠道

人才的合理流动是实现人才资源优化配置的基本途径。芬兰公务员用人机制与社会高度接轨，交流频繁，这使政府能更好地了解社会需求，也促进公务员队伍的优化。

借鉴芬兰的经验，一是加大公务员交流力度，增强公务员队伍的活力。虽然我国已经逐步重视公务员交流工作，并出台了相应的制度规范公务员的交流，但诸多客观原因依然限制了公务员在不同岗位、部门间的流动。我们一方面要制定相关制度，通过淡化岗位的单一性，使公务员可以适应不同岗位的需要，加大强制性交流的力度；另一方面也要在政策上鼓励、激励公务员进行交流，使多个岗位的工作经验成为公务员晋升的重要考察方面。

二是要进一步疏通公务员队伍的入口，结合实际，建立和完善以竞争择优为导向的公务员调任工作机制，架起党政机关与企事业单位人才合理流动的桥梁。要针对当前企事业单位人员多向机关单向流动，而机关人员向企事业单位流通不畅的现状，坚持以市场配置人才资源的改革取向，积极探索建立促进公务员向企事业单位合理流动的机制。通过面向基层、面向社会选拔那些有利于加强和提升机关工作水平的人员，来促进公务员队伍结构的优化，从而解决一些单位干部经历相对单一、缺少实践经验、实际工作能力与工作岗位要求不相适应的问题。

借鉴芬兰经验，推动幸福广东建设

（五）促进科学发展，必须进一步发挥考核评价的导向激励作用

科学完善的考核评价机制是促进各级公务员自觉履行岗位职责、积极干事创业的"助推器"。芬兰建立了以个体为主、注重考核主体与被考核对象之间有效沟通的绩效考核评估体系。与他们相比，我国现行的考核制度在一定程度上还存在着考核目的不够明确、考核标准过于笼统、考核主体与考核对象缺乏经常有效沟通的问题。为此，要借鉴芬兰对公务员考核评价的具体做法，进一步完善我国公务员考核评价体系。

一是要研究公务员核心能力素质框架，细化能力标准体系，制定不同层次、不同类型、不同行业领导人才的具体标准，以便在考核时能够有具体、量化的标准。

二是要加强实绩考核的力度，完善实绩考核的办法。应当把目标管理的方式引入公务员考核中，强化年初计划的制定，以便作为对公务员进行年终考核的标准之一。要着力研究不同领导职位的职责，探索制定不同领导职位的《职位说明书》，为因岗制宜、合理具体地设置公务员个人业绩的考评项目和评价要点奠定基础，注重平时考核与年终考核相结合，对公务员平时的政治表现、工作能力、工作态度、工作成绩、廉洁情况等作如实的记载。通过考核，完成对公务员阶段性或年度评价，使机关了解公务员的素质、才能的高低和贡献的大小，从而有理有据地对公务员的工作作出恰当的安排，尽可能做到量才而用，人尽其才，并能及时发现人才，还可以起到鼓励先进、鞭策后进的作用，对考核不称职的人员进行处理。

三是要注重考核结果的应用。对特别优秀的人才、考核结果突出的公务员，要敢于使用、善于使用，使考核成为干部成长的催化剂。

（六）加强公务员监督管理，必须拓宽监督渠道

芬兰公务员监督机制完善，开辟了多种监督渠道来对公务员进行全方位监督，这对我国有较强的借鉴意义。

一是加强制约权力资源。加强制约，做好制权、管钱、用人的重头文章。合理分配权力是从制度上防止腐败的重要环节。我国有许多行之有效的监督制约措施，如专项检查、效能监察、经济审计等，也根据形势的发展创新了好的作法、新的经验，如"处级以上干部财产申报制度、八小时以外监督"等。要将这些已有的制度监督关口前移，保证监督制约取得实效。进一步健全制度，尤其是对制权、管钱、用人三个环节的监督，对审批、执行、监管互相分离、分权制约，对主要领导、"一把手"要强化监督，防止权力失控。针对易涉及"权、钱、人"的关键部门和重点领域,要加大岗位交流力度。

二是推行政务公开制度。按照公共政策、权力运行"公开透明"的要求,推进阳光政务建设,完善行政服务中心电子政务建设步伐,建立重大事项票决制、公示制,实行公共部门财政支出公开透明制度和审计结果社会公开制度,建立公务员不良记录披露制度,加大腐败的打击力度,促使公职人员消除侥幸心理,从减少腐败机会着手,积极推动和促进政府引入市场机制,培育和规范中介组织,运用市场手段优化社会资源配置,避免部分掌握公共资源的部门和人员的权力寻租现象;推行机关福利统一制度,积极推进公车改革和职务消费货币化改革,努力消除职务消费的腐败黑洞。

三是建设公务员腐败行为"高风险低收益"的制度。明确规定公务员严禁从事商业、营利组织和私人部门的活动,制定明晰的公务员道德标准和行为准则,公务员对履行国家法律和法制职责作出公开承诺,定期申报收入、财产制度并延续退休后3~5年,对公务员履行公务活动的职权以明文规定,同时严格实行奖惩机制。国家要保证优厚的公务员退休金和医疗保险金,如公务员违法违纪,将被视情节取消或部分取消上述待遇。

四是拓宽监督渠道。强化党政机关及企事业单位内部的自我监督。要坚决贯彻落实民主集中制,重大事项必须由集体研究决定,并予公示。强化纪检监察、审计等职能部门的监督职能,确保监督检查职能机关的独立性,并与监督对象在权力和地位上对称。强化党委、人大、政府、政协的监督,强化群众监督和舆论监督,完善社会听证和专家审查咨询制度、群众举报奖励制度、群众评议政府等制度。要敢于并善于运用舆论监督改进和推进工作,充分发挥媒体监督的作用。对监督职能部门要实行责任追究制度,以保证监督的落实。

(七)坚持以人为本,必须注意维护公务员的合法权益

合理维护公务员的合法权益,是坚持以人为本理念的重要体现。借鉴芬兰的经验,我国在公务员管理工作中也要切实维护公务员的合法权益。

一是要发挥公务员利益代表机构的作用。芬兰有健全的公务员权益保障机制,成立了独立的工会组织,代表各类公务员利益与资方就工资、福利、工作环境等问题进行协商,维护公务员的合法权益,并十分注重公务员心理健康方面的建设。与他们的做法相比,我国没有作为独立代表公务员利益的政治组织,但可以进一步发挥由公务员主管部门代表、聘用机关代表、聘任公务员代表组成的人事劳动争议仲裁委员会的作用,对公务员提出的合理要求,按照合法、公正、及时处理的原则,依法予以维护;对不合理、不符合规定的要求,依法依规作好解释说明,在维护公务员合法权益的同时,发挥好化解矛盾、促

进和谐的作用。

二是注意对公务员进行心理辅导。应针对一些干部由于心态失衡、时有发生这样那样问题的实际，加强领导干部心理健康方面的建设。建立领导与工作人员定期谈话制度，每年至少谈一次，了解掌握干部的思想状况。还可聘请一些心理专家，公务员在心态上出现问题时可及时与心理专家进行交流，消除心理障碍，培养阳光心态。同时要把心理素质作为公务员岗位使用的一个重要因素。

三是提高公务员福利待遇。借鉴芬兰高薪养廉的经验，进一步提高公务员的福利待遇，并通过进一步完善社会保障制度来体现，即建立机关公务员与企事业单位工作人员共同适用的统一的社会养老保障制度，这一方面可以切实体现以人为本的精神和公平、公正的原则，另一方面可以畅通不同性质单位之间人员相互交流的渠道，促进各类人才合理流动。同时，逐步完善工资晋升办法。要制定相关配套办法，按照《公务员法》提出的"公务员的工资水平应当与国民经济发展相协调、与社会进步相适应"的目标，逐步建立公务员工资正常增长的新机制。此外，要改进奖金发放的办法，对工作业绩突出的公务员，提高奖金的发放比例；赋予公务员本人所在部门和直接领导一定的奖金发放权，从而充分发挥奖金的激励作用。

参考文献

［1］杨庆东，蒋玉林. 中西方公务员制度比较［M］. 昆明：云南大学出版社，2003.
［2］蒋玉林. 行政管理学［M］. 昆明：云南大学出版社，1991.
［3］周世述，苏玉堂. 中国行政管理学［M］. 北京：中央党校出版社，1996.
［4］王沪宁. 行政学导论［M］. 上海：上海三联书店，1988.
［5］许道敏. 芬兰：监督机制有效运行［J］. 中国监察，2004（7）.
［6］叶吉凤. 芬兰、瑞典国家公务员制度的分析与启示［J］. 北方经贸，2010（5）.
［7］刘步健. 芬兰反腐保廉的制度化解读［J］. 群众，2011（7）.

引入以结果为导向的绩效管理办法，完善公务员考核制度

陈国华

本文从加强公务员管理、优化公务员队伍、提高工作效率、加强群众监督等四个方面对我国公务员考核制度做了简单概述，说明建立公务员考核制度的必要性，阐述了我国和芬兰公务员考核制度的特点。并对照我国公务员考核工作中存在的问题，借鉴芬兰公务员绩效考核的四个优点：考核评估前制定绩效考核目标、兼顾平时和量化考核、引入外部评价、实行更有效的激励，来完善我国的公务员考核制度。

一、我国公务员考核制度概述

（一）公务员考核制度及考核内容

公务员考核制度是指国家行政机关按照管理权限，根据有关法律法规所确定的考核原则与内容、标准、方法及程序等，对所属公务员进行考察、评价的制度。它的建立主要是以 1993 年《国家公务员暂行条例》和 1994 年《国家公务员考核暂行规定》颁布实施为标志。随着 2005 年《中华人民共和国公务员法》的颁布和 2007 年《公务员考核规定（试行）》的出台，公务员考核工作进入了一个新的阶段。

公务员考核是指以公务员的职位职责和所承担的工作任务为基本依据，全面考核德、能、勤、绩、廉，重点考核工作实绩。

（二）建立公务员考核制度的必要性

公务员考核制度是公务员制度的重要内容，它在促进勤政廉政、提高工作效能、建设高素质的公务员队伍等方面有着十分重要的意义。

1. 实行公务员考核制度，有利于加强对公务员的管理

公务员的管理制度包括职位分类、考核、奖惩、升降、任免、培训、工资

福利等内容。其中，考核是公务员管理的基础环节和最重要的环节之一。通过对公务员的考核，可以为公务员管理其他环节上的工作提供可靠的依据。如果没有科学、客观的考核，公务员的奖惩、升降、任免、工资福利等管理工作就难以做到客观、公正。考核这个环节做的好坏，在一定程度上关系到整个公务员管理制度能否得到有效实行，并直接关系到每个公务员的职业生涯发展和切身利益。因此可以说，考核是公务员各项管理制度中的基础性环节。

2. 考核是优化公务员队伍的必要方式与途径

公务员考核，是公务员主管部门根据法定的管理权限，对公务员的工作或业务成绩的质量、数量及其能力、品行、学识、健康等状况进行考察审核，主要内容包括德、能、勤、绩、廉五个方面，其目的是为了准确判断与评价被考核人是否称职。在很大程度上，公务员考核是对公务员的思想品德、才识水平、工作能力和工作实绩进行公正合理的评价，是管理机关发现、选拔优秀公务员和合理使用公务员的重要途径，并可以防止人才选拔上存在的主观主义、官僚主义等弊端；另外，考核也是公务员自我认知的一条途径。通过考核，公务员可以更清醒地认识自我，便于促使其发扬优点，克服缺点，开拓创新，不断进取，从而优化整个公务员队伍。

3. 考核有利于提高工作效率

对公务员的考核，实质上是对公务员的工作情况进行全面系统的考察和评价，并根据考核的结果奖勤罚懒、奖优罚劣，以促使公务员尽职尽责、勤奋工作，从而提高工作效率。同时，在考核过程中，通过上级对下级公务员的考察和下级公务员对上级的民主评议来形成上下级公务员之间的相互监督，促使各级公务员改进工作作风，克服官僚主义，提高工作效率。

4. 考核是群众监督公务员的必要手段

对公务员考核的内容、标准与过程要做到公开化，要认真听取群众意见，特别是对担任一定层次领导职务的公务员，还要进行民主评议。这就可以发挥民主监督与公开监督的威力，有效防止各级公务员搞特殊化，防止公务员滥用职权，促使公务员正确地行使权力，认真履行职责，并调动群众监督各级公务员的积极性。

（三）我国公务员考核制度的特点

1. 原则明确，考核方式规范

公务员考核坚持客观公正、注重实绩的原则，实行领导与群众相结合、平时与定期相结合、定性与定量相结合的方法。

2. 考核内容全面化

对公务员的考核，以公务员的职位职责和所承担的工作任务为基本依据，全面考核德、能、勤、绩、廉，重点考核工作实绩。德，是指思想政治素质及个人品德、职业道德、社会公德等方面的表现。能，是指履行职责的业务素质和能力。勤，是指责任心、工作态度、工作作风等方面的表现。绩，是指完成工作的数量、质量、效率和所产生的效益。廉，是指廉洁自律等方面的表现。

3. 考核标准定性化

年度考核的结果分为优秀、称职、基本称职和不称职四个等次。

优秀等次须具备下列条件：①思想政治素质高；②精通业务，工作能力强；③工作责任心强，勤勉尽责，工作作风好；④工作业绩突出；⑤清正廉洁。

称职等次需具备下列条件：①思想政治素质较高；②熟悉业务，工作能力较强；③工作责任心强，工作积极，工作作风较好；④能够完成本职工作；⑤廉洁自律。

具有下列情形之一的，应确定为基本称职等次：①思想政治素质一般；②履行职责的工作能力较弱；③工作责任心一般，或工作作风方面存在明显不足；④能基本完成本职工作，但完成工作的数量不足、质量和效率不高，或在工作中有较大失误；⑤能基本做到廉洁自律，但某些方面存在不足。

具有下列情形之一的，应确定为不称职等次：①思想政治素质较差；②业务素质和工作能力不能适应工作要求；③工作责任心不强或工作作风差；④不能完成工作任务，或在工作中因严重失误、失职造成重大损失或者恶劣社会影响；⑤存在不廉洁问题，且情形较为严重。

4. 考核程序规范化

年度考核按下列程序进行：第一步，被考核公务员按照职位职责和有关要求进行总结，并在一定范围内述职；第二步，主管领导在听取群众和公务员本人意见的基础上，根据平时考核情况和个人总结，写出评语，提出考核等次建议和改进提高的要求；第三步，对拟定为优秀等次的公务员在本机关范围内公示；第四步，由本机关负责人或者授权的考核委员会确定考核等次；第五步，将考核结果以书面形式通知被考核公务员，并由公务员本人签署意见。对担任机关内设机构领导职务公务员的考核，必要时可以在一定范围内进行民主测评。

5. 考核结果使用参照化

公务员年度考核的结果要作为调整公务员职务、级别、工资以及公务员奖励、培训、辞退的依据。

（四）我国公务员考核制度存在的问题

十几年来，公务员考核工作积累了许多经验，取得了一定成绩，但在实施过程中还存在一些问题。

1. 注重定期考核，忽略平时考核，容易造成考核结果失真

现行公务员考核方式分为平时考核和定期考核，定期考核以平时考核为基础。平时考核重点考核公务员完成日常工作任务、阶段工作目标情况以及出勤情况，可以采取被考核人填写工作总结、专项工作检查、考勤等方式进行，由主管领导予以审核评价。定期考核采取年度考核的方式，在每年年末或者翌年年初进行。但在操作过程中，大部分单位（部门）往往都是注重定期考核，而忽略平时考核，有些单位甚至不做平时考核，到年底公务员提交年度总结，机关负责人或者考核委员会根据分管领导提出的考核等次建议确定等次，而不是根据考核人平时情况来综合评价，容易出现考核内容不全面的情况，从而造成考核结果的失真。

2. 注重定性考核，忽略定量考核，容易造成考核工作流于形式

从考核标准上看，每一项条件基本上都是定性的多，很难细化和量化，这样容易造成同一等次人员没有可比性。按照现行公务员考核规定：公务员年度考核优秀等次人数一般掌握在本机关参加年度考核的公务员总人数的15%以内，最多不超过20%。出于照顾等原因，除了工作中出现过错和受处分等情况，一般来说，单位对公务员的考核都不会评定"基本称职"和"不称职"等次，因此，大部分公务员只要"不出问题"，都会评定为"称职"等次，没有量化的可比性，工作中会出现"干多干少一个样"，人浮于事，发挥不了考核的作用，从而使考核工作流于形式。

3. 注重领导和内部考核，忽略外部评价，扭曲了考核的目的性

现行的考核办法都是在单位这个"箱子"内进行的，被考核公务员按照职位职责和有关要求进行总结，并在一定范围内述职；对担任机关内设机构领导职务公务员的考核，必要时可以在一定范围内进行民主测评。主管领导根据平时考核情况和个人总结，写出评语，提出考核等次建议和改进提高的要求，再由单位负责人或考核委员会确定考核等次。这样一来，往往处理同事关系、领导关系好的，容易得到优秀等次，以"人情分"、"关系分"来评价公务员工作情况，"以领导为上"，缺少外部服务对象的评价，这与"建立服务性政府，增强服务意识，服务对象的评价——群众的满意度作为考核行政工作的评价标准"相违背，不能促进政府机关工作作风的转变。

4. 考核激励作用比较粗犷，容易造成对考核结果的运用失效

由于考核标准比较笼统，不细化，一是容易造成考核结果针对性不高，这样使被考核公务员的详细"缺陷"——需要改进的地方——不易被发现，不利于日后培训工作的开展；二是容易造成考核结果可比性不强，虽然大家都是"称职"等次，但不知道哪一名同志在哪一方面比较优秀，不能给决策层在晋升考虑时带来详细的支持和帮助。对考核结果的使用，现在大都体现在不称职、基本称职者的离岗培训和工资奖励上。

二、芬兰政府公务员绩效管理概述

（一）芬兰政府公务员绩效管理的基本理念

绩效就是指部门或者个人在一定的时间内，以某种方式行使职能而实行的某种效果，是效率和效益的总和，它包括部门绩效和个人绩效两个层面。绩效管理是赢得竞争优势的关键环节所在，而绩效评估只是意义更为广泛的绩效管理过程中的一个环节。以结果为导向的绩效管理不仅是关注职能部门或者个人履行职能的过程、程序（产出的过程），而且更加重视的是获得的结果和社会影响（产出的结果）。

绩效管理，在20世纪70年代末80年代初被私人部门广泛应用，90年代初开始，芬兰政府将绩效管理模式引入政府公共管理，1998年在公务员管理中开始实行绩效工资制，将公务员绩效评估的结果与公务员工资挂钩。由于现代管理行为的发展，管理的目标更加强调政府管理的任务和政府责任，在管理内容的多元化、战略目标的产出、实际操作上的绩效目标等方面都有了明显的改变，2004年，芬兰政府在出台《预算法》的基础上发展了"政府问责制"，以结果为导向的绩效管理在芬兰公务员管理中有了新的发展，基本绩效特征已从"平衡记分卡"管理模式发展到"绩效棱镜"管理模式。

以结果为导向的绩效管理有两个基本理念：一是绩效管理对于组织内部的每个人都是有意义的行为，每个人都有明确的目标，每个人都要给自己的工作打分，获得成功时，每个人都有成功的自豪感。二是"产出第一，投入第二"。要考虑我们需要什么样的产出，先确定目标，然后做计划，考虑我们应如何去实现这样的目标，最后确定需要哪些投入，如时间、人力资源、财政预算、技术及物质材料等。

绩效管理包括绩效目标的制定、实施、跟踪、评估以及评估结果的使用等过程，而公务员的绩效评估已经成为芬兰政府绩效管理过程的关键环节。

（二）芬兰政府公务员绩效评估制度

在芬兰，《行政程序法》对公务员履行职能的过程或程序已经作出了明确的规定，公务员在履行职能的过程中必须严格遵守法定程序。因此，芬兰政府的绩效管理主要是看管理目标的效果，绩效评估工作就变得十分重要了。

1. 公务员绩效评估的机构

芬兰公务员绩效评估制度能够有效地推进，主要依靠评估机构得力的组织实施，使制度落到实处，发挥其应有的法律效力。中央政府设置中央审计办公室，在财政预算的基础上，按照《预算法》，负责对中央政府各部门和地方政府进行绩效审计和问责制。公务员每年度的绩效评估由财政部的人力资源职能部门部署和安排（芬兰没有专设人事部，公务员的招聘和管理统一由财政部的人力资源职能机构负责），开展评估的具体问题，由各单位的人力资源部门和公务员的直接领导者负责。若涉及工薪问题，则由工会与领导者协商。

2. 明确公务员绩效评估的程序

芬兰政府公务员的绩效管理过程，包括计划制定、计划实施和跟踪、绩效评估几个环节，特别重视绩效信息的沟通及绩效评估程序的科学性。

（1）制定部门的年度目标。在每年的9月份，公务员所在政府工作部门根据各自承担的政府职能，依据内阁的战略计划制定第二年度的工作目标，提出工作质量要求，分析实现目标的可行性和具体措施。工作目标连同预算一起上报财政部门。在拟定年度目标时，领导者与公务员进行协商，反复研究论证，取得共识后才能确定下来。在讨论过程中，对年度目标中的内容，无论是领导者还是一般公务员，都有权充分发表自己的见解。年度目标一旦确定下来，成为本部门共同实现的目标，本部门任何人都要无条件地执行，大家都会朝着目标去努力。

（2）制定公务员个人的年度岗位目标。公务员依据本部门的年度目标，根据个人所承担的岗位职务，将目标任务进行分解，制定出个人的年度目标。年度目标包括了个人要达到的经济效益和社会效益、基本要求和最高要求、定性指标和不定性指标，以及所需要的技术、人力、资金的支持及工作技能，等等，对不定性指标还要进行具体的描述。在制定个人岗位目标时，公务员个人与领导者进行充分协商，经过反复的讨价还价，最后在双方都同意的基础上以合同方式进行确认。

（3）领导者年中要对照公务员个人年度岗位目标落实情况进行检查。在当年6、7月份，领导者与所属的公务员一起，对个人年度目标的落实情况进行跟踪检查，哪些目标实现了、哪些目标没有达到、是哪些原因影响了目标的

第一部分　公共管理与公务员制度

实现；对没有达到预期目标的要商定下半年的改进措施，对年度岗位目标的实现起到监督作用。

（4）到了年底，公务员本人按照绩效评估的统一安排，对照本人年度岗位目标写出评估材料，包括完成年度目标的总体情况，自认为成功的地方、需要改进的地方，本人关心的难点，等等，参照绩效评估的规定，对自己本年度的绩效进行客观的评价。

（5）领导者对被评估者进行评价。领导者对本部门的每个公务员全年的工作业绩、服务水平、工作能力以及对部门目标的影响等，要客观地进行综合评价。在进行绩效评估时，领导者要与所属公务员本人进行反复的沟通，多次交换意见，最后正式写出评估报告，报给本单位的内部审计委员会。

3. 公务员绩效评估的结果与绩效工资挂钩

芬兰的公务员原来实行的是分级工资制（1～36级），1998年进行了工资制度改革，开始实行绩效工资制。改革后的公务员工资主要由两部分组成，第一部分是基本工资，与工作部门、工作内容、工作职位有关；第二部门是绩效工资，这部分最多占到基本工资的50%，根据公务员本人上年度绩效评估的结果来确定。另外还有少量的奖励工资，奖励工资与个人所属部门的绩效考核有关，如果公务员所在的部门在上年度的政府绩效评估中成绩突出，中央财政会给这个部门一定的奖励资金，部门领导会将这部门资金奖励给公务员个人。

三、借鉴芬兰先进理念，完善我国公务员考核制度

以业绩为目的、量化标准、加强阶段检查、引进外部评价、加强结果兑现的方式，推进考核工作的新发展。

（一）制定绩效目标作为考核标准，提高考核的目的性

年初，公务员根据部门职能和工作计划，按照职位岗位职责和分工情况，合理地提出具体绩效目标，包括年终目标和阶段性目标。经与主管领导充分沟通和反复修正，最终形成一致的使被考核公务员最大程度地理解、认同的绩效目标。目标确定后，因政策或形势、阶段的变化，双方可做调整。阶段性目标的周期可根据部门业务特点或阶段性的工作安排而定，如季度目标、月度目标等。

由于每个公务员的职位或岗位要求和工作性质都不同，因此考核的绩效目标和评价标准也不同，这样就可避免出现现行考核制度"用一把尺去衡量"、"一锅端"的情况，能从客观上区别地反映被考核公务员的工作内容和质量。

（二）在定期和定性基础上兼顾平时考核和量化考核

绩效目标确定后，平时考核对照季度或月度目标开展，对被考核公务员的目标完成程度（进度、质量和效应等）进行评价，而定期考核在参照平时绩效考核的基础上，按照年终目标对被考核公务员进行考评。同时，主管领导要加强阶段性检查，在平时（阶段）考核时发现的问题，要反馈给被考核公务员，要求其修正问题，确保绩效目标的完成。这种兼顾平时考核和定期考核的做法，不容易出现考核结果"失真"的情况，提高了考核的准确度。

将绩效目标分解成若干考核标准要素，按照各项标准要素的难易程度、责任轻重量化成分值，将平时考核、自评、领导评价和服务对象评价按权重计算，形成年度考核分值，按单位优秀名额和排序情况确定考核等次。这样可以实现对公务员业绩的准确评价，又能准确地反映公务员的业绩总体等级，提高了考核结果的可比性，为结果运用提供了更好的参考。

（三）引入外部评价机制，提高考核的促进作用

公务员考核在领导评价的基础上，引入服务对象的满意度评价，由服务对象根据公务员提供的行政服务质量进行打分，并加大其年度考核的权重，这样就可以使公务员意识到服务对象的满意度是衡量自己工作效果的标准，从而促使公务员增强服务意识，认真工作，提高质量和效率，进而达到考核的内在目的，鼓励公务员"干好事"，发奋图强。

（四）为培训、晋升等公务员管理环节提供更有效的激励

将绩效管理理念与公务员考核制度有机地结合起来，动态跟踪公务员工作情况，通过绩效管理考核出来的结果反映了其工作实绩，同时以发展人的能力为目的进行测试，根据测试结果，对公务员进行"补缺"知识培训，通过能力的提升，为实现绩效目标提供更好的保障。

由于绩效考核结果更为客观、准确地反映了公务员的业绩和能力水平，加上量化考核提高了结果的可比性，为公务员晋升和任职定级提供了准确的参考价值。

在理论上，借鉴芬兰政府公务员绩效管理的先进理念，基本上可以解决我国公务员考核制度的考核标准笼统单一、定性不定量、考核结果不客观和激励工作发挥不起来等问题。而在实施过程中，各级政府领导首先要思想到位，提高认识，认真领会公务员考核的重要意义，发挥考核作为公务员管理重要环节的核心作用，才能使考核工作落到实处，发挥出其应有的作用。同时要加强考

核机构的建设，配置足够人员，确保考核工作按质按量完成。

参考文献

［1］张柏林.《中华人民共和国公务员法》释义［M］. 北京：中国人事出版社，党建读物出版社，2005.

［2］张学忠. WTO与公务员队伍建设［M］. 北京：中国人事出版社，2003.

［3］（澳）欧文·E. 休斯. 公共管理导论［M］. 北京：中国人民大学出版社，2001.

［4］叶凤吉. 芬兰、瑞典国家公务员制度的分析与启示［J］. 北方经贸，2010（5）.

芬兰的绩效审计风险分析及启示

张乐玲

绩效审计在芬兰的国家审计中占有重要地位,芬兰国家审计署开展绩效审计具有成熟的经验和做法,风险分析作为选择重点审计主题的方法,是绩效审计的重要内容,该署对绩效审计风险分析作了指南性的规范。本文对芬兰的《绩效审计风险分析》指南中的审计重点判断和风险分析过程进行了介绍,并从中总结出可供借鉴的经验和启示。

一、芬兰国家审计署及绩效审计简介

(一)关于芬兰国家审计署

芬兰国家审计署(National Audit Office of Finland)是芬兰最高审计机构,它隶属于议会,具有较高的独立性,每年9月底,审计署向议会提交其工作情况报告,必要时也会提交独立报告。审计署的审计范围是国家财政和资产管理,审计目标是确保公共资金花在刀刃上,并符合法律的规定,同时,国家审计署致力于财务管理的健全,使公共资金得以适当和有效地运用。

审计署主要通过开展财务审计和绩效审计履行其职能,有权审计国家机关、机构、企业、商业团体和国有资金、预算外资金等,每年审计的资金量可以达到国内生产总值的1/4。每年,审计署均对各部委及其下属单位进行财务审计,而绩效审计则是根据审计署的战略来安排的,每年完成20~30个绩效审计项目。从事财务审计和绩效审计的员工分别为60人和65人,通常情况下,审计人员按分工分别开展财务审计和绩效审计,必要时也进行合作。

(二)关于芬兰绩效审计

根据芬兰审计署颁布的《绩效审计手册》(Performance Audit Manual),绩效审计注重的是健全的财务管理,一般借助投入—产出模型来描述:投入产生行为,而行为带来产出,形成一定的结果,这可以通过效能评估模型来反映。

健全的财务管理意味着经济、效率和效果,效能评估模型也要体现经济、效率和效果这个原则。

国家审计署战略指导绩效审计主题的选择,初步研究决定是否开展某个审计项目,这是通过对主题的财务重要性分析和风险评估来实现的。另外,初步研究的过程中也形成了审计的框架。

绩效审计往往涉及广泛的管理领域和多个参与者,以评价活动的结果和成效。在芬兰,绩效审计还关注接受国家援助的个别机构或其他组织、预算外资金、国有企业等。在对国家援助、扶持等进行审计时,重点关注当局对资金运用的监管。此外,它也关注欧盟计划的实施和计划资金的申请。每年,审计署运用系统性风险分析在特定的主题中选择绩效审计的重点审计专题,为了规范风险分析的程序,对部门和跨部门的活动中存在的风险和问题领域有一个全局的把握,从而较好地分配审计资源,2007年5月,芬兰审计署颁布了《绩效审计风险分析》(*Performance Audit Risk Analyses*)用于指导风险分析,《绩效审计风险分析》包含风险分析目的、重点审计准则、风险分析过程,审计重点的确定和风险分析过程是其中的主要内容。

二、重点审计准则

(一)国家审计署战略的重要性

国家审计署战略指导审计重点,而由于审计重点的确定是在风险分析的基础上形成的,所以,审计署的战略也指导风险分析。审计主题的选择和审计重点的确定都要以审计署的战略为依据,芬兰国家审计署现在执行的是2007—2012年战略,在战略中界定了每年固定的审计领域,也规定了各年给议会报告的战略主题区域和需反映的重点审计活动等内容。

1. 固定审计领域

固定审计领域是按规定每年进行审计的领域,但审计的角度和范围在各年的计划中会进行部分修订。

(1)国家财务报表。芬兰审计署每年对国家财务报表进行审计,并且向议会报告审计结果,同时向议会提交一个关于财务报表的独立审计报告。

(2)国家财务报表报告。对国家财务报表报告的审计也每年进行,通常是对报告的一些具体部分予以核查。在国家财务报表审计报告中,国家审计署会选择特定的行政部门或跨部门的问题,或对目标设定系统、运作决策系统、信息基础和风险管理相关的内容进行特别关注。在对国家财务报表报告的审计中，国家审计署监督以国家的财政管理、财政政策决策和财政政策工具的运作和效果为基础的信息，从其中选择一个与其年度经营目标最紧密的特别重点领域进行重点审计。

（3）政府部门和机构的财务审计。审计署对所有政府部门和机构根据国家预算法案和国家预算法令编制的财务报表进行审计并出具报告，财务审计报告也可以向政府办公机构公开。

（4）绩效审计。审计署每年都根据战略主题开展绩效审计，以充分涵盖6年的战略期中不同的行政部门和跨部门的业务和决策系统，审计以被审计领域的财务重要性和风险为基础。

（5）国家资金、国有企业及国有控股企业。审计署每年对国家资金的审计是由法律规定的，每年还至少开展一个重点放在国家资金、国有企业或国有控股企业上的绩效审计。

（6）欧盟基金。对欧盟基金的绩效和财务审计适用和国家基金同样的标准，关于欧盟基金的控制措施和重点审计意见在国家审计署向议会的年度报告中以一个单独的部分进行概括。

2. 国家审计署的战略主题区域

根据国家审计署2007—2012年的战略，在选择审计主题和立意时，特别强调关注以下方面：

（1）中央政府和其他公共活动的生产力、经济效率和服务能力。

（2）基于可靠信息的财政政策和以税收及支出政策为组成部分的国家财政管理。

（3）有效竞争的基础和专业的创新系统。

（4）立法质量，从财务决策的角度看法规要建立在恰当的效果和影响上。

（5）从经济的角度来看环境风险和环境变化的管理。

（6）国家活动和国家财产的良好管理。

（7）一个高效率和有效果的欧洲联盟，在国家层面得到利益的可能性。

3. 主题区域和各年向议会报告的有关专题

国家审计署的战略主题区域是审计活动计划制定的依据，年度审计专题也来源于此。审计署需向议会提交有关年度专题的单独报告或在其年度职能报告中进行总结（见表1）。对于年度专题，主要是进行绩效审计。

表1 芬兰审计署有关主题区域和年度向议会报告的有关专题

序号	主题区域	2007年报告的专题	2008年报告的专题	2009年报告的专题	2010年报告的专题	2011年报告的专题	2012年报告的专题
1	生产力、经济效率和服务能力	儿童和青少年服务		生产力规划	职业卫生保健		
2	以可靠信息为基础的财政政策,包括税收和支出政策	国家财务报表和报告中的绩效信息;税收补贴	国家财务报表和报告中的绩效信息	国家财务报表和报告中的绩效信息	国家财务报表和报告中的绩效信息;税收征管的成效;框架程序的运行	国家财务报表和报告中的绩效信息	国家财务报表和报告中的绩效信息
3	有效竞争的基础和专业的创新系统		研究与开发;职业教育	基础设施管理		市政和服务架构的有效性	
4	立法质量			保证获得治疗	药物的补偿;国家预算对社会保险机构的资助		
5	从经济的角度来看环境风险和环境变化的管理				气候与能源政策		
6	国家活动和国家财产的良好治理	结果导向的管理运作			框架程序的运作和政策纲领的有效性		就业政策
7	一个高效率和有效的欧洲联盟		区域发展规划的影响		在援助管理方面欧盟援助制度和工作效率的成效	欧盟农业支持的有效性	

（二）重点审计活动的一般准则

确定审计重点的通用标准有两个。首先是从长远来看有关问题的财务重要性和相关的财务风险。其次是产生有用信息的可能性，这里主要关注三点：一是对国家的财政管理决策的意义；二是确保国家财政管理的质量，信息报告要真实、公平且符合预算；三是对属于外部审计范围活动的财务管理的效率性和效益性有用，从而对经济产生促进作用。

问题的财务重要性是指该事项对国家经济（国家的收入、支出、资产或承诺等）产生的直接或间接影响的大小。制定审计计划时，要对各个项目进行评估，并根据影响的大小对项目进行排序。

除了考虑财务的重要性，实施审计项目还要评估问题或风险的影响程度。风险是指可能对国家的财政管理或成果产生负面影响的任何不良事件、因素或问题，失去实现目标的机会也可视为风险。财务风险取决于两个因素：一是对成果产生负面影响的因素发生的概率，二是对国家经济和成果产生负面影响的后果。

三、风险分析过程

芬兰审计署确定的风险分析过程有五个步骤，其流程见图1所示。

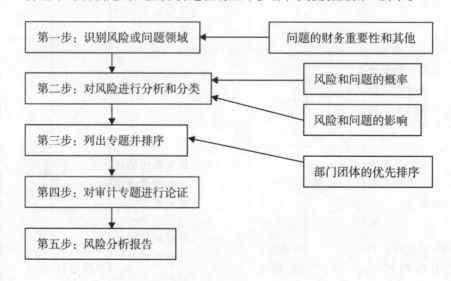

图1　风险分析流程

风险分析过程可以简单概括为识别、分类、排序、论证和报告。

（一）调查财务重要性，识别产生风险的重要领域

风险分析的第一步是调查所计划审计的行业或团体对国有经济产生重大意义的地区、主题和职责作用，并将结果用货币来表示。评价一个问题的财务重要性，可以采取通过对比成果或财务指标进行，也可以对比不同职能、组织或行政部门的总开支。

各行政部门或部委之间的定义和职能有很大的区别，评估直接或间接的财务重要性可以确定属于部委核心职责的功能和政策，从而找到行政部门的重要政策目标。一个事件可能没有什么直接的财务重要性，但间接的财务重要性可能是巨大的，这种情况下的风险分析要仔细讨论事件与国家财政的联系。在确定联系时应使用绩效审计手册中所提的效能评估模型。

对风险存在的重要领域的识别，需要考虑的一个重要内容是政府的议事规则和程序，其中详细记录了部委的任务。另外，风险可能涉及跨部门功能实体，行政部门的核心职能和重点在部委的财务计划和战略中反映。如果部门的拨款数量或责任很重大（如社会保障卫生部管理的赠款事务或教育部），则也属于存在风险的重要领域。

对行政部门的采访也可以帮助揭示财务重要性和风险。访谈可以用来获得有关部委观察到的行政部门存在风险的意见，也可以获悉部委对可能存在风险的反应。确定财务重要性和风险时，审计师的经验以及绩效审计和财务审计之间的合作发挥了重要作用，另外还应考虑以前的绩效审计和后续报告的意见。

（二）分析和分类所确定的风险和问题的领域

风险是指任何对国家的财务管理具有负面影响的不良事件、活动或问题，失去机会（包括改善经营业绩和政策有效性的机会）也可视为风险。在这一步中，对重大事项和潜在的风险因素进行详细分析，根据风险的类型（芬兰审计署将风险划分为8类）对具体风险进行归类，并确定负面影响发生的概率及其影响（见表2）。

表2首先从行政部门和特定的界别分组开始，在确定财务重要性和风险时，审计师应指出风险或问题所属的类别，风险类型的确定，使得能够初步评估效能评估模型应该关注哪些部分的风险。

表2 风险和问题的分析和分类

风险的类型	风险/问题区		风险/问题区		风险/问题区	
	概率(1~3或NA)	影响(1~3或NA)	概率(1~3或NA)	影响(1~3或NA)	概率(1~3或NA)	影响(1~3或NA)
1. 外部因素（气候变化、自然灾害、国际危机、全球化、流行病）						
2. 需求和目标						
3. 执行者和融资（组织、基金）						
4. 调整和操作（决策、规划、资源、质量、监测、报告）						
5. 产出						
6. 影响（对客户和社会影响）						
7. 目标的实现和产入—产出关系（目标的实现；经济性、效率性、效果性、成本—效益性）						
8. 透明度和问责制（合法性、信息的提供）						

其次是对多种危险因素的概率和影响进行等级评估。风险概率的评估基础是团体对相关的不良事件或问题发生可能性的意见，用1~3来表示，1为低概率，2为中度概率，3为高概率。评估风险的影响，要对影响的重要性有所了解，在某些情况下，直接影响可以用货币来表示。但量化指标并不经常使用，这时，就要进行定性评价，影响的评估也用1~3来表示，1为低重要性，2为中等重要，3意味着相当重要。当然，可能不是每一个风险或问题区域都可以用1~3的方法来评估（如缺少数据时），这种情况下就在空格中填"NA"（无法评估）。通过上述评估，就能得出关于潜在的主题领域风险的总体结论。

（三）列出审计专题并进行优先排序

风险分析的第三步是列出行政部门的各个专题，并根据第二步中列出的总体风险情况进行重要性排序（见表3）。

第一部分 公共管理与公务员制度

表3 审计专题的风险排序

审计专题	风险的类型（1～8）	关键问题或风险	风险的概率（1, 2, 3）	风险的影响（1, 2, 3）	对国家财政的直接重要性（NA, ε）	对国家财政的间接重要性

（四）审计专题的论证

在风险分析的第四步，要为最重要的审计专题提议进行论证，论证中会评估与国家审计署的战略主题领域的联系，并提出初步的审计计划。对每一个专题以摘要的形式给出其论证。第二步没有讨论的观点也可以在这里提出，论证可以包括及时性、可行性、审计资源的可用性等，或者对议会可能感兴趣的方面进行阐述。风险分析中在对专题进行推理论证的时候，还要解释专题是如何连接到战略的主题区域或特定主题上的（见表4）。

表4 审计专题的论证

专题：
国家审计署战略（主题领域和主题）和财务重要性的关系：
风险的主要类型，根据风险分析得出的整体风险和整体风险的主要背景假设：
初步的审计观点：

续上表

从以下几个方面得出的专题重要性：		
视　　角	是	不能估计
及时性		
可行性		
全面性复杂性		
审计资源的可用性		
议会的兴趣		
以货币表示的重要性		
主题在行政部门运行中的核心作用		

（五）编写风险分析报告

风险分析的最后一步是起草风险分析报告，包括 2～3 页的风险分析概述和在此基础上形成的行政部门的主要风险描述，将全部的风险分析表格、总结表、论证表和相关行政部门在过去 5 年的审计活动列表作为报告的附件。

四、启示

（一）拓宽绩效审计项目的选择范围

绩效审计是对事项的经济、效率和效果进行的审计，是与宏观经济密切相关的一种综合性审计，从表 1 可以看出来，芬兰绩效审计项目的选择着重于国家的经济政策、国家行政管理，社会公共事业管理的经济性、效率性和效果性，以及资源的合理开发与有效利用等宏观方面，涉及面广，审计的范围涵盖了医疗卫生保健、社会保障、自然资源和环保、运输安全、国际利益等诸多领域，富有宏观视角。

相比较而言，当前我国政府绩效审计对象选择范围仍较狭窄，虽然《审计署 2008 至 2012 年审计工作发展规划》提出"到 2012 年，每年所有的审计项目都开展绩效审计"，但在实践中，绩效审计仍主要集中在公共工程和专项资金方面，其他的大部分只是在所审计项目中增加绩效审计的内容，在真实合法合规性审计的基础上关注资金的使用效益、节约财政资金和减少损失浪费，这与国外真正意义上的绩效审计相去甚远。结合我国现阶段的经济社会发展状况，可以在围绕财政资金使用情况开展绩效审计的同时，尝试着对公共部门职责的履行情况进行调查，评价某项活动、某个功能的开展或存在是否有效等。

（二）绩效审计对象的选择要形成战略规划

芬兰对绩效审计项目的选择受芬兰审计署战略的指导，根据战略确定一个有关各年的审计专题的中长期审计计划和向议会报告的主题（如表1），而在实施中也非常强调计划，每个审计项目都必须是年度计划有安排的，如果计划中没有，则必须对年度计划进行调整，从而确保在战略主题的宏观方面都有计划地完成审计，充分涵盖6年的战略期中不同的行政部门和跨部门的业务和决策系统，还可以合理地安排有限的审计资源。而目前我国在绩效审计对象的选择上还没有战略规划，缺少计划性和经常性，属于被动式、反应性的审计，审计项目的年度计划经常受到各种因素的影响而难以自主地实施。当然，这与当前我国的政府审计模式等因素也有一定关系。借鉴芬兰的经验和做法，我国的审计机关也应该形成自己的绩效审计对象选择战略，变被动式、反应性审计为主动型、研究性的审计，有利于审计机关制定连贯的年度审计方案，合理分配审计资源，也有利于积累政府活动范围内或审计对象确定范围内的知识或技能。

（三）科学确定绩效审计专题和审计重点

绩效审计常常涉及多个部门和机构，由于审计资源的有限性，审计部门不可能对每一机构的每一个项目都进行审计，所以要慎重选择重点审计专题和审计项目中的重点。芬兰审计署的审计活动是建立在对经济和公共财政以及经营环境等战略风险评估的基础上的，国家预算经济体系、部委和重要的跨部门问题，以及国家审计署的审计主题，都依赖风险分析。审计署对确定绩效审计专题和审计重点进行的风险分析规定了分析的步骤，先识别风险，进而对风险进行分类、排序，对主要的专题进行论证，最后形成风险分析报告。其中，明确风险的分类，并运用了定性、定量等方法，对风险和问题的概率和影响进行评估，通过风险分析，每一个审计专题的选择都有了详细可靠的科学依据，审计目的以及存在问题和风险的领域得以确定。从表4可以看出，此时已基本形成审计的框架，审计资源、议会的兴趣等内容又为审计项目是否可行进行进一步论证，分析的结果是对必要性又可行的项目实施审计，这样的计划不可谓不严密、不科学。而我国虽然在确定审计专题和审计重点时考虑了选择社会公众关注的热点、焦点及难点问题，但却缺乏规范的程序，也很少采用定性或定量的技术方法进行科学严密的论证，存在较大的主观性，不利于审计项目的实施，也不利于出大的审计成果。所以，在确定绩效审计专题和审计重点时引入科学的技术方法存在必要性。

(四) 探索以结果为导向的绩效审计模式

芬兰审计署强调绩效审计风险分析时应关注问题的财务重要性，即在选择审计主题和立意时，要特别关注中央政府和其他公共活动的生产力、经济效率和服务能力、国家活动和国家财产的良好管理、基于可靠的信息的财政政策、有效的和有竞争力的基础设施、一个高效率和有效果的欧洲联盟等等，根据风险分析得出问题和风险领域清单，据此形成审计框架，从而把绩效审计定位成以绩效和结果为导向的审计，通过预期目标与实际结果之间存在的缺口，找出制度或管理上的缺陷，通过完善制度和管理，达到提高绩效的目的，使得绩效审计在国家管理中大有作为，成为芬兰国家审计工作的主流。

当前我国开展的绩效审计项目多是针对某一个或几个问题进行的，基本没有对部门或单位履行职责情况进行的全面评价。从绩效审计的发展来看，结合我国的具体国情，在未来的审计实践中，应在把握对公共资金和项目的经济性、效率性和效果性进行检查并评价的前提下，在具体操作中建立以结果为导向的绩效审计模式。

(五) 应加快出台政府绩效审计相关准则规定

绩效审计在芬兰的国家审计中占有重要地位，芬兰国家审计署开展绩效审计具有成熟的经验和做法，2002年即颁布了《绩效审计手册》，从绩效审计的基本概述、主题、初步研究、审计证据、审计报告到后续审计等一系列内容都进行了约定，还出台了《绩效审计风险分析》等指南，不断规范绩效审计的操作。与西方发达国家相比，我国的政府绩效审计起步较晚，相关的法律规范仍很缺乏，现今仍没有全国性的绩效审计规范，缺乏统一的审计规范和操作指南，各地在实践中或者"摸着石头过河"，或者"八仙过海，各显神通"，带有很大的主观性和随意性，难以确保审计质量。所以，审计机关应对实践中绩效审计的经验和不足及时、全面地进行总结，尽早建立健全绩效审计制度，规范审计主体和审计客体的行为，从制度上保证绩效审计的开展，实现绩效审计的法制化、制度化和规范化。

参考文献

[1] 鲍国明, 孙亚男. 公共资金绩效审计项目的选择与确定 [J]. 审计与经济研究, 2006 (2).

[2] 王彦平. 中外政府绩效审计对象比较研究 [J]. 审计月刊, 2007 (3).

[3] 王华. 政府绩效审计研究 [D]. 复旦大学, 2010.

[4] 周勇. 中国政府绩效审计问题研究 [D]. 东北师范大学, 2008.

第二部分 科技、教育与人力资源开发

芬兰义务教育对推进广东省义务教育高质均衡发展的启示

许顺兴

芬兰全称为芬兰共和国,地处欧洲北部,与瑞典、挪威、俄罗斯接壤。国土总面积 33.8 万平方公里。2010 年底的人口为 537.5 万。首都赫尔辛基,人口 130 万。芬兰族居民约占 90.9%,瑞典族占 5.4%,还有少量萨米人(曾称为拉普人)。约 77.7% 的居民信奉基督教路德宗,1.2% 信奉东正教。平均每 30 个人就拥有一个湖泊,有"千岛之国"、"千湖之国"的美称。森林覆盖面占国土面积的 69%,森林覆盖率位居欧洲第一、世界第二。芬兰先后是瑞典和俄罗斯的殖民地,1917 年 12 月独立,1919 年成立共和国,1995 年加入欧盟。芬兰于 2005 年被评为年度"世界最具竞争力的国家",2006 年排名第二,2010 年排名第四,其具备世界最具竞争力的秘诀就是教育。今天,芬兰的教育已成为国家的品牌和标志。芬兰学生参加世界经济合作与发展组织(OECD)组织的应用知识、技能和解决问题的能力测评(即 PISA 测试),成绩斐然,而且学生分数的标准差最低,校际间的差异在 OECD 成员国中最小,真正实现了义务教育高质均衡发展。芬兰发展义务教育的理念和做法对推进广东义务教育实现高质均衡发展有借鉴、启示意义。

2011 年 6 月,笔者有幸到芬兰公共管理学院进行了为期一个月的学习,芬兰的教育给笔者留下深刻的印象。

一、对芬兰义务教育的几点印象

芬兰的教育方针由国民议会制定,由国家教育部及其下属的全国教育委员

借鉴芬兰经验，推动幸福广东建设

会负责贯彻执行。基础教育学校绝大多数是公立学校，极少数是私立学校。义务教育学校和高中学校隶属于城乡政府，由城乡政府教育管理机构负责日常管理、聘任校长。校长代表学校与不同的教师工会签订聘任合同；教师工会代表教师利益，负责出面与校长协商教师福利待遇；校长和教职员的薪酬由地方政府负责发放；每月召开校长会议或举办培训班；等等。大多数学校设有董事会，由家长、教师、学生和几名社会成员组成，讨论课程安排及与当地社团合作等问题，校长任董事会秘书。学前教育纳入社会福利范围，1996年普及免费学前教育。

芬兰义务教育实行"六三"学制，儿童7岁入学。每学年上学190天，8月中旬开学，次年5月底结束，有秋季假、圣诞节假和一周滑雪假，假期不留书面家庭作业。每周上学5天。低年级每天4～5个学时（小时），每周19学时；高年级每周24学时。1～6年级实行"班级教师"管理和教学"包干制"；7～9年级由"科目教师"任教，实行分科教学。课程除国家规定的公共课程外，地方政府和学校对其他课程设置、课时安排等有决定权，教师拥有教材选择权。学生可选修其他科目，可以跳级或留级；读完9年级后，可选读多一年义务教育的课程，以获得更好的成绩。残疾或智障的学生可申请提早一年入读小学。学生完成义务教育后可填报5个升学志愿，包括普通高中、职业高中、体育或护士学校等，高一级学校根据学生7～9年级各学年的成绩及面试结果决定是否录取。

（一）教育是芬兰的国际竞争力

芬兰在经济社会发展全局中坚持教育先行，早在1921年就开始实行义务教育（7～16岁）。20世纪60年代，实施全民族知识和技能水平国家战略，把义务教育确立为国家的战略重点。1972年，改革义务教育管理体制，把中小学管理权下放给地方政府。1998年颁布《义务教育法》，坚持教育投入优先安排，优先保障。10多年来，财政性教育投入占GDP的比重一直达到6%以上，财政教育支出在政府支出中位列第二，仅次于社会福利支出。按欧洲央行发布的欧元对美元年平均汇率计算，2010年芬兰名义GDP为2390.17亿美元，人均GDP为44567美元，排世界第14位，超过日本、英国、新加坡和香港。据国际调查组织"透明国际"（Transparency International）公布的2010年全球廉政国家排名，芬兰位列第四。2011年美国"新闻周刊"对世界100个国家的生活条件进行了评估和排名，芬兰名列第一。虽然经济竞争力排世界前列，但令芬兰人觉得最骄傲的是教育，原总统哈洛宁认为芬兰具备世界最具竞争力的秘诀是教育。

（二）坚信没有教不好的孩子

几十年来，芬兰始终坚持"不让一个孩子掉队"的教育理念，并贯穿于义务教育的全过程。芬兰人认为，学生辍学，将增加文化素质低的国民，对国家和个人来说都是损失。学校和教师把"不让一个孩子掉队"作为工作的责任和追求的目标，绝不放弃学习慢的孩子。因材施教，当学生出现学习困难时，老师会及时制定个性化、量身定做的辅导与矫正计划，在课堂上或是课后进行个别辅导，"宁可让学得快的人等，也不能让不会的人继续不会"。老师没有赶进度的压力，学校也不会对学生进行任何形式的"分类"、"分班"、"排名次"等。有教无类，注重提高学生的学习积极性和自主学习能力，让孩子学得好，确保全面实现高水平的普及教育。并且允许学生初中毕业后继续在学校学习一年初中课程，以巩固提高学习成绩，每年约3%～4%的学生上10年级。

（三）实施无差别化教育

芬兰有义务教育阶段学校4000多所，校均规模不足150人，学校最大规模不超1000人，每班学生20人左右。芬兰区域之间经济发展水平也存在较大的差异，特别是约30%的国土在北极圈内，气候寒冷，生活条件较差，人口稀少，学校通常只有几十个学生，但不管学校规模有多小，师资配备、教育教学设施等办学条件与其他学校没差别。在统一办学条件标准的基础上，中央政府根据各地经济发展水平和财政收入情况，由中央统筹义务教育经费，确保区域教育经费相对均衡。中央和地方政府分级负担教育经费；按照经费标准基本统一的原则，把全国划分为10类不同地区，确定不同类型地区的地方政府承担教育经费的比例。就全国而言，中央政府承担了全国义务教育经费支出的60%，地方政府承担40%。很多人认为，学校分散、规模小，教育经费和教育质量难以保证，且浪费教育资源，但芬兰坚持教育资源的投入和配置要以满足学生的学习需要为前提，保证育人的需要。这就是芬兰的义务教育为什么能达到高质均衡发展的原因所在。2000—2006年，在OECD组织的应用知识、技能和解决问题的能力测评（PISA测试）中，芬兰学生在阅读、数学、科学领域均成绩斐然，而且学生分数的标准差最低，校际间的差异在OECD成员国中最小，校际差距不到5%，仅次于冰岛。不论是首都赫尔辛基，或是北极圈内的学校，测验成绩相差不大，真正实现了义务教育高质均衡发展。

（四）提倡和鼓励全民读书

芬兰有完善的助学保障体系。除免了中小学生的学费外，政府还提供教材、学习资料、练习册、文具、午餐等，上学路途超过 5 公里的学生，可得到一张免费乘坐公交的车卡。大学生每月有生活补贴和住房补贴，基本可以保证日常生活开支，政府对大学生创业提供每人约 300 欧元的免息贷款。国家鼓励公民进修学习并给予学费补贴，可以全脱产，保留一定比例的薪酬，以保障个人基本的生活开支。几十年来，芬兰致力于建立覆盖全国的图书馆服务网络，为公民阅读学习提供便利，鼓励全民阅读学习。全国有 9000 多个公共图书馆，平均 500 多人就拥有一个公共图书馆。图书馆免费为所有人提供完善的网络服务，主动为辖区内义务教育学校服务，每周安排流动图书馆免费到农村和偏远山区学校服务。芬兰年人均从图书馆借阅 20 种图书和音像制品。

（五）高素质的教师队伍

优秀的教师队伍是芬兰义务教育高质均衡发展的保障。从 1979 年开始，芬兰就规定所有学前教育、义务教育、高中阶段教育、高等教育、成人教育的教师必须具备硕士学历，而且硕士毕业后需要有 2 年的教学实习才能申请教师资格；通过教师资格考试，才能申请教师职位。教师享有相当于国家公务员的工资待遇，待遇虽然比不上律师和医生，但却是芬兰人首选的职业。这主要是因为教师的工作得到社会的广泛尊重和普遍认同，教师的职业幸福感最强。每年报考大学教育系的学生的录取率不到 10%，只有最优秀的学生才能入读教育系而成为未来教师的人选。大学教育重视对教师的培养，教育学知识的学习约占 50% 的学分；同时，注重教学实践学习，让学生在不同阶段的教育实践中体验教育规律和教学规律，积累经验。此外，各教育机构免费为教师提供在职或脱产培训以及攻读学位的机会，鼓励教师开展自主学习和研究，不断提高教师的专业素质和更新知识。

进入 21 世纪以来，芬兰义务教育也面临着新的挑战。例如，随着网络社会的到来，很多学生将大部分时间用于上网，有些沉迷于电子游戏，如何引导青少年健康成长已成为新的难题；外来人口和外来文化的不断增加，人口越来越集中到城市，保证教育公平和均衡发展的情况变得越来越复杂。

二、芬兰经验对推进广东义务教育高质均衡发展的启示

芬兰的人口相当于广东一个中等城市，其国情与广东省情相差也很大，但芬兰独立以来发展义务教育的理念和做法对推进广东义务教育高质均衡发展有借鉴意义。

(一) 必须树立义务教育先行的战略思想

教育在经济社会发展全局中具有基础性、先导性、全局性的作用。芬兰从实行九年义务教育到使教育成为芬兰的品牌和标志，经历了80年的时间，义务教育是教育之基础。自1986年我国颁布《义务教育法》以来，广东省把义务教育作为教育工作的重中之重，1996年成为全国首批通过基本普及九年义务教育验收的省份。经过10多年的努力，"普九"的水平得到巩固和提高，规模不断扩大，条件明显改善，质量稳步提高。2010年实现了基本普及高中阶段教育。

但是，必须看到，广东省义务教育发展水平与省教育规划纲要提出的实现高质量、高水平普及九年义务教育的目标仍有很大的差距，实现高质均衡发展的任务还相当艰巨。一是教育资源短缺，不能满足高质量、高水平普及义务教育的需要。如校舍、师资两大教育资源紧缺，2008年，全省初中平均班额为58.53人，班额56人以上的班有44496个，占初中总班数的52.3%；班额66人以上的班有22312个，占初中总班数的26.2%。部分初中班额超过80人，有的班超过100人。2008年全国初中平均生师比16.07∶1，广东为20.13∶1；全国小学平均生师比18.38∶1，广东为22.96∶1。二是发展不平衡，不能保证实现教育公平的需要。区域之间、城乡之间、校际之间义务教育发展水平和质量存在较大差距，区域之间基本公共教育服务差距大，如2007年全省初中生均预算内教育事业费为3321.17元，其中，珠三角地区为6370.87元，非珠三角地区为1796.33元。全省初中生均预算内公用经费为875.55元，其中，珠三角地区为1554.48元，非珠三角地区为536.18元。三是发展水平不高，不能满足普及高中阶段教育和高等教育的需要。义务教育规范化学校比例偏低，如2009年全省义务教育规范化学校比例为32.3%，2011年为46%。同时，全省初中三年巩固率不高，如2009年全省初中三年巩固率为88.8%，2010年为90.3%。初中巩固率不高直接影响到高中阶段以上教育的生源和全民教育普及。

当前，广东省经济社会发展正处在一个新的起点上，正处于新旧发展模式交替的关键期和转折期。要转变粗放的经济发展方式，完成转型升级，提高竞争力，实现从经济大省迈向经济强省，最紧迫、最缺乏的是人才和技术，迫切需要教育为经济社会发展提供强大的人才保障和智力支撑。现阶段，广东省义务教育发展已进入普及化的后阶段，正从规模扩张、外延发展为主的阶段转入以内涵发展、均衡发展为主的新阶段，更加需要认识到义务教育的重要性和紧迫性，树立义务教育先行的战略思想，打牢义务教育基础，才能为教育现代化奠基，为经济社会建设提供人才保证。

（二）必须树立"不让一个孩子掉队"的教育理念

保证每一个适龄儿童接受良好的义务教育，既是实施义务教育的本义，也是政府的责任和工作的底线。义务教育有三层含义：一是政府要提供足够的学位，保证能满足适龄儿童入学的需要，解决"有书读"问题；二是政府要保证所有的适龄儿童能按时入学接受教育，解决"有读书"问题；三是政府要为适龄儿童提供"有质量"的义务教育，解决"读好书"问题。

尽管广东省义务教育普及水平不断得到巩固和提高，但是，一直以来，学生辍学特别是初中学生辍学的现象依然突出，如某市2006年初中辍学率为9%，2007年为7.1%，2008年为12.8%。近10年来，全省初中三年巩固率一直在90%左右，平均每年有3%左右的学生辍学，如2010年全省初中在校生500万人，按3%计算，光2010学年全省就有15万左右的初中生辍学。2001—2010年，全省辍学的初中生累计达100多万人。这一数字确实与实现全面、高质量的普及教育存在较大的差距，而且义务教育发展水平到了普及化的后阶段，巩固提高的难度更大。因此，在"十二五"时期乃至今后一段时期，必须坚持以人为本，进一步树立"不让一个孩子掉队"的教育理念，实施"全纳教育"，切实把工作重点从重视硬件建设转到重视学校管理和教育质量上来，更加关注每一位学生的健康成长，关注每一个学生的学习需要和个性发展，特别是要更加关注弱势学生、后进生的教育需要、个性发展和成长。

这里可以借鉴芬兰的做法，完善有关措施。一是成立以政府为主导，社会参与的教育辅导基金，支付教师对学习确有困难的学生进行个别化、针对性的辅导所产生的费用。二是完善助学制度，减轻学习者的经济负担，特别是对经济困难家庭要给予补助或免费，确保适龄儿童不因家庭经济困难而辍学。三是切实转变教育质量观，改革学习成绩评价制度和招生制度，切实减轻学生各种过重的负担。

（三）必须加强初中教育

初中教育作为义务教育的出口和高中教育的入口，在基础教育链条中具有承上启下的重要作用，是实现义务教育高质均衡发展的关键和普及高中阶段的基础。同时，初中阶段是学生身心发展的关键期和转折期，关系到一生。为了提高教育整体水平和质量，一直以来，芬兰认为最需要政府投入的教育就是初中阶段教育，坚持把初中教育作为教育工作的重中之重，教育资源首先满足初中教育的需要，初中生均教育经费要高于其他阶段教育。

当前,广东省初中教育存在的主要问题有三点:一是初中教育的战略地位不突出。近年来,全省各地为了加快普及高中阶段教育,把发展教育的主要精力和财力用在中等职业学校和高中建设,一些地方甚至为了高考成绩和高考尖子等眼前利益,不惜成本,集全县或全市几年的财力,甚至占用义务教育经费,举债建设超大规模、外表豪华的高中学校。初中学校无论硬件建设还是软件建设都相对滞后于小学和高中,初中教育经费投入很不适应教育的发展。如广东省生均公共财政预算教育事业费支出:2010年普通小学为3487.02元、普通初中为3920.97元、普通高中为5312.93元、中等职业学校为4815.30元、普通高等学校为11200.22元;2011年,普通小学为4731.13元、普通初中为4907.10元、普通高中为6418.50元、中等职业学校为5081.85元、普通高等学校为11837.00元。初中生均公共财政预算教育事业费支出在全国倒数第一。二是资源紧缺。广东省初中教育规模快速增长,2003—2007年,广东省初中学生增加了60%,但相应的办学条件、教育教学设施等却没有配套跟上,生均学校占地面积也没有增加,生均校舍面积和生均教学及辅助用房面积只略有增加。部分地区学位供需矛盾突出,出现严重的大班额现象。三是教师编制紧缺,如2007年全省初中师生比为20.26:1,落后于全国平均水平16.52:1;2011年全省初中师生比为17.87:1,在全国排第二高,远远落后于全国平均水平14.38:1和江苏的11.41:1。

广东省初中教育已成为省教育发展的软肋和短板。今后一段时期,是广东省实现义务教育高质量高水平均衡发展的关键期和转折期,迫切需要社会各界和各部门提高对初中教育重要性的认识,把初中教育摆在更加突出的战略位置,优先发展,以达到做优做强初中教育的目标。

(四)必须以育人为先的原则配置义务教育资源

合理配置教育资源是实现义务教育均衡发展的重要途径,事关均衡发展的成功与否。近年来,省内一些地方把调整学校布局作为教育资源配置的重要手段,不断合并规模小的学校,如一些山区乡镇采用"四个一"布局调整模式,即一个乡镇只办"一所中学、一所完小(中心小学)、一所中心幼儿园、一所成人文化学校",将10多所小学合并为一所寄宿制小学。合并后的小学,有的规模达2000多人,有的学生上学要走10多公里的山路。大多数小学生需要到学校寄宿,路途远的小孩从一年级起就需要住校,住宿生低龄化的趋势越来越严重。低年级的小学生由于生活自理能力差,且学校生活条件一般,对学生的生活照顾和辅导缺乏数量充足的专业生活老师,对学生的健康成长和教育质量会有一定的影响。同时,学生从小就离开家庭,缺少必要的家庭教育和父母关爱，对学生的身心健康成长带来一定的负面影响。造成这种局面的原因主要是这些地方在布局调整过程中过于强调经济效益和办学规模，没有将育人的需要摆在首位，对学校的布局往往缺乏科学论证，方法过于简单，甚至"一刀切"，忽视教育的规律和办学目的，忽视地方的自然条件和学生的生活能力情况。

教育的出发点和归宿点是育人。教育资源配置必须坚持育人为先的原则，服务于、服从于育人的需要，保障适龄少年儿童接受更高质量的义务教育。学校布局要充分考虑当地地理和自然环境、交通、家庭经济条件等因素，保证学生就近入学、方便入学。山区、人口分散的农村要保留合理的教学点。鼓励开展小班化教育，学校教育教学设施设备等要适合学生身心健康、年龄特点和生活需要。要克服过于强调效益和规模办学的思想，防止不切实际地撤销小规模学校或教学点，防止过于强调办住宿制学校，防止住宿生低龄化现象蔓延并扩大。

（五）必须加强省级教育统筹和调控手段

2001年以来，我国进一步明确义务教育在国务院的领导下，实行分级管理、以县为主的管理体制。2006年新修订的《义务教育法》第七条规定："义务教育实行国务院领导，省、自治区、直辖市人民政府统筹规划实施，县级人民政府为主管理的体制。""以县为主"的管理体制，决定了区域之间经济发展水平的差距必然会带来教育投入水平的差距。例如，2010年全省农村义务教育阶段生均公用经费基准定额每生每年小学450元、初中650元；2009年深圳市义务教育阶段公办学校执行的生均公用经费综合定额标准（含教学行政费、发展新生费）1352元；佛山市2010年生均公用经费定额标准小学800元每年，初中1000元每年。2007年全省初中生均预算内教育事业费为3321.17元，其中，非珠三角地区为1796.33元，珠三角地区为6370.87元（相当于非珠三角地区的3.55倍）。

平等的受教育权是教育公平最核心、最基本的理念。长期以来，地区经济发展水平和教育投入水平的差距一直困扰着广东实施义务教育均衡发展，造成学校之间、区域之间教育发展水平的差距大。因此，必须加强省级教育统筹和经费调控手段，建立有效的经费投入保障体制机制，促进区域教育均衡发展。一是统一办学标准。目前广东省义务教育学校办学条件标准分珠三角地区和欠发达地区两个标准，而且城乡之间教师的配备采用不同的编制标准，客观上造成发展的不平衡。必须统一办学条件标准和教师配备标准，这是实现均衡发展的前提条件。二是完善以县为主的管理体制。县级政府要承担起学校硬件建设的任务，实现办学权与管理权相分离，让校长集中精力做好学校管理和教学工作。三是统一全省义务教育经费标准，确保区域之间、城乡之间办学经费相对统一。四是加大省级教育经费统筹。根据全省各地经济发展水平、地方财政收入和消费、物价等因素，以县为单位细化区域划分，确定不同区域经费标准和省、市、县三级分级承担比例，由省级政府负责统筹和调控，从经济发达地区提取一定的经费，采用转移支付的办法，统一划拨办学经费，确保区域之间生均公用经费标准相对均衡。五是倾斜农村学校。由于历史原因，高素质人才和教师聚集城市，农村教育发展水平远落后于城市，城乡教育差距越拉越大。教育经费分配和资源配置要适当倾斜农村学校，让农村学校达到或适当优越于城市学校，让农村的学生享受城市的教育，不用挤破头进城读书，减少城镇入学压力，缓解社会矛盾。

（六）必须下力气提高教师队伍水平

近年来，广东省教师整体水平有了大幅度的提升，教师职业越来越受到欢迎，令人欣喜。2011年，省政府召开新世纪以来首次全省教师工作会议，把教师队伍建设作为今后一段时期广东教育工作的重点，决定从2012年起实施"强师工程"，连续5年，省财政每年安排5亿元用于教师队伍建设，充分体现了省委、省政府对教师队伍建设的高度重视。但是，广东省教师队伍整体素质和水平依然不能适应高质均衡发展义务教育的需要。教师的水平决定教育的质量，均衡发展核心在于教师水平的均衡。一是要进一步提高教师的工资待遇和社会地位，特别是要尽快提高幼儿园教师和民办学校教师的工资待遇，真正让教师成为人民首选的职业，吸引更多更优秀人才报考教师专业，确保教师专业有好生源、好素质。二是要严格把好教师入门关，如目前全省约50%的幼儿园教师仍然没有取得教师资格证。三是要提高教师编制标准。现阶段广东省中小学教师的编制标准远落后于全国，教师数量和结构满足不了基本的教学需要，初中大班额现象依然普遍。四是要建立教师继续教育资助制度。目前，全省中小学教师有相当部分是非师范专业毕业或大专学历及以下学历，迫切需要提高这部分教师的专业知识和教育教学能力。应该鼓励教师进修学习，建立教师继续教育财政资助制度，为教师参加业务学习和提高教学能力提供费用。

（七）必须缩小公办、民办学校办学水平差距

改革开放以来特别是20世纪90年代以来，广东省民办教育快速发展，2011年全省义务教育阶段民办学校1502所，占全省学校总数8.13%；在校生216.30万人，占全省学生总数的16.62%。2010年广州市义务教育阶段随迁

子女52万，其中有60%就读于民办学校。2010年东莞义务教育随迁子女达52.86万人，占全市义务教育阶段学生总数的71.41%，其中76%在民办学校就读，民办学校在校生规模占全市义务教育阶段规模的54%。民办学校已成为随迁子女接受义务教育的主阵地。民办教育已成为广东省教育不可缺少的重要组成部分，但是，相比公办学校，这些民办学校在办学条件、师资、管理水平、质量等方面明显不如当地的公办学校。没有公办、民办教育的协调发展，就难以实现义务教育高质均衡发展和教育公平。必须充分认识发展民办教育的重要性和紧迫性，树立大教育观，坚持公办民办教育并重，把民办学校纳入教育发展规划，加大财政对民办学校的资助，落实民办教育各项优惠政策，提高民办学校教师工资待遇，以缩小公办、民办学校之间教育水平的差距。

参考文献

［1］卢枫. 芬兰基础教育成功原因初探［N］. 中国教育报，2003-03-03.

［2］李水山. 芬兰优质基础教育的特色及启示［J］. 世界教育信息，2010（7）.

第二部分 科技、教育与人力资源开发

芬兰职业教育对湛江市技能人才工作机制的若干启示

陈江泓

1991年芬兰政府提出多科技学院（polytechnic，与我国的职业技术学院类似）的教育改革，即政府与传统大学一起提供高水平职业教育和培训（Vocational Education and Training，VET）。其特点是努力将教育工作者与职业生涯的要素相结合，发展创新的职业场所学习方式。芬兰的职业教育改革努力将教育工作者与职业生涯中的代表结合起来，发展创新的职业场所学习方式。我们应借鉴其先进的理念和做法，进一步深化校企合作，突出技术教育与科研、生产的一体化；教学中要引入工程项目，使学生通过项目学习提高解决实际问题的能力；职业教育要突破正规教育的束缚，扩展到继续教育中；政府要发挥好统筹、协调作用，为发展职教提供多方面支持，从而进一步完善人才工作机制。

一、芬兰的职业技术教育改革

芬兰的职业技术教育一直通过实验的方法发展。实验的目的是获取可用于将来构建永久系统的经验。多种VET的参与者在形成过程中扮演着重要的角色。根据Raty于1998年所述，有七种重要的参与者：政治家，雇主、雇员组织，市政当局的协会组织，出版商和课程支撑材料的作者，校长和教师，媒体和普通二级学校的领导。芬兰的职业技术教育改革的形式明显地受到荷兰体制和德国体制的影响。通过改革，过去的215个学院合并成31个多科技学院。从2000年8月起，芬兰所有的多科技学院都是永久性的。

（一）多科技学院的组织结构

芬兰职教改革的目标是提高地区发展水平。国家和地方的力量共同引导职业技术教育网络建设，网络的参与者有市政当局和市政当局联合董事会，省、地区议会以及其他地区组织。多科技学院设有部门顾问委员会。这些正式团体由与社会职业生活有关的代表组成，其职责是传递企业的意见，以计划、发展职业技术教育和增进教育与工作生活间的合作。顾问委员会致力于课程、教学安排和与商业界合作事务。多科技术学院授予学生学士学位。学位由140～180个学分组成（在3.5～4.5年的全部学习时间内完成）。学位项目的结构通过立法来规定。每个学院自由决定自己的学位项目，它通常由基础学习、职业学习、可选的学习、实训和文凭项目组成。

（二）在多科技术学院内职业场所学习的设计

多科技术学院关于职业场所学习的指导性原则，是使学生在学习过程中尽可能地将他们的理论知识转化为实践，尽可能地试验他们实际知识的水平和应用能力。这种知识和能力将通过与工作相关的各种协作项目或实训期间的练习项目获得。

实训的目的是进一步提高学生学习的成果和获得职业岗位的可能性，以及提升他们的职业生涯。再进一步，在于提高学生的技能水平，并实现技能从学习向工作过渡，因为双方都能从共有的技能、方法和合作中获得利益。更进一步，实训和理论一起学习，可以提高学生的职业专门技能。

与此对比，文凭项目的目标在于发展职业生涯、应用实际知识和满足职业生涯的需要。成功的文凭项目被认为在研究与开发（R&D）包括增强决策能力和竞争力的行动方面能给企业提供帮助。除纯科学部分外，还包括在职培训，它提供给学生一个独立的工作机会并且使学生在团队中应用他们刚获得的理论知识。从学习的角度来看，文凭项目的概念是建立在实验性学习、基于问题的学习和合作学习的基础之上的。

（三）实施职业场所学习的结果

起初，职业技术教育改革增加了职业教育与职业生涯之间的合作，特别是R&D概念已成为发展职业场所学习的主要领域之一。R&D在这个教育相互联系的背景下，主要基于规定的职业生涯需要，而不是作为职业生涯的结束，这些核心元素具有某些特性。Laakso Manninen 描述了这些特性：获得了应用和发展的途径；根据顾客的需要定制；跟踪地区的影响；R&D与学费相关。

为充分体现这些特性，每个多科技术学院为R&D准备了各自的策略，将目标首先瞄准地区支持的中小企业和服务性产品。

R&D在职业技术领域快速发展的同时，学院实际上在这一领域并没有建立良好的基础，而是在探索和积累经验，它为组织"试错法"留下了很多空间。研究结果表明，项目学习具有分享和理解专门技能的合作性结构，学生可以在真实环境中学习他们未来需要的知识。研究揭示出，既然项目具有发展性，学生就比通常学习期间（如实训）能更紧密地与工作、社会相联系。另外，这种发展和学习项目会对职业产生压力，因为它需要公司的承诺。

芬兰职业技术类的研究生所作的一项全国性的研究揭示，在工作中学习能够使他们进入广泛的技能领域，并形成更好地寻找工作岗位的潜力。特别是，他们认为联合的项目、实训和在多科技术学院的文凭项目能够为毕业后适应职业生活作出贡献。研究还表明，引导性的实训与暂时在学习期间的工作相比，更能提高职业技能。尽管学生对于职业生活的评价是积极的，但对学院与职业生活之间合作的评价仍带有一定的批评性。因此，对于多科技术学院而言，增强与职业生活的联系是一种挑战。

二、对湛江市高等职业教育改革和人才工作机制的启示

（一）学校与企业应建立伙伴与合作办学机制

学校与企业的伙伴关系对于各方都有正面影响。对企业而言，受益至少是表面上的，因为它允许企业在保持自己核心商业行为的同时"输出"行为（教育）。对于学校而言，伙伴关系意味着保持与最新技术和工作组织模式同步的机会。对于个人来说，在工作中学习意味着他们可以通过早期职业生涯获得经历商业氛围熏陶的机会。工作场所学习至少提供了三个方面的好处：首先，雇主能向他的学生说明所需的技能，因而加强了相应教育的价值；其次，学生更能明白课堂知识在他们未来生涯中的重要意义，因而他们将会更努力学习；最后，以与将来的雇主加强联系为基础，教师对于学生更具有权威性。

这与我国高等职业教育提倡产学结合、校企业合作的办学模式相吻合。我们必须建立相互尊重和信任、风险共担的校企合作机制。高等职业教育必须与工业企业密切联系和协作，合作主要体现在培养分工、教育计划的制定、课程内容选择、生产实习、人员交流、科技交流等方面。今后的改革要突出高等职业教育与科研、生产的一体化。因此，一方面，高职院校应介入企业新产品的开发，向企业提供各种技术教育；另一方面，要建立一支既懂教育、科研又懂工业生产的教师队伍，包括从工业企业聘请一部分工程技术人员到学校任教。

（二）高等职业教育要侧重培养学生解决实际问题的能力

从高级技师的工作特点来看，其主要任务是解决工程中技术性、工艺性的实际问题。单纯的知识积累并不能提高其在实践中解决和处理问题的能力，这

借鉴芬兰经验，推动幸福广东建设

种能力的培养要求教学内容和教学方法更具创新性，强调知识的实用性和课程的综合化。目前，欧洲职业技术教育中普遍将工程项目结合到教学中的做法，对于培养学生解决实际问题的能力很有效。由于这种教学活动一般以小组为单位，在完成项目的过程中，学生的沟通能力和协作精神也得到了锻炼和培养。当然，在实际工作中，解决问题不能仅仅依靠单一的专业知识结构，还要考虑社会和经济因素，即高等职业教育的内容要综合化，在课程中可以适当加入伦理学、哲学、人文、社会学和经济学的内容。

（三）高职院校专业设置要针对地方经济及就业需要

芬兰的经验表明，职业教育必须增强针对性，专业设置应瞄准区域和地区的经济发展及劳动力市场的需要。高职院校应充分了解、调查当地经济发展情况，结合当地经济发展的目标、重点投资项目来设置专业。

（四）高等职业教育要从传统的正规教育扩展到继续教育

在芬兰，几乎所有的职业技术院校都拥有继续教育部门，继续教育已经成为职业技术教育的重要手段之一。这种继续教育体系还最大限度地给予工程技术人员在工作的同时或间隔地接受培训的机会，使得教育与工作可以轮流交替。这些国家的工业企业对工程人员的在职培训也非常重视，如芬兰的工程人员在大学进修与工作有关的专业课程的时间可以被计算为工作时间。我国继续职业教育的体系还不够健全，也缺乏灵活性，参加学习的学生比例也相对较低，因此要突破传统的正规教育模式，将职业教育扩展到继续教育中去。

（五）政府要积极推动产学结合、校企合作的健康发展

芬兰的一项研究指出，在职业场所提供学习情境，特别是手把手地将经验传授给学生时，企业由于使用了经费和材料而显得有些犹豫不决。企业作为合作一方，最起决定作用的还是其经济利益，只要经济上有一点障碍，企业就会对接受学生实习丧失兴趣。瑞典和芬兰的地方政府在推动学校与企业的合作、制定导向性政策、评定职业教育项目和决定政府资金支持方面发挥了重要作用。我国地方政府应将职业教育作为促进地方经济发展的一种方式与动力，应制定政策法规引导企业与职业教育机构合作，将企业的消极行为缩小到最低限度。地方政府要协调好教育、劳动、计划、财政和各行业主管部门之间的关系，在进行管理体制改革的实践中，因地制宜，以调动各方面办学的积极性和取得最佳教育效益为前提，创造性地运用各种管理手段，并注意总结经验和教训。

第二部分 科技、教育与人力资源开发

中芬博士后培养模式的比较与借鉴

马 凌

我国的博士后制度是在借鉴西方发达国家的有益经验,并结合我国国情建立起来的。20年来的中国博士后制度,经历初步创建、快速与全面发展、稳定发展三个阶段后,正走向提高质量与创新发展。博士后制度在培养人才、促进学科建设与发展等方面取得了显著成就,但也存在一些问题。我国博士后制度还未完全脱离计划经济管理模式,随着博士后队伍的日渐壮大和我国博士后事业的飞速发展,原有的博士后制度必须符合社会发展趋势,才能更加具有生命力。它需要在改革的进程中,紧紧围绕社会主义市场经济发展不断创新。

本文对中国和芬兰的博士后制度进行比较研究,旨在有效地吸收和借鉴芬兰博士后培养的成功经验,以便根据我国国情为我国博士后发展提供参考和借鉴,开拓有价值的新思路。

一、中国博士后制度的发展特征和重要作用

由于我国的国情不同于西方国家,使得博士后制度的建设走了一条迥然不同的发展道路。国家建立博士后制度,旨在培养、吸引和使用高层次优秀人才。我国博士后制度是在政府主导作用下产生和发展起来的,其发展模式具有鲜明的计划色彩和特征。

(一)政府主导

我国博士后制度是由政府自上而下主导建立并推行的。中央领导高度重视博士后事业发展,全国人事、科技、教育、财政等有关部门领导和著名科学家共同组成了全国博士后管委会并进行宏观决策。政府主管部门统筹负责组织实施和管理,各地区、各部门配合实施。这是中国博士后制度在短短十几年内取得快速发展、迅速形成规模的重要原因。

（二）政府政策的统一规划与管理

博士后设站单位和专业都是根据国家经济、科技、教育以及国防事业发展的要求而确定的。企业博士后工作是根据产学研相结合、科技与经济建设相结合的需要，为提高企业的创新水平而产生和发展起来的。

（三）经费来源以国家财政投入为主

博士后制度建设初期，几乎所有经费都是由中央财政拨款提供的，在后来相当长的一段时间里，大部分资金也是来自于财政拨款。如今，虽然博士后事业投资模式呈现多元化趋势，但博士后管理模式没有发生根本改变。

（四）招收模式多元化

目前，博士后的招收模式有国家资助招收、自筹经费招收、流动站与工作站联合招收、工作站单独招收、留学博士计划外招收、留学非设站招收、依托项目招收等，每种招收模式均有其特点。博士后招收的多元化，使青年博士有更多的机会选择做博士后。

我国博士后制度作为一种培养年轻高层次人才的制度，对促进我国教育、科技、经济及社会发展，培养高水平的科研和管理人才，发挥了重要作用。实践已经证明，博士后制度是一项富有远见的战略决策，是一条快速培养高水平人才的成功之路，是一种组织高水平科研活动的有效方法，是加强国际人才竞争的重要手段。其重要作用表现在以下几个方面。

第一，中国博士后制度吸引了大批留学博士回国工作。由于博士后制度实施一系列特殊政策，有效地突破了计划经济体制下的各种限制，在原有的体制下开辟出一个"制度特区"，为高级人才的培养和使用铺设了一条"绿色通道"，吸引了大批优秀留学人员回国服务。

第二，有效培养了大批高水平的科技人才、学术带头人和高级管理人才。博士后制度造就了一大批高水平的科技人才和学术带头人，使年轻的博士从一个非独立的科研工作者成长为一个能自我选择研究方向、独立组织科研活动的学术带头人。

第三，加强了我国科研发展力量，取得了一批高水平的研究成果。我国的博士后制度保证了博士后研究人员在科研单位以及企业间的流动，成为面向研究课题组合人才队伍的新形式，促进了学术交流和相关新兴学科、交叉学科、前沿学科的发展，加快了科研成果的诞生。

第四，促进了高层人才的合理流动，探索出了一种新的高层人才的培养和用人机制，为中国人事制度的改革闯出了一条新路。我国博士后制度是在传统体制中开辟出的高级人才培养的一块特区，它突破了传统人事管理体制多方面的限制，极大地促进了我国高级人才的合理流动，在培养和使用好人才的同时，吸引、稳定和储备了大批的优秀人才。

第五，博士后制度的实施促进了产学研结合，提高了企业科研和技术创新能力。作为博士后制度重要组成部分的企业博士后工作站，使我国教学、科研机构与生产部门的交流、合作联结成纽带，为高层次科研人员更有效地服务于国家经济建设提供了平台，为产学研的结合探索出了一套有效模式。

二、芬兰博士后培养制度及其培养模式的主要特点

（一）芬兰博士后培养制度简介

芬兰虽然国土面积只有33.8万平方公里，人口只有530多万，却孕育出世界通讯巨头诺基亚、造纸巨头斯道拉恩索和芬欧汇川三家世界500强企业。1990年，芬兰成为世界上第一个将"国家创新体系"概念用于国家科技创新政策框架的国家。经过20多年的努力，今天的芬兰已成为世界上最具创新能力的国家之一。据世界经济论坛公布的全球竞争力报告显示，芬兰的排名在全球125个国家和地区中名列第2，而中国排在50名以外。

芬兰高等院校的学术能力是支撑芬兰国家创新体系的重要基石。1985年在芬兰奥鲁大学建成北欧第一个技术园；1992年，芬兰政府又在奥鲁大学附近建成以生物技术和健康医疗为主的医学科技园。赫尔辛基大学在1994年已建成的生物技术中心的基础上，于2001年又投巨资建成生物医学中心。芬兰最大的因诺波利科技园建在赫尔辛基工业大学旁，其R&D占全国R&D的50%。2007年以来，以支撑芬兰国家创新体系为目标的芬兰大学改革又拉开了序幕：大学合并，整合资源，成立了包括创新大学在内的一批直指世界一流创新性大学的高水平大学。高校科研水平的提升也促使其对高水平人才需求的增加。近年来，芬兰培养的博士与博士后数量呈现几何增长，其中获得博士学位的人数从1981年的不到500人，迅速发展到2009年的超过1600人，博士后岗位数量也出现了同比的增长。

（二）芬兰博士后培养模式

1. 高薪酬与高要求相结合，激发博士后的创新能力

芬兰博士后月平均薪酬可达3200欧元以上，与高校讲师收入相当，且实

借鉴芬兰经验，推动幸福广东建设

行免税，同时芬兰建立了卓有成效的鼓励和资助计划，芬兰科学院设有芬兰研究基金，如青年研究者启动费、博士后研究和出国资助等基金，用于博士后科研人员的科研开支。较高的薪酬水平与相对成熟的科研基金资助体系，使芬兰博士后能稳定、安心从事科研工作。但是博士后并不具有芬兰高校教师所具有的稳定的长期合同，2～3年的短期合同与工作目标使芬兰博士后具有相对较大的工作压力，当然，也正是这种高薪酬与高要求，促使芬兰博士后拥有较高的工作产出。

2. 注重多种形式的博士后学术交流技能训练

博士后和同行进行学术交流的训练一般有四种方式。一是在导师指导过程中和导师所进行的交流，这种交流是定期的、经常性的。二是学院内部博士后及博士研究生之间的交流。三是在各学科研究院组织的专家讲座上和专家进行面对面的交流，质疑辩难。四是参加国际会议，芬兰政府非常支持博士后研究人员（包括外国留学人员）在国外学习、交流与参加会议。博士后研究者可向导师申请，经系（所）、院）批准，即可得到往返旅费和在外食宿、交通等费用的资助。在会议上宣读论文，接受同行的批评与建议，熟悉学术交流规则。

导师一般会为博士后提供尽可能多的机会来发表报告及论文。通过多次报告，博士后本人的交流能力得到了锻炼，促使其思考并完善研究设计。同时，多方面、多层次的听众评论能够使其论文的研究问题更加明确、研究设计更加完善。

值得指出的是，芬兰作为一个人口530多万的小国，其博士后国际化程度非常高，人员来自于欧美亚多个国家，来自不同国家、不同性格、不同专业的博士后之间的交流更可能碰撞出创新的火花，既有利于博士后本人的成长，更有利于高校学术水平的提高。

3. 芬兰博士后的科学研究条件

芬兰作为北欧高福利国家，博士后的工作、生活条件都较为优越。一般都有自己的办公室。根据研究需要，还可以向院系及芬兰科学院申请相关经费配置其他硬件。2007年高教改革合并后，芬兰的几所著名大学拥有世界一流的信息技术、生物化学实验室及完备的电子数据库，拥有世界一流的研究条件。

三、中芬博士后培养制度的对比分析

（一）中芬博士后培养的共性分析

尽管中国与芬兰博士后制度的起始时间不同，起因、形式与模式也存在差异，但我国的博士后制度与芬兰的博士后制度也有一些共同之处，主要表现在以下方面。

1. 博士后培养的学校主导色彩均较强

地处北欧的芬兰因历史上与苏俄的渊源，而教育上深受其影响，直到今天仍然印有苏俄的烙印，俄式学制如副博士学位（licentiate degree）依然存在于芬兰高等教育体系之下；中国高等教育与学位培养因为众所周知的原因，也具有一定的苏俄痕迹。两国的博士后培养模式虽均为从西方（特别是美国）引进，但共同面临着苏俄体系中学校主导影响博士后培养问题。一般而言，西方博士后的招聘与培养，特别是美国，是导师主导制，但中芬则存在较为明显的学校（官方）主导色彩，并有相对硬性的人数（职位）限制，时间一般为2～3年，极大地约束了导师的主导力量。

2. 博士后培养的目的具有一致性

芬兰博士后制度建立最初的目的有两个方面，一方面是培训青年学者，另一方面是推进科学研究。因此，许多大学间接地奖励或适当地鼓励科研工作，很多基金会提供巨额的基金和设备来支持科研，训练学生的研究方法和研究精神。我国实行博士后制度是为了培养和选拔一大批高水平的年轻科技人才和学术带头人，促进人才合理流动和学术交流，减少高水平人才外流，争取留学博士回国工作，培养能担负未来中国学术研究、具有国际视野的富有才华的研究人员，满足科研、教育和经济发展对人才的需求。

3. 博士后职位均具有流动性

博士后是具有一定研究能力的博士毕业生临时研究工作的一种职位。其设置目的是为了使一些取得博士学位的人员在未正式谋到固定工作前，继续接受教育并取得进一步的科研经验。因此，中国与芬兰不允许博士后在站无期限地工作。芬兰博士后在站期限一般为2～3年，我国博士后政策规定一名博士后最多做两站（即最长年限为4年）。

4. 在站博士后科研基金均日趋系统化

为了鼓励博士后创新，芬兰科学院与芬兰科学与创新基金会（Finnish Funding Agency for Technology and Innovation）每年1月与9月两次为本国博士后提供申请博士后科学研究和出国资助，春季、秋季审批。同时，芬兰各大学均设有大学校长青年研究者基金。每年做博士后研究的芬兰人和外国人均可申请一次，经校务学术委员会审批，采取实报实销或资助固定的数额。而我国的博士后科学基金会也为广大在站博士后提供每年两次的博士后科学基金申请，且资助幅度不断增加。同时，各省市与设站单位也根据自身情况为本省市或设站单位的博士后提供相应的科研经费或科研启动经费。两国均建立起了相对公正、公平的博士后科研基金获取渠道。

5. 均为在站博士后提供了相对较好的待遇

在芬兰，博士后待遇较高，为博士后潜心从事相关科研工作发挥着重要的作用。同样，在我国，博士后是作为优秀人才来培养和选拔的，享受正式职工的工资待遇，大都略高于同资历的固定工作人员。此外，国家还实行一系列优惠政策，包括博士后的医疗保障、户口转移、家属子女可随站流动等，体现了我国选拔高层次人才的特点和对高学历人才的保护。在这种制度下，使一些有能力的博士后潜心研究，人才不至于在激烈的竞争中流失。

（二）中芬博士后培养的差异性分析

由于社会制度、历史文化传统、国情、管理体制、科技和教育发展状态等方面的不同，我国与芬兰的博士后制度及其发展过程也存在相当大的差异。主要体现在以下方面。

1. 在站博士后学科构成不一致

鉴于芬兰是一个人口很少的国家，不可能在各个领域均有发展，因此确立了以信息和通信技术（ICT）为重点，逐步向其他领域发展的科技发展战略，同时兼顾工科与人文社会学科的平衡，截至2004年，芬兰从事人文与艺术、商业与社会科学的博士研究生与博士后人员数量与从事自然科学、技术的博士毕业生与博士后人员数量相差不大，且增长幅度基本一致。而我国作为一个人口大国，博士后研究人员的学科分布更加广泛，但从学科构成来说，存在工科独大的局面。

2. 在站博士后的国际化水平不一致

芬兰建立了卓有成效的鼓励和资助博士后研究人员（包括外国留学人员）在国外学习、合作研究与交流的机制。为促进博士后的国际合作研究，芬兰教育部建立了鼓励和资助在国内外的学习和研究计划。教育部委托芬兰科学院负责大学的年度经费申请，大部分博士后均可以获得资助赴相关学科国际一流研究单位访学、交流。而我国在博士后国际化交流的政策上则相对滞后，但中国博士后科学基金会也在不惜余力地提高在站博士后的国际化水平，近年来实施了诸如"香江学者"计划等中国博士后与海外学者对接的资助项目，为中国博士后走向国际化提供了一个新的平台。

3. 博士后经历在研究生涯中的地位不一致

在芬兰，博士后经历是科研人员经历自身研究生涯的重要一步。从2006年开始，芬兰提出了一个规范化的覆盖大学与所有研究机构科研人员的四阶段研究生涯体统：初级研究者（Junior Researcher）—博士后（Post – doctoral

Researcher)—高校科研人员(University Researcher)—教授(Professor),博士后经历被认为是这一体系中重要的一环。而在我国,博士后经历并非科研人员研究生涯的普遍一环,每年只有不到20%的应届博士毕业生进入相关的博士后科研流动站从事相关研究。

四、结语

从芬兰博士后培养的实践可以看出:

第一,遴选合适的博士后研究人员是提高博士后群体创新能力的前提。要找到合适的人选,只能依靠教授的判断。只有经过训练的学者才知道什么样的人适合从事创新性的科学研究,即所谓"英雄识英雄"。

第二,充分的物质条件保障是博士后创新的必要条件。科学研究在某种意义上是一项奢侈的事业,不仅需要大量的物质投入,也需要研究者的执着与专注,这就需要创造条件不让研究者因为生计问题而分散注意力。

第三,全面有效的学术训练是激发博士后的创新潜力的有效途径。芬兰大学对博士后的学术训练不仅包括论文写作,还包括研究方法培训、学术交流能力的培养,甚至包括师生之间、同行之间人际交往方面的课程学习。经过训练,博士后能够掌握与同行进行有效沟通和获取信息的能力,及时了解学科前沿,从而迅速聚焦,找准方向,作出创新成果。

第四,国际化是学术创新的催化剂。芬兰大学国际化的学术氛围是促进博士后创新能力提升的重要原因。芬兰大学博士后培养的国际化既体现在"进门"的国际化:明确博士后岗位后,招聘的国际化,也包括"途中"的国际化:芬兰政府鼓励并资助博士后人员积极参加国外学术活动。两种国际化促使了芬兰博士后人员学术创新能力全面提高。

因此,借鉴芬兰博士后培养制度经验,要提高我国博士后的创新能力,其可能的借鉴路径有:

第一,逐渐形成博士毕业生—博士后的连续培养机制。构建起博士毕业生—博士后—高校教师的连续培养机制。取得博士学位只是学科研究的继承者、学科未来带头人的培养过程中的一环,青年博士必须在科研条件比较好、学术气氛活跃的环境里再经过2~3年的博士后锻炼,才能逐渐成熟,特别是开展跨学科交叉研究,拓宽自己的研究领域;师从名师获取更多的知识,丰富自己的科研经历,使学术生涯真正进入成熟期。而现在只有不到20%的博士毕业生进入博士后流动站或工作站进行博士后工作,显然,提高博士毕业生,特别是优秀博士毕业生进站比例是迫在眉睫的问题。

第二，改善博士后培养方式。博士后的培养，应该立足于"做中学"，在研究中学习并有所创造，因此，要强化研究和学术交流的训练，创造条件锻炼博士后的学术交流能力，让他们有机会和国际同行进行交流，从而站在学术的前沿。

第三，加强导师指导。发展评价导师指导博士后质量的工具，将导师的指导质量与其指导资格和指导学生的数量挂钩，促使导师重视指导过程，通过提高培养过程的质量来促进博士后研究能力的提高。

第四，激励与评价弹性化。科学研究的风险性和不确定性要求对博士后的评价具有弹性，如论文发表的数量，不同的学科、不同性质的科学研究对论文发表的要求不同，不同性质的研究的评价侧重点不同。各院系有关博士后评价方面的政策应该考虑到这种复杂性，有关规定要注重质的方面的要求，弱化量的方面的要求，赋予博士后指导教师更大的质量控制与评价的权力。对博士后的激励，应该侧重于学术激励，弱化物质激励。

第五，提升博士后国际化水平。借鉴芬兰的博士后培养制度，鼓励博士后在站期间"走出去"，增加诸如"香江学者"计划的人数与资助力度。

芬兰职业技术教育体系及启示

李 农

芬兰成为世界非常具有竞争力的经济体,得益于其完善的职业技术教育体系建设。其特点包括职业培训教育与普通教育衔接紧密、资格认证体系完善、在岗培训多层次多元化等等,对珠海市职业培训体系建设有借鉴作用。

一、芬兰的职业技术教育体系

芬兰学制主要包括学前教育、基础教育(小学和初中)、高中教育(中等职业学校和普通高中)和高等教育(普通大学和多学科技术学院),其职业技术教育与培训包括职业学校和培训、多学科技术学院。

芬兰主要由议会制定教育法规和决定政策的导向,而政府、教育部和全国教育协会负责政策的实施。教育部是芬兰最高的教育官方机构,其管理范围包括教育、文化和青年事务等,所有的教育公共拨款都由它来统一管理和监督,同时负责教育法律的起草和教育政策的制定。全国教育协会是一个专家组织,职责是为基础教育、普通高等教育、职业和成人教育与培训提供教育目标、内容和方法,制定和实施核心课程,为能力本位资格证书提供指导,对整个教育系统进行评估。芬兰教育的经费主要由政府负责,其各类教育投入都超过欧盟成员国的平均水平。

尽管芬兰从19世纪就开始有组织地发展职业教育和培训,但其系统化的发展是从"二战"之后才开始的。这一时期的发展以制度化为特点,具体情况是各类教育在各自领域独立发展。20世纪90年代是芬兰职教快速发展的时期,着重尝试发展技术教育,其目的是将教育的水平从中学后教育提升到高等教育。

(一)中等职业教育

中等职业教育在芬兰被称为"初级职业教育",目的是提升人们的职业能力,促进职业生涯发展,满足社会对技能型人才的需求,促进就业,满足终身学习需要。中等职业教育主要由政府、私人、基金会等组织实施。为了更好地组织职业教育，教育部利用执照来组织教育，其中包括教育提供者的责任、提供教育的领域、总招生数的限定等。中职以职业高中为主，招收完成基础教育的学生，学制2～3年，毕业颁发初级职业资格证书。

（二）芬兰职业技术教育的特点

1. 职业教育与普通教育衔接紧密

芬兰的各类教育相互沟通、衔接紧密，在纵向上，中等职业教育与高等职业教育和普通高等教育上下贯通；横向上，普通高中与中等职业教育、高等职业技术教育与普通高等教育相互平等和沟通。这就赋予了普通教育和职业教育平等的地位，解决了两类教育学历承认的问题。

2. 管理体系规范化和法制化

在芬兰，职业教育主要由芬兰政府和地方当局共同出资支持，采取契约制的管理方式，即与职业教育院校和机构签署协议，规定教育目的、生源、教育活动管理、各类教育项目及基金等。这种方式明确了职业院校和机构的责任，便于评价和管理，并确保了优质高效的教学效果。此外，芬兰也注重用政策和法令来推动职业教育的发展，先后颁布了一系列针对性非常强的法案。

3. 资格认证体系完善

根据1994年开始实行的《职业资格法案》的规定，所有芬兰成年人都可以参加职业资格考试，并不需要有相关工作经验或培训记录。职业资格认证有职业资格、高级职业资格以及专业职业资格三种等级，对不同等级的职业资格有不同的要求。芬兰的就业准入制度也相当细致、严格，连理发师都需要职业资格证书。其目的是提高劳动力素质，建立一个涵盖整个职业教育领域的资格认证体系，高职院校必须根据职业资格认证的要求来设置专业与课程，以适应就业准入和劳动力市场的需要。

4. 学徒制培训注重在岗培训

近年来，芬兰的职业技术教育注重学徒制的培训方式，即注重在岗培训，主要强调通过工作进行学习，结合理论和实践学习。学徒70%～80%的时间用于培训场所的学习，培训由企业中的培训指导者在工作环境下进行，理论学习主要由职业教育机构来负责。

学徒制培训是一种传统的职业教育形式。20世纪90年代，经济不景气、就业困难等因素促使芬兰政府重新认识并推动学徒制培训发展，立法上的持续支持强化了学徒制培训的地位与作用。芬兰学徒制培训的特色主要表现为：实施由政府直接拨款和企业间接拨款构成的财政拨款机制；采用"芬兰质量

第二部分 科技、教育与人力资源开发

奖"和"欧洲质量奖"为标准的质量管理机制。

芬兰政府在历年的职业教育和培训立法中对学徒制培训均有所提及，并且分别于1923年、1967年和1992年专门颁布了《学徒制培训法》。其中，1992年的《学徒制培训法》规定了学徒制培训的实施过程（包括学徒合同、培训期限、资格证书等），为学生提供了坚实的法律保障。1994年5月正式实施的《职业资格证书法》规定，通过学徒制培训可获得初级职业资格证书、大专资格证书、高级职业资格证书和专门职业资格证书。这一规定使得学徒制培训可与传统的学校职业教育平起平坐，从而大大增强了其吸引力。

芬兰是一个具有福利传统的国家，如免费的公立教育系统，其教育支出占GDP的7%。学徒制培训也从中获益匪浅，其经费来源可分为两种：①直接经费。包括州（教育部门和劳动部门共同拨付）和市政当局的拨款、学生学费、欧盟社会基金会的资助。其中州政府的拨款约占56%，是其主要经费来源。②间接经费。包括企业付给受训者的学徒工资。为规范经费使用，芬兰政府为高级职业培训和专门职业培训经费预算规定了一个最高额度，以防止由政府和企业共同出资的经费被企业用于培训自己的员工；初级职业培训则没有这一规定。

5. 核心课程体系富有特色

芬兰职业技术教育主要受国家核心课程所控制。国家的各类教育政策通过核心课程来体现，并依据其形成全国统一的职业能力标准。核心课程的制定使国家有科学、统一的标准对各类职教机构进行测评，同样有利于对学生的评价。核心课程由全国教育协会根据新教育法制定。

在各类职业教育机构中，课程以项目学习为主，主要根据国家的核心课程、地区经济发展和学生需求来开发。学习项目会整合高中和其他领域的学习模块，并且采取学分制。例如，中等职业教育的学习项目主要包括专业学习和相应在岗培训（90学分）、公共课（20学分，即所有职业都需要的知识、职业能力）、选修课（10学分）。

（三）职业资格认证有关情况

芬兰职业资格认证主要有三大类：

1. 职业资格

职业资格主要面向现行学制第二级以学校为基础的认证；共涉及人类与教育、文化、社会科学与商务管理、自然科学、技术与交通运输、自然资源与环境、社会服务与健康运动、旅游与家庭经济等8个大类共52项职业资格的116个选修课程，对青少年和成人有同样要求。

2. 继续和专业职业教育培训资格

继续和专业职业教育培训资格是主要面向成人的以职业技能为基础的考试，不强制考生参加培训，通过能力测试证明自身职业技能。由专家和雇主组成的考试委员会实施考试。

3. 学徒培训

学徒培训是另外一种可以通向各种职业资格认证的途径。

二、对珠海市职业技术教育发展的启示

（一）当前珠海市职业技术教育存在的主要问题

1. 职业技术教育发展总体目标不明确，缺乏中长期规划

长期以来，珠海市职业技术教育缺乏符合产业发展需要、具有一定前瞻性的中长期总体规划，导致职业学校办学定位不清，人才培养方向模糊，专业设置重叠；职业培训机构设置的培训工种与市场和产业发展的要求有一定距离。据调查，珠海市职业院校和培训机构的专业高度集中在第三产业相关专业，而第二产业相关专业设置不多，高端制造业、高端服务业、高新技术产业急需的专业不足，与珠海市全力推进的航空通用飞机制造、深水海洋装备制造、重化工等产业配套的专业更是十分缺乏。

2. 职业学校教育总体投入不足，办学能力偏弱

与普通文化教育相比，职业技术教育需要更多资金用于实训设备和场地的投入，尤其是高端制造业相关专业的实训设备更是价格不菲。由于缺乏购置先进实训设备的资金，珠海市的职业院校普遍存在不愿开设相关专业或不能扩大现有招生规模的问题。由于轻视技能劳动和技能劳动者的传统观念仍然存在，部分职业院校为迎合大众口味而盲目开设专业，导致师资队伍建设、专业结构设置与珠海市经济社会发展和人才需求不适应，高等职业院校依然偏重于学历教育甚至严重倾向于学历教育，高技能人才培养目标偏弱。同时，由于投入不足，中等职业教育区域发展极不平衡，西部地区公办中等职业学校只有一家；特色专业不多、拳头专业缺乏，总体培养方向与珠海市产业发展不配套。虽然不断有职业学校学生在国家、省各类职业大赛中取得较好成绩，但并未起到应有的示范带动效应。

3. 民办职业培训机构培养力量薄弱，总体表现"小"、"散"、"低"

出于对经济效益的考虑，珠海市民办职业培训机构中，80%以上集中于开展"投入产出比"较大的知识技能型培训项目（如人力资源、心理咨询、电

脑等），其中大部分以电脑培训为主，而对投入高、收益小、见效慢的技术技能型培训工种（如电工技师、数控机床、模具制作等），大多数职业培训机构不愿意或者没有能力投入。这也导致了珠海市民办培训机构的总体表现为：一是培训规模小。培养能力大多只有两三百人，师资力量不足，教学场地和实训设备普遍缺乏。二是分布地区散。地域分布不合理，市区范围内集中了约80%的培训机构，新兴产业集中的高栏港区和高新区的职业培训机构都只有一家。三是办学水平低。人才培养能力参差不齐，大部分培训机构只能培养初级工和中级工，具备培养高技能人才能力的仅占22%。

4. 职业技术教育缺乏规模效益，教育资源未能充分利用

职业院校与职业培训机构在师资、实训设备等方面的资源未能实现共享，二者间的联动机制有待建立。一方面，部分中小职业培训机构由于无力购置实训设备，难以开展有效的技能实操训练；另一方面，职业院校耗资购置的实训设备在课余时间处于闲置状态，不能有效利用。此外，由于财政体制等原因，公办职业学校对开展社会培训积极性不高，减弱了技能人才培养的力量。

5. 企业参与职业技术教育积极性不高

企业作为技能人才培养使用的主体，由于缺乏财政资金的有效鼓励和引导，参与职业技术教育的积极性不高，没有发挥出应有的作用。据调查，珠海市的企业对技能人才的培训投资不到企业利润的1%，企业没有开展职工培训的现象较为普遍，缺乏培养技能人才的责任意识和积极性。

（二）加快职业技术教育发展的对策与建议

1. 明确职能定位，大力发展职业技术教育

坚持以促进就业、服务产业发展为导向的原则，明确珠海市职业技术教育发展定位，建立与珠海市产业发展相配套的职业技术教育统筹规划体系。通过大力开展全方位多层次的职业技术教育，实现"初次就业有技能、稳定就业有保证、提高收入有能力、产业发展有技工"的目标，基本满足珠海市经济社会发展对技能人才的需求。进一步明确职业技术教育院校的办学定位，坚持高等职业技术学院立足培养高技能人才，中等职业技术学校立足培养中级技能人才和高素质劳动者的方向。

2. 把握产业发展需要，制定职业技术教育中长期规划

结合产业发展需要，制定珠海市职业技术教育中长期规划。按照集中发展与合理布局相结合的原则，适应产业布局集群化发展的趋势，进一步优化职业技术教育布局结构，使其与产业布局相协调；对珠海市职业院校的办学定位进行前瞻性的分析，引导各职业院校根据自身情况明确办学方向，优化专业结

构，树立品牌，形成特色，逐步建立创新型现代职业技术教育体系。

3. 调整专业建设方向，提高高等职业院校办学水平

各高职院校要坚持以面向经济建设和社会进步为主战场的准确定位，以培养大批实用型职业人才为办学目标，在高等职业教育中争创一流学校，重点培养适应珠海经济社会发展和产业结构调整的高技能人才；以市场需求为导向，对专业设置实行动态管理，向高端制造业、高端服务业、高新技术产业倾斜，逐步扩大办学规模、提高办学层次。

4. 结合区域产业发展，完善中等职业学校布局

根据生源对学位的需求，扩大现有职业学校的规模，规划和调整各中等职业学校办学定位，建设一批面向制造业的专业。东部地区的学校重点发展普通、高端服务业相关的专业，如计算机应用、软件技术、旅游服务与管理等。重点发展基础维修服务业相关的专业，如汽车维修、机电一体化等；西部地区的学校重点发展与航空通用飞机制造、深水海洋装备制造、重化工等产业配套的相关专业，如电子技术、电气技术、自动化技术、机械制造、能源工程等，把珠海市高级技工学校建设成为集技工教育、技能培训、技能鉴定、技能实训"四位一体"的就业训练基地，发挥技工教育的示范带动效应。通过完善布局，集中力量打造有影响力的职业学校，培养一大批适应产业发展需要的初、中级技能人才，为珠海市经济快速发展做好技能人才储备。

5. 着眼于整顿、规范、提高，不断推动民办职业培训机构健康发展

一是建立等级评价制度，以就业率为主要考核指标，对培训机构进行考核评估；二是建立信息公开制度，引导学员到信誉良好的机构参加培训，推动民办职业培训机构不断提高办学质量；三是建立持证上岗和注册认证制度，加强对培训师资的规范管理。规范整合民办职业培训机构，做大做强一批有品牌、有特色、有优势、有规模的名牌学校和优势专业，增强办学的灵活性和竞争力。加强引导，鼓励社会力量以各种形式参与技能人才培养工作，鼓励专家、学者、技术能手以及其他有专业知识和特殊技能的人员为培训技能人才服务，逐步形成公办和民办职业培训共同发展的良好局面。

6. 加强师资队伍建设，鼓励校企合作，推动教学改革

建设一体化师资队伍，多种形式培育、引进优秀人才到职业院校任教，重点引进具有硕士以上学位或高级职称的高层次人才充实职业技术教育师资队伍；扩大一体化教师比例，研究制订鼓励企事业单位专业技术人员和能工巧匠到职业院校专兼职任教的政策。建立职业技术教育纵向衔接、横向贯通机制，建立中等职业技术教育与高等职业技术教育相衔接的人才培养机制。根据职业标准和岗位需求开发课程模块，构建灵活多样、符合职业技术教育规律与特点

的模块化课程，建立弹性学习制度，推行学分制。建立普通教育与职业技术教育互动和对接的人才培养方式。建立健全校企合作保障机制和奖励政策，鼓励企业尤其是大中型企业支持职业技术教育的发展，企业接收教师、学生实习或为学校提供实训设备的，按规定给予税收减免、政府补贴、授予荣誉等优惠待遇。

7. 大力开展对外合作

依托珠海毗邻港澳的优势，以港珠澳大桥的建设为契机，扩大珠海市职业技术教育的对外合作。落实粤澳职业技能开发合作协议，共同培养粤澳及国际互认的高素质人才。以珠海职业技术教育基地为基础，打造职业技术教育国际合作平台，引入2～3所境外职业技术教育机构设立分校或开展联合办学。采用国外先进的职业技术教育模式，积极探索构建"工作工程导向"的教育体系，努力为珠海市培养具有国际水平的现代技能人才。

8. 建立健全法规保障机制

根据珠海市的实际研究制定《珠海市职业技术教育条例》，明确政府部门、职业院校、职业培训机构和企业行业对职业技术教育的责任，加大就业准入监管力度，为职业技术教育发展提供充足的资金支持和全面的制度保障。

芬兰职业教育及其对广东省的启示

林 明

芬兰一直高度重视教育，不断完善本国的职业教育体系，有针对性地为社会、企业输送实用人才，既丰富了社会各阶层人才所需，又为国家制造业的发展储备了动能，可谓是职业教育和高等教育齐头并进，为国家长期可持续发展作出了巨大贡献。其中一些做法为我们提供了宝贵借鉴。

一、芬兰职业教育的基本情况

芬兰是一个严重依赖出口的国家，要使芬兰的产品在国际市场上具有竞争力，不仅要提高劳动生产率，更要提高产品质量和技术水平。因此，加强职业教育是芬兰发展经济的重要战略之一。目前，芬兰的职业教育已达到相当高的水平。各类职业学校和高等职业学院不仅为芬兰培养出众多高科技人才，也为制造业、服务业等领域的公司企业培养出一批批熟练掌握专业技能的技工。

芬兰教育注重平等性。一方面表现为无论住在那里，都能接受高质量的教育。教育体系覆盖芬兰的各个角落；另一方面，从小学到大学各个阶段，均有大学、职业学校覆盖。同时，平等性还表现为性别平等，芬兰过半女性受教育程度高于男性。

芬兰的议会拥有教育的立法权。芬兰的教育部及其下属机构为教育政策的执行者，由教育部进行指导。芬兰教育部下设有教育委员会，是独立代理机构，由教育部监管。教育委员会人数远远多于教育部，负责教育政策的推广、对教育法案的起草和培训。地方政府教育局负责当地的小学、中学和职业教育，还负责当地教育体系的设立，大学除外。

芬兰儿童在6岁前接受学前教育，从7岁开始接受9年基础教育，属于义务教育阶段。九年制义务教育之后，一部分学生选择接受大学教育，而一部分学生则接受职业教育和培训。还有一条出路是就业，大约6%的学生在接受基础教育之后走向社会，但在正式工作前也必须接受职业培训。

以前成绩不好的学生才选择职业高中，最近10年发生了变化。这是因为职业高中和普遍高中可以学分互认，所有学生都可参加高考，且在职业高中还能接受职业教育，学生有更大的个人学习规划，发展前途更宽广。

除了在职业教育学校接受培训外，芬兰学生也可以通过实习、培训、技能测试途径获得实习培训、学徒式培训。职业教师需要具有相关资格，参加实习培训的学徒也要学习一定课程，但其60%～70%的时间在工作中度过。拥有专门技术的成年人可以通过测试获得资格证书，而不用进入学校培训；测试以实践方式进行，并向职业教师解释整个过程。职业教育在芬兰全国覆盖面比较广泛，中央层级设立有大纲框架，其课程设置考虑了市场因素对于每一个进入职业教育的学生的影响，但会给地方相对应的课程和空间。芬兰并没有全国性评估机构，而是有针对性地设置不同的评估体系。职业教育机构也有私立的，对劳工市场关注很大。中央层课程有20个学分，至少有半年时间实习，与劳动力市场结合，除工作实习外，课程还考虑学生的工作岗位、技能合作的培训。2010年芬兰进行了职业教育资格改革，这次改革中，企业家精神被列入职业教育课程中高中阶段、义务教育阶段需要进行相关学习的内容。这并不是意味要每个学生都成为企业家，而是要让更多学生对企业有更多理解。

基础学校毕业后，青少年是升高中还是考职业学校，主要从自己的兴趣和能力出发，家长很少施加压力。赫尔辛基市技术职业学校校长安蒂·韦尔塔宁认为："不是所有的青年人都有足够的天赋和能力进入高中和大学学习深造。所以有很多青少年进入职业学校学习。"更主要的是，在芬兰，职业学校跟其他学校一样有很高的声望，为年轻人的发展提供了更多的机会，因此越来越受到芬兰青少年的欢迎。据统计，芬兰2009年报考职业学校的青少年超过6万人，已连续第二年超过报考高中的人数。

芬兰的中等职业教育一般由市级政府和私营机构提供，学生不需要交纳学费。中等职业教育的主要目的是使毕业生具备所需的职业技能和生活技能，以及处理其专业范围内各种问题的基本能力。

早在1999年，芬兰教育部门就对中等职业教育进行改革，以适应经济发展的需要。职业学校学制统一为3年，必修课程有母语、外语、数学、物理和化学、体育和保健教育、艺术和文化、社会学等。除学习基础课程（如语言、数理化等）、专业课程（按产业门类划分）外，学生还要有至少半年的实习期，使学生在实践中熟练掌握专业技能，顺利完成从学校到工作岗位的过渡，从而增强学生自主就业的能力。

职业学校享有很多自主权，可根据芬兰不同地区的需求来设置不同的专业，并通过行业组织和专家咨询使职业教育不断根据劳动力市场的变化作出课程或专业方面的相应调整。据芬兰最大的中等职业学校赫尔辛基市技术职业学校校长安蒂·韦尔塔宁介绍,在芬兰,所有职业教育都与地区发展密切相关。职业学校的首要任务是培养专业技术人才直接进入工作岗位。可以说,没有职业教育,赫尔辛基以及整个首都地区的经济结构就要瘫痪,因为只有通过这些职业学校才能获得足够的劳动力。

同其他发达国家一样,芬兰劳动力市场对求职者的学历要求越来越高。20世纪90年代初,芬兰对职业教育体制进行改革,把一批高水平的职业学校合并成31个高等技术学院,通过建立多样化的高等技术学院来进一步发挥职业教育的作用,使之同大学一样成为培养高等专业人才的摇篮。

在芬兰,高等技术学院的地位与普通大学接近,学生享有同普通大学生同样的待遇,可领取大学生的学习补助。在高等职业学院网络形成之后,芬兰全国高等技术学院每年招收新生能力达到3.8万人,比芬兰各大学每年招生的总数还要多。高等技术学院为更多的青年人提供接受高等教育的机会,在通往罗马的条条道路上,成为深受青年人欢迎的更具有竞争力的一种选择。

截至2009年底,芬兰全国共有26所高等职业技术学院,在校生达到13.5万人,占整个高等教育在校人数的一半以上。芬兰高等技术学院教学以职业为导向,主要以满足地方需要以及提高劳动者素质为目的。

芬兰全国各地的高等技术学院在充分了解当地经济发展情况的基础上,结合当地劳动力市场的需要以及重点投资项目来设置专业。在专业设置方向上明确了与经济发展和社会生活密切相关的8个领域:人文与教育、文化、工商管理、自然资源和环境、技术与交通、自然科学、健康卫生与社会服务、旅游与餐饮。报考高等技术学院的学生除了要参加入学录取考试外,工作经历也是录取的重要参考依据。高等技术学院实行学分制,课程设置分为基础课、专业课、实习课和毕业设计。学生在校学习3~4年,修完210~270学分,可以获得学士学位,然后可再用1年或1年半的时间攻读硕士学位。

在芬兰,经过中等职业教育并获得基础职业资格认证的毕业生,可以申请进入高等技术学院或大学学习,从而使其专业技能提高到一个更高层次。由于科学技术的日新月异,现代生产技术不断变革,产业结构和职业结构也随之不断发生变化。高层次的、终身的职业教育和培训成为社会发展和个人职业发展的必需。芬兰建立的这种中等职业教育和高等职业教育相互衔接的机制,为职业学校和高中毕业生提供了进一步深造的机会,从而为芬兰社会和公司企业培养了大批高级技术和管理方面的专门人才。

二、广东省职业教育基本情况

截至 2010 年底,广东省高中阶段教育招生 178 万人,在校生 439 万人,毛入学率达到 86.2%,提前一年基本普及高中阶段教育。其中,中等职业教育学校(含技工学校)816 所,在校生 230 万人;高职高专院校 76 所,在校生 64.8 万人,规模居全国第一。

到 2011 年,广东省户籍人口高中阶段教育毛入学率达到 85% 以上,全省每万人高中阶段教育在校生 477.92 人,从 2006 年的全国第 12 位跃居全国第 6 位。据透露,广东省这几年来投入近 350 亿元发展高中阶段教育,其中 205 亿元用于扩建校工程,增加有效学位近 117 万个。

广东已形成全国最大规模的职业教育体系。2010 年,中等职业学校招生 102.3 万人,在校生 230 万人,两项指标均位居全国第一。300 万广东省职业技术院校毕业生进入社会就业。

近年来,广东不断加大高中阶段学校特别是中等职业学校的助学力度,极大地缓解了家庭经济困难学生接受高中阶段教育的经济压力。如"零学费入学、零距离上岗"的"双零"人才培养模式,每年为家庭经济困难学生解决学习、生活费用达 3 亿元以上,受惠农村家庭经济困难学生超过 4 万名。而全国首创的"智力扶贫"模式共资助约 9 万名经济困难家庭子女入读中职学校,80% 的毕业生进入珠三角大中型企业工作。2010 年,广东全面启动了农村家庭经济困难学生和涉农专业学生免学费政策,全省超过 60 万名中职学生受惠,占在校生的 1/3。

为进一步推动"双转移"战略,促进区域协调发展,针对粤东西北地区办学资源紧缺的问题,按照广东省委省政府的要求,省属和珠三角中职学校每年安排不少于 30% 的招生指标专门招收粤东西北地区学生,有效转移带技能农村新增劳动力,加快粤东西北农村地区的脱贫致富。2010 年,广东全省实现转移招生 18 万人,"十一五"以来,累计转移招生超过 65 万人。

三、当前广东省职业教育存在的不足

尽管广东省的职业教育取得了一定的成效,对提高城乡劳动者素质、促进就业、缓解劳动力供需结构性矛盾、推动经济社会和谐发展起到了积极作用。但与广东实现经济强省、制造业大省的目标和整个经济社会可持续发展的要求还存在较大差距。

（一）地区发展不平衡

区域发展不平衡是广东经济社会发展的明显特征，在职业教育方面也非常明显。主要表现为：一是职业学校的分布与经济发达程度呈现较强的相关性，即职业学校大多集中在经济较发达的地区，学校的实力较为雄厚；经济欠发达地区的职业学校较少，而且在师资、设备、场地等办学条件方面明显落后，教育的观念也存在明显差异，从而导致教育质量明显落后于经济发达地区。二是城乡发展差异大。职业学校在城乡分布不均衡，职业学校主要分布在城镇，在农村极少，甚至没有，不利于农村劳动力在当地接受良好的职业教育。

（二）就业准入制度没有得到很好执行

在西方一些国家，企业招用工人有强制性规定，工人必须经过职业学校教育和培训，取得职业资格证书后才能上岗。我国虽然对一些职业也有这样的规定，要求持证上岗。但是相当部分企业没有严格执行这一规定，企业用工流动性较大，需要用工时，招进厂进行简单岗前培训后马上上岗。使得求职者不管有没有经过职业教育都可以应聘，影响劳动者进行职业教育的积极性。

（三）就业观念落后

一是政府特别是欠发达地区的政府对职业教育的定位和认识不能适应经济社会的发展，过于强调财政困难，在政府战略规划和教育体系中，职业教育没有获得其应有的地位。二是求职者对职业教育的意识不强，有部分劳动力存在"小富即安"的思想；有部分人认为参加培训花钱费时，参加职业教育与未参加职业教育的工资收入差不多，接受教育的意识不强，积极性不高；相当部分人认为接受职业教育只能当技工，没有前途，不能光宗耀祖，一味想读大学，进入国家行政单位"当官"。

（四）校企合作不紧密，培养学生与企业需求仍有一定差距

一是教材开发滞后。职业教育适用性的标准和教材缺失、教材的选用标准不规范，教材的选用处于被动甚至于脱离市场需求的状态。特别表现在：有些工种技术不断提升而没有及时更新调整标准教材，既没有反映产业发展的最新技术成果，又脱离了实际操作对技术和理念的要求；有些工种没有培训教材或以讲义代替教材，尤其是高技术和新兴产业工种的教材的缺乏问题更为严重。二是职业教育师资存在数量不足、素质不高和结构失衡现象，这既有师资培养平台建设滞后的原因，又有师资地位偏低和待遇未落实的原因。三是实训平台

建设与企业相脱节,学校的实训设备陈旧,跟不上企业更新换代的步伐。四是学校办学体制僵化。很多公办学校目前还在实行行政级别,有的副厅级,有的正处,有的副处级,有的科级,下面设立的部门也有相应的级别,学校变成一个行政单位。这种体制必然带来办学理念、学校运作、学校管理一系列的官僚主义。

(五)地方财政投入不足

职业学校相比普通中小学校,在设备上投入更大。而在一些地区特别是在经济欠发达地区,地方政府不得以把有限的财力投入义务教育,无法顾及职业学校,更谈不上花巨资购买实训设备。造成职业学校师资、设备等方面建设落后,无法满足职业教育的需要。

四、芬兰职业教育对广东省职业教育的启示

(一)加大对欠发达地区扶持力度

一是根据每个地级市人口状况,合理规划各市的职业学校分布和规模,根据当地产业合理设置专业。二是对欠发达地区职业学校的投入由省政府统筹解决。三是加强欠发达地区与发达地区学校教师的交流与互派。

(二)把就业准入制度落实到实处

以广东省地方条例规定所有企业招用工人必须经过职业教育或培训,取得职业资格证书,并把这一规定与工商营业执行申办、年审和税收征收结合在一起,加大执行力度。

(三)形成良好的重视职业教育的社会氛围

充分利用网络、电视、报纸等新闻媒体,大力宣传职业教育对工业强国、工业强省的重要性;大力宣传职业教育的成功人物和先进事迹,彻底改变人们只有上大学才有前途的陈旧观念;大力宣传国家、广东省对职业教育的扶持政策,使扶持政策家喻户晓、深入民心。

(四)创新学校管理,加强校企合作

改革学校的管理体制,取消学校的行政级别,学校根据在校生规模从政府领取经费补贴。同时,创新学校的办学模式和管理模式,密切学校与企业的合

作,实行校企"双制",实现招工即招生、招生即招工,使学校的教学与企业生产紧密结合。

(五)推行免费职业教育

整合职业培训财政补贴政策,把下岗失业再就业培训、在岗农民工技能提升培训、农村劳动力转移就业技能培训的财政补贴和农村户籍免费就读中等职业学校等扶持政策整合起来,统一推行只要是广东省籍初中应历届毕业生均可以享受的免费职业教育。如果像抓义务教育那样抓职业教育,广东省的职业教育一定会开创我国职业教育的先河,为我国发展职业教育探索经验作出积极贡献。

芬兰科技创新促进经济持续发展的经验及其对广东省的启示

黄江康

2011年6月,作为第五期广东省公务员公共管理芬兰专题研究班的学员,笔者在芬兰公共管理学院(HAUS)学习了一个月,比较系统地学习了芬兰在公共管理方面的做法及其取得的成功经验,尤其是对其科技创新、经济发展以及两者的关系有了较为全面的了解,笔者认为芬兰在通过科技创新促进经济发展方面有许多地方值得广东省学习和借鉴。

一、芬兰高科技及经济持续发展

芬兰是北欧小国,国土面积为33.8万平方公里,人口为535.1万人(2009年统计数字),气候寒冷,除森林外,自然资源匮乏。但"二战"后特别是20世纪80至90年代,芬兰经济发展很快。1996年人均国民生产总值已达2.4万美元。纵观战后芬兰经济发展过程,政府制定、实施科技创新政策以促进科技创新、科技进步起到了关键作用。

芬兰经济社会发展大体经历了三个阶段:20世纪50至60年代为战后恢复阶段,20世纪70至80年代为传统产业实现现代化阶段,20世纪90年代以来为新兴高科技产业迅速发展阶段。20世纪80年代,芬兰经济以年均3.7%的速度持续增长,90年代初,经济出现严重衰退。芬兰政府通过经济结构调整,增大知识型经济在国民经济中的比重,重视科技投入,发展高新技术和信息技术,在宏观上继续执行紧缩财政、鼓励投资、削减社会福利、降低所得税、加快国有企业私有化进程、改善就业等措施,使经济走出低谷。1993—1998年,芬兰在经历了经济衰退后开始复苏,国内生产总值(GDP)的年平均增长率大于5%,是OECD国家年平均增长率的2倍,成为欧盟国家中经济增长最强劲的国家。芬兰1998年的GDP为1235亿美元,名列世界第28位;人均GDP(以当时514.7万人口计)为23995美元,位于世界发达国家前列。失业率从1994年2月的18%下降到1999年初期的11%,成为OECD国家中

借鉴芬兰经验，推动幸福广东建设

失业率第二个持续快速下降的国家。芬兰1998年的政府财政已出现盈余，盈余额为GDP的11.5%，是1990—1993年以来的第一次盈余。此后，芬兰的财政预算迅速稳步发展，增强了金融市场的信心，通货膨胀和实际利率降低明显，使经济发展实现了跨越式前进。芬兰1999年加入欧元区，2002年1月欧元取代芬兰马克正式流通。2005年，芬兰被世界经济论坛评为年度"世界最具竞争力的国家"，此后5年分别列于第2、6、9、6、6名。2008年，受全球金融危机影响，经济从下半年开始下滑，企业倒闭增加，失业上升。为防止经济进一步陷入衰退，芬兰政府出台了一系列刺激方案。2010年，芬兰宏观经济摆脱低迷，企稳向好。国外需求扩大，外贸持续回升，国内生产总值保持增长。

这些显著的成就，一方面仰仗于有利于经济发展的国际环境，另一方面则归功于芬兰政府采取了有效的宏观经济和科技政策，促进了科技创新和科研成果的转化、应用。目前，芬兰是因特网接入比例和人均手机持有量最高的国家之一，2008年网络用户达77%，每1000人拥有手机1076部。芬兰工业机器人使用率名列世界第五，全国移动电话人均拥有率为58%，因特网服务器上网率超过15%，均为世界第一。信息技术应用处于世界领先地位，信息化综合指数仅次于美国，人均国民生产总值一直保持在世界前15名之内。根据瑞士洛桑管理学院的国际竞争力排序研究，芬兰1998年的综合竞争力排世界第五位，1999年跃居全球第三位。

"二战"结束时，芬兰实际上还是落后的农业国。但芬兰政府因地制宜，主要依靠森林资源，在传统的木材加工业的基础上，以造纸和林业机械制造业为经济支柱，在不到30年时间里，一跃成为世界造纸强国，并具有世界领先水平，整个森林工业产量占世界总产量的5%，是世界第二大纸张、纸板出口国（占世界出口量的25%）及排名仅在美国、加拿大和瑞典之后的世界第四大纸浆出口国，造纸机械制造技术迈入世界最先进行列，造纸及纸浆机械已占据国际市场的70%份额。20世纪八九十年代，世界高科技日新月异。从20世纪80年代开始，芬兰政府制定了科技优先政策，确立了高技术发展方向，集中人力物力，发展电子通信、办公自动化设备、科学仪器以及生物工程等高科技产业。经过近20年的努力，20世纪90年代以来，芬兰的科技政策、科技投入已初显成效，使得芬兰高技术产业以惊人的速度发展，取得了巨大成就。1991—1996年间，芬兰高技术产品产值年均增长33%，而同期芬兰工业总产值年均增长只有7%。高技术产品产值在工业总产值中的比重由1991年的4%上升至1996年的12%。2009年，芬兰工业产值730亿欧元，约占国内生产总值的30%；工业从业人口为42.3万人，约占劳动力人口的16%。工业在20

世纪 90 年代得到快速发展，已从劳动、资金密集型转变为技术密集型。从经济结构看，以高科技为龙头的电子通讯、办公自动化设备、科学仪器、空间探测技术以及生物工程等高技术产业在芬兰经济中占有重要地位。

二、芬兰科技创新及科技政策的成功经验

芬兰的科技计划由国家技术发展中心（TEKES）和芬兰科学院制定并实施，分别负责技术应用研发与实验发展计划、基础研究计划的资金支持。芬兰的技术研发计划对外国开放，而在基础研究计划方面仅限于一般的国际交流与合作。芬兰科学院实际上是一个科研基金管理机构，隶属于芬兰教育部，主要负责基础研究方面的基金管理。芬兰科学院设立了多种类型的科研基金，除了与欧洲各国在研究基金方面的合作以外，还寻求与欧洲以外的国家进行合作。芬兰科学院接收外国科学家到芬兰参加本国的研究工作，同时鼓励本国科研人员到外国科研机构短期工作。

2003 年初，芬兰科技政策委员会发表了科技政策报告《知识、创新与国际化》，他们认为，国际化是大趋势，而国家创新体系则是国际化的核心，重点是从国际化潮流中找到适合的发展方向。报告认为，芬兰应该加强信息产业、金属和机械制造业以及林业、纸业产业群体的发展，应该加大对有发展潜力的科研领域研发资金的投入，政府应该加大研发投入比例，制定奖励政策以调动科研人员的积极性，做好科研人员的培训和再教育，促进科研成果的转化，以在全球竞争持续增强的国际环境中不断提高人民的生活质量。

芬兰的经济奇迹固然有着多方面因素，但芬兰重视教育、发展科技、促进创新的国家政策是其首要因素。

（一）重视国家对科技政策的宏观指导

芬兰在制定科技政策时，因地制宜，确立保持传统工业（木材加工、机械工业）在科技和产品质量方面的领先地位，保持在国际市场的竞争力；通过技术、专业和行业重组，创建新兴产业，主要包括信息技术产业、生物技术产业等；确立高技术产业发展目标，加大科研投入力度，集中有限资源发展优势产业。目前，芬兰研发费用超过 50% 用于发展信息产业，现代生物技术也是芬兰重点发展的高科技领域，已建立了 10 多个以大学为母体的高水平现代化生物技术研究中心，在转基因制药、生物医学、工业用酶以及环保用生物降解制品方面处于世界领先地位。

芬兰政府推动技术创新的政策除了特别表现在持续不断地增加 R&D 投入

外，还更多地表现为政府对产业 R&D 的支持。按照美国等一些西方发达国家的理论，政府对创新的支持只能集中于基础研究，而不宜直接支持企业的技术开发活动，否则会导致不平等竞争。然而芬兰政府根据国情，采取了直接支持企业 R&D 活动的政策，并通过芬兰技术发展中心等实施的国家技术计划项目进行。虽然这种直接支持的资金数量在企业自身在 R&D 上的投入相比仅占很小的比例，但却激发和引导企业在 R&D 上进行更多的投入，并联接上企业与研究部门及学校的创新价值链，实践证明效果很好。现在，芬兰 R&D 经费中私营与公共的结构比例是 7∶3，即企业占 70%，政府占 30%。政府为了易于管理和引导，在进一步增大和加快对 R&D 的投入，近期的目标是使政府对 R&D 投入的比重占到 40%。

（二）贯彻"教育为本"的方针，重视教育，多渠道培养人才

芬兰政府十分重视教育事业，把普及基础教育置于培养人才的中心环节，从小学到大学的所有教育实行免费。近年来，芬兰教育经费持续增加。2000年教育支出达 46.95 亿欧元，占国家财政预算的 14%，仅次于占 21.6% 的社会福利支出。教育经费投入在 21 世纪年增长幅度超过 7%，大大高于发达国家的平均增长比例。随着芬兰高等教育改革深化，越来越多的芬兰人有机会接受高等教育，加速了芬兰人才培养，2001 年 18～44 岁的芬兰公民受高等教育的比例约为 80%。芬兰企业界也十分重视和支持教育，除了政府资助的办学方式，学校与企业结合、学校与研究结构结合也是芬兰实施高等教育和研究生培养的重要途径。企业界倡导"教育是芬兰的国际竞争力"，舍得在教育和培训方面投入资金。目前芬兰拥有各类图书馆 3000 多家，人均图书占有率居世界前列，科技论文产出率超过美国、英国。除此之外，芬兰政府和企业极为重视人才引进，在留学签证、长期居住等方面制定了系列优惠政策，吸引外国留学生留学、旅居芬兰。根据瑞士的国际管理发展机构调查数据，芬兰人力资源排名世界第一，反映了芬兰高等教育的水平以及劳动者的素质。

（三）政府加大科技投入，建立国家创新系统

芬兰政府极力推动技术创新的政策特别表现为持续不断地增加研究与开发投入。20 世纪 80 年代初，芬兰就提出了以科技创新为核心的科技兴国战略，并制定了新的科技政策。主要内容包括：科技开发为产业政策的首要内容，加大研究、开发投入，以科技开发带动产业发展，增加芬兰工业整体竞争力。为实施科技创新政策，政府采取了两项重要措施：首先，1983 年芬兰贸工部建立了芬兰技术发展中心，旨在加强研究、开发投入，资助企业开发高新技术。

芬兰政府根据国情直接支持企业研究与开发的政策。技术发展中心每年用于高技术研发的费用达20亿芬兰马克，资金来源于政府，占全国高技术投入的30%。其次，于1987年重新组建国家科技政策委员会，以建设有效的国家创新体系，使科技政策与技术政策相分离。新组建的国家科技政策委员会由贸工部长、教育科学部长、财政部长等内阁重要成员，以及劳工工会主席、诺基亚等大公司的总裁和10位专家组成，由总理亲自任主席，共同研究重大科技政策问题。当国家创新系统的概念逐渐形成时，芬兰是世界上第一个将此概念用于建设国家科技创新政策框架的国家，国家创新系统现已成为芬兰国家科技政策与计划的基本框架。

在芬兰国家创新系统建设中，重点是创新基础设施的建设，包括大学、科研机构、企业实验室或技术开发中心。芬兰支持创新机制有其独到之处，主要表现在两个方面：一是对创新的支持覆盖整个创新链，包括基础研究领域、应用研究、实验发展以及技术开发等领域。基础研究领域主要由芬兰科学院提供资金支持；在应用研究、实验发展以及技术开发等领域，芬兰技术发展中心是最重要的资金支持部门；二是资助机制特别鼓励"产学研"结合。芬兰经过几十年的努力，形成了独特的国家创新体系，既有美国、日本的以企业技术创新为核心的特点，也有计划经济国家的政府支持公共研究机构和大学发挥重要作用的特点，更有根据自己产业特色重在产学研结合、促进创新体系各要素之间的密切联系和支持服务体系的特点。芬兰在实施创造有利于企业创新环境的过程中采取的做法是非常有特色和值得借鉴的。

（四）为企业创造良好的技术创新环境，促进科技成果转化

首先，为企业的技术创新创造良好的环境，是芬兰政府创新政策的核心，其中最重要的措施是支持科技园的建设。与中国的众多科技园不同，芬兰的科技园不以产值和利润为主要追逐目标，也不试图把外资或将大公司的生产基地吸引到科技园内，而是以高效的管理机制和服务、团队合作精神以及完善的设施形成自己的特色，更注重在科技成果转化为商品的过程中提供优秀的专业化服务。因此，芬兰的科技园虽规模不大，但对技术创新和高技术企业的促进和支持效果却十分显著。在传统工业中心坦佩雷市（Tampere）的科技园中，高技术企业的成功率达90%以上，科技园所支持的250个项目中只有7个项目失败。

芬兰政府十分注重发挥企业在科研和市场中的桥梁作用，制定了以科技创新为核心的系列优惠政策，包括风险投资政策。从1982年建立第一个科技园到现在，已在全国先后建立了17个集科研、生产、销售、服务为一体的科技

借鉴芬兰经验，推动幸福广东建设

园区，园区内有约1500家公司和研究机构，雇佣约10万名员工。科技园建设大力推进了芬兰科研成果的市场转化、应用，使得芬兰科研成果转化率达到60%以上。

其次，政府促进风险投资。国家研究与发展基金（SITRA）是第一个以科技为对象的风险投资基金，它隶属于芬兰议会，依法独立运作，主要是支持中小型技术公司。投资方式是以种子和启动基金资助创新性活动或为研究与开发成果的商品化提供支持，项目成功后获取的回报用于扩大投资。1997年，SITRA的投资额为5500万美元，共支持了89个高技术项目。至该年年底，SITRA拥有的捐赠本金为8亿芬兰马克，而这些资本的市场价值已达220亿芬兰马克。SITRA的成功大大促进了芬兰风险投资业的发展，20世纪90年代初每年的增长速度几乎为100%，近几年的增长速度保持在50%以上。现在芬兰已有30个风险投资机构，风险投资额已超过100亿芬兰马克，且其中的私人资金已占到70%，而20世纪80年代初的私人风险投资还几乎为零。这种为科技融资的成功经验十分值得我国借鉴。

芬兰科技发展的特点是以面向经济的技术开发型和应用型为主，研究机构、大学、企业三位一体，紧密配合，共同制定计划，进行研究开发活动，使得科研成果几乎在产生的同时就转化为现实生产力。无绳电话通信技术早在20世纪70年代就作为一项军工科研成果在芬兰某大学诞生，但却在保险柜中沉睡多年。诺基亚公司发现了它的商用价值，将其转化为商品，这项沉睡多年的技术竟然使诺基亚成为新兴高技术龙头企业和国际电子通信行业巨头。受此启迪，芬兰政府提出了"以狭小领域的高新技术产品占领广阔国际市场"的发展高新技术产业战略指导思想，并制定系列政策，发挥企业在"产、学、研"结合中的主导和桥梁作用。

按照瑞士洛桑国际管理学院在《国际竞争力报告》中的评价，芬兰在"产、学、研"结合方面位居世界第一，科技竞争力排名世界第六。密切的产学研结合，使芬兰成为世界上最为有效的国家创新体系之一，并且一直处于稳定的良性发展之中。

三、芬兰科技创新促进经济持续发展对广东的启示

广东是经济大省，GDP连续多年在全国排名第一。初步核算，2011年全省生产总值53000亿元，比上年增长10%；人均生产总值50500元，比上年增长8%。来源于广东的财政总收入达13668亿元，增长15.4%；地方财政一般预算收入5514亿元，增长22.1%；城镇居民人均可支配收入26897元，增长

12.6%；农村居民人均纯收入9372元，增长18.8%，实际增幅创1983年以来的新高。经济取得的进步与科技创新是密不可分的。

芬兰科技创新以及经济持续增长取得世界瞩目的成就，其成功经验对广东科技创新带来了许多启示，这些启示正在变成广东科技创新的共识与实践。

（一）科技创新需要高素质的人才

科技创新的关键在人才，广东科技的发展更需要高素质的人才。为了达到这一目标，广东科技管理部门一直坚持引进人才、培养人才。2009年，广东省在全国率先实施引进创新科研团队专项计划，每个团队予以1000万～8000万元的经费支持，最高可达1亿元。同时，为了保障创新科研团队工作的顺利开展，省委、省政府创新性地提出省财政专项工作经费一次性下拨到位、30%的经费可用于人员费、2%的经费可自由支配等引才重大创新政策，并将人力资源成本费比例提高、开支范围适当放宽的政策写入《广东省自主创新促进条例》，用法律形式加以保障。力度之大、措施之新，立即引起了海内外高层次科技人才的关注。启动以来，广东省已投入财政资金8.55亿元，引进两批共31个海内外创新科研团队来粤创新创业。大力推进科技创新、培养高素质的人才队伍、引进高层次人才，将成为广东科技工作的重点。2012年，广东省委、省政府将投入8.5亿元引进第三批创新科研团队和科技领军人才，投入规模比上年翻一番多。近年来，广东创新科研团队的招牌越来越亮，吸引力越来越强，效果越来越好。

（二）科技创新需要持续增加的投入

经济发展离不开科技创新，科技创新必须有持续不断的研究与开发投入。2011年广东全省R&D经费投入突破1000亿元，是2006年的3.2倍，比2007年增加约600亿元，年均增长25.3%；R&D经费占GDP比重从2007年的1.30%提高到2011年的1.85%，超过全国平均水平，年均提高0.14个百分点。珠三角地区完成《规划纲要》年度目标，2011年研发投入强度达2.25%，广东全社会研发投入实现23.65%的增长，比"十一五"年均增速快2.74个百分点，无论是总量指标还是强度指标均创历史新高。

（三）科技创新需要优秀的科技创新体系管理

在国家实力越来越取决于科技竞争的时代，为了提升国家竞争力，当今世界各国都在努力构建国家创新体系，科技管理体制作为国家科技创新体系的基础，对于促进科技事业的快速发展起着决定性的作用。芬兰的科技创新体系及管理体制对广东科技管理体制的完善有很好的借鉴作用。我国第一部促进自主创新地方性法规——《广东省自主创新促进条例》第一次在立法层面明确了自主创新的概念定义和逻辑框架,覆盖自主创新全过程,此举开创了我国自主创新立法之先河,标志着广东自主创新进入法制化轨道的全新阶段。该条例对知识产权实施转化和权益分享、推进产学研合作等方面作了一系列规定,如规定高校、科研机构职务创新成果转化奖励比例应当不低于30%,这就是科技创新体系管理进步与发展的典型事例。目前,广东省科技管理已经逐步建立以企业为主体的科技创新支持体系;科技计划项目评审为专家评审制度,最大限度地确保了项目评审的公平、公正和公开;产学研紧密结合的科技创新应用与推广机制;重大科技计划项目招标制度;以科技成果应用为主要依据的科技评价制度;区域科技平衡发展机制;科技协同创新机制;等等。这些科技管理方面的创新,为广东进一步推进科技创新、加快科技步伐奠定了坚实的基础。

第二部分　科技、教育与人力资源开发

芬兰高新技术产业发展经验对广东省加快外贸战略转型的启发

李勇毅

当前，广东省正处于促进产业转型升级，保持经济稳步发展的关键时期。广东作为外向依存度较高的省份之一，如何进一步培育高新技术产业，促进高新技术产品出口，加快外贸战略转型，是在相当长的一段时期内面临和需要解决的重要问题。芬兰在产业发展路径、产业结构以及外贸战略发展等方面与广东具有一定的相似性，其在高新技术产业国际化发展方面的成功实践和经验，很值得我们学习与借鉴。

一、芬兰的高新技术产业发展路径

芬兰是位于斯堪的纳维亚半岛的一个北欧国家，人口有530多万，面积为33.8万平方公里，且1/4的国土处在北极圈内，气候条件较差，自然资源优势并不突出。芬兰曾是欧洲偏远落后的贫困地区，但经过"二战"后60多年的发展，已由一个以发展林木加工、金属加工为主的经济欠发达国家，迅速成为高新技术产业集聚发展、经济实力极为强大的北欧经济圈重要成员国。2000年以来，芬兰多次被世界经济论坛评为世界最具竞争力的国家之一。2010年，芬兰的人均GDP达44489美元，虽受世界金融危机影响，但其富裕程度仍高于日、韩等亚洲经济强国以及德、英、法等欧洲大国。芬兰经济的迅速崛起，究其原因，是其在"二战"后经济发展的各个阶段，都把技术创新与大力发展高新技术产业放在国家经济战略首位。纵观芬兰60多年的经济发展历程，主要经历了以下三个阶段。

（一）20世纪50年代至70年代

20世纪50—70年代的芬兰，是从传统制造业向现代先进装备制造业转变的阶段。

20世纪50年代，芬兰大力发展了现代造纸业和造纸机械产业。芬兰政府依托技术创新，推动林、浆、纸一体化发展，使其现代造纸技术以及机械制造水平得到整体提升，在全球造纸自动化和设备制造技术创新领域一直处于领导地位。芬兰是世界上第二大纸张、纸板出口国，第四大纸浆出口国，其造纸和纸浆机械占到国际市场的70%；全球每4台造纸机就有1台产自芬兰，世界上最大的新闻造纸机就是由芬兰设计制造的。20世纪60—70年代，芬兰推动了现代造船业和先进装备制造业的快速发展。芬兰的地理环境决定了其经济发展及产品出口要依赖于海运，因此发展现代造船业及先进装备制造业成为其高新技术产业发展的优先选择。目前，世界上使用的每10艘破冰船中就有6艘产自芬兰，全球最大马力的船用发动机也是由芬兰设计制造的。芬兰还是全球电梯和自动扶梯设备的最大供应商之一，其电梯的节能技术处于世界领先地位，自动扶梯销量世界第一，升降梯销量世界第三。

（二）20世纪70年代至90年代

20世纪70—90年代，是现代电信产业向高端通信通讯产业转变的阶段。

20世纪70—80年代，芬兰加快发展了电信产业并进行了持续的技术创新。芬兰是电信业发展很早的国家。70年代末期，芬兰已基本完成了第一次工业化，对工业的投资开始在国民经济中下降，对电信服务产业的投资迅速上升，使芬兰成为欧洲乃至世界上最早推进电信技术创新的国家之一。目前，芬兰的有线电话和移动电话的普及率位居世界第一位。同时，芬兰是国际上电信资费最便宜的国家之一。80—90年代，芬兰实现了向高端通信通讯业的跨越。80年代初，芬兰确立了发展高新技术产业的战略方向，集中人力、物力发展电子通讯、办公自动化设备、科学仪表等高科技产业。90年代开始，芬兰的高端通信通讯业以惊人的速度发展，1991—1996年的电子通讯产业年均增长了168.9%；1999年3月，芬兰成为世界上第一个发放3G服务执照的国家。目前，芬兰已经跃升为信息与通信技术的生产和消费大国，并掌控了信息和通信行业最尖端的技术市场。

（三）21世纪

进入21世纪后，芬兰以发展战略性新兴产业为目标，保持了经济持续发展。芬兰是个能源资源匮乏的国家，能源消费的70%要靠进口。为了改变这种状况，芬兰政府制定并出台了能源多元化政策，鼓励开发和利用核能、风能、太阳能、生物能源等新能源。到2005年，芬兰的可再生能源已占其整体能源消耗的28.5%，其中，生物能源又占到可再生能源的90%。另外，芬兰十分重视节能环保新技术的开发，在能源效率、清洁工艺、水资源保护、废物

第二部分 科技、教育与人力资源开发

管理和环境监测等方面拥有全球领先技术,而且已有超过60%的芬兰企业所提供的产品、技术和服务均属于清洁技术范畴。2008年11月,芬兰又提出了国家气候和能源战略规划,到2020年要使能耗水平与2008年接近,也就意味着芬兰将逐步实现能源消费零增长。

二、芬兰发展高新技术产业的主要经验

芬兰从传统的渔业和森林资源开发业起步,逐步确立了以高端通信通讯产业和战略性新兴产业为代表的高新技术产业发展战略,推动了在不同历史阶段产业经济的迅速发展,成为世界上最富裕的国家之一。其成功经验主要有以下几点。

(一)政府对创新环境的巨大投入,为高新技术产业快速持续发展提供了保障

芬兰政府非常重视科技创新,不断加大对教育和技术研发的投入。芬兰政府每年在教育方面的支出仅次于社会福利开支,在国家预算中占第二位。芬兰政府在教育方面的大量投入,对提高国民素质起到至关重要作用,完善的教育机制为国家和企业培养出大批具有创新能力的专业人才。在加强对教育投入的同时,芬兰政府还不断加大对科研以及高新技术产品研发的投入。2010年,政府在研发方面的投入达到20亿欧元,并以此撬动全国在研发方面的投入达到69亿欧元,研发投入在国内生产总值中所占的比例从20世纪80年代初的0.8%增加到3.9%,这个比例在世界经济合作与发展组织成员国中名列前茅,超过了日本和美国。

(二)先进完善的科技创新体系,为高新技术产业发展提供了原动力

在20世纪90年代,芬兰就已经建立了适合本国经济发展的科技创新体系,即以企业为主体、市场为导向、产学研(企业、高等院校和研究机构)结合的创新体系。在芬兰国家创新体系中,政府扮演着指挥者和协调者的角色。政府通过宏观指导和协调,鼓励企业、高等院校和研究机构密切合作,加速技术开发及科技成果转化,使科技成果迅速转化为生产力,促进芬兰经济的增长。直属芬兰就业与经济部的芬兰国家技术开发与创新中心(TEKES)是芬兰企业、高等院校和研究机构进行重大科研和产品研制项目的资助者和促进者,政府通过该中心对芬兰的技术开发进行投入,专门为企业、大学和研究机

构的研发和创新项目提供资金和专家服务,鼓励和加快新产品的研制工作,帮助企业将具有开发价值的设想变为科研成果,并迅速推向市场。此外,产学研三位一体紧密结合是芬兰科技创新机制的突出特点。通常情况下,企业的研发项目必须要有高等院校或研究机构参与,高等院校和研究机构的项目必须要有企业参加,才能获得国家技术开发中心的资金。这种强调产学研结合的资助机制,不仅能有效地使用有限的资金提高研发质量,并对促进国家创新体系各要素之间的密切联系起到了极为重要的作用。据统计,在芬兰,与高等院校、研究机构有合作项目的企业约占 50%,大大高于欧洲其他国家。政府的大力扶持激发了企业在研发方面进行更多的投入,进一步增强了企业的创新能力。企业、大学和研究机构联手进行创新活动,将科研成果推向产业化,加速了科技成果的转化,使研究成果几乎在产生的同时即转化为生产力,不仅进一步提高了企业的生产能力,并增强了企业的国际竞争能力,促进和扩大了出口,从而推动芬兰经济的发展。

(三)不断强化企业的结构升级和自主创新能力,为高新技术产业发展提供了企业支撑

芬兰现在位居前 30 名的大型企业大都有百年以上的历史,开始都只是传统的加工企业,后来通过不断的结构变迁,特别是进入 20 世纪 80 年代后,很多公司经过合并、收购和联合,告别多元化,集中发展自己最擅长、最具自主创新力的产业,使自己成为不同产业领域中的世界级公司。例如,芬兰林纸工业领域过去有数百家企业,现在已演变为只由芬欧汇川、斯道拉恩索和林协集团三家公司控制。诺基亚公司更是其中的典型例子。该公司成立于 1865 年,原是一家林业加工厂。随着电信和移动电话的发展,诺基亚公司从 20 世纪 90 年代中期开始,加大了对技术创新的投入,将大量的研发转移到通信技术领域,形成了领先全球的技术竞争优势。据芬兰经济研究所 2010 年的统计,诺基亚一家企业的销售收入就占到芬兰国民生产总值的 3.8%,出口占到国家全部出口的 20%;从业人员占到芬兰就业率的 1%。

(四)国际视野与国际化发展战略,为高新技术产业发展提供了巨大的市场空间

地处北欧的芬兰国土面积小、人口少,选择和发展高新技术产业面临本国市场狭小的问题。芬兰政府在制定高新技术产业发展战略时,一直立足于国际市场,以国际化发展为战略目标,加强国际技术合作,尤其是与其他欧盟国家在技术方面的合作,为芬兰企业更好地参与国际竞争与合作创造条件。在政府

的鼓励和支持下，从20世纪80年代开始，芬兰企业大量走出国门，参与国际并购重组。芬兰政府在鼓励企业走出国门的同时，也进一步开放了过去不愿对外开放的领域，例如，电信市场的开放，使国际大公司IBM、HP、爱立信等都在芬兰设立了研究机构。诺基亚为了延伸其技术优势，还与西门子通信公司合作在中国杭州建设开发园区，致力于先进移动通信技术开发；2006年，芬兰就成立了环境技术中国项目委员会，旨在加强芬兰与中国在环境保护和可持续发展方面的合作；2009年6月，中芬又签订合作协议，在赫尔辛基设立中国首个海外创新中心，两国的合作进一步升温。在市场国际化战略的指导下，芬兰外贸出口额占国内工业产值的比重一直保持在50%以上，目前，芬兰信息产业技术及其产品出口额占其工业出口总额的比重已经超过30%。

三、芬兰发展经验对广东高新技术产业国际化发展的启示

我国加入世贸组织后，广东省的高新技术产业得到了较快发展，高新技术产品进出口总量不断攀升，成为拉动全省对外贸易增长的主要动力。但与此同时，出口效益不高、缺乏核心技术、海外营销网络欠缺、自主创新能力较薄弱等问题，也成为制约广东省高新技术产品进出口可持续发展的瓶颈。在全省产业加快转型升级、外贸形势发生较大变化的背景下，研究和探索进一步扩大高新技术产品进出口，推动高新技术产业国际化发展的思路和措施，就应学习和借鉴先进国家的成功做法。芬兰在发展高新技术产业的成功经验，给予了我们很多重要启示，值得我们研究和吸取。通过学习，拟提出以下五点促进广东省高新技术产业国际化发展的思路和措施。

（一）实施"科技兴贸"战略，以创新提升高新技术产品国际竞争力

1. 支持企业加强科技创新平台建设

鼓励高新技术产品出口企业组建省级以上工程技术中心、企业技术中心、重点实验室等创新平台，增强自主创新基础能力。

2. 鼓励企业开展研发创新

鼓励高新技术产品出口企业加大对出口产品的研发投入，通过自主研发，在产品开发平台上积累自己的核心技术，并融合进新产品，提高出口产品的技术含量与附加值，从而赢得市场。

3. 引导企业参与国际标准制定和产品国际认证

引导企业在积极采用国际标准或国外先进标准组织生产的同时，积极参与国际标准的制定和修订，将自主创新技术与标准制定、修订相结合，加快创新技术产业化步伐，提高自主知识产权在标准中的含量。

（二）深化"品牌带动"战略，以品质提升高新技术产业国际竞争力

1. 支持企业建立自主国际品牌

一是健全自主国际知名品牌培育机制，通过开展"广东重点培育和发展自主国际知名品牌"认定，以及建立和完善重点出口企业联系机制，加快培育一批高新技术品牌企业。二是完善自主国际知名品牌促进机制，对企业自主品牌产品研发设计、品牌国际推广、境外设立自主品牌产品营销服务和设计研发机构等方面给予扶持。

2. 鼓励企业并购海外知名品牌

鼓励有条件的企业并购海外公司品牌，借助该品牌已有的影响力和销售渠道，节省企业海外品牌塑造与品牌推广的时间与费用，实现成本、产品和品牌三优势相结合，提升广东省高新技术产品在国际市场上的竞争力。

3. 打造区域品牌与企业品牌"双轮驱动"

依托广东省高新技术产业集群或产业联盟，培育区域品牌，借助区域品牌优势，推动企业抱团开拓国际市场，提升广东省高新技术产品的知名度和竞争力，最终实现区域品牌与区域内企业品牌"双轮驱动"下的良性互动。

（三）建立境外营销网络，以市场开拓提升高新技术产业国际竞争力

1. 加速境外营销网络建设

改变传统的加工出口模式，借鉴大型企业集团在海外设立营销网络的成功经验，以选择代理商或建立销售公司的方式在境外销售产品。

2. 积极开拓多元化市场

一方面，深度开拓传统市场。引导广东省的企业依靠新产品、新技术、新标准、新服务提升竞争力，以技术创新与品牌创新满足传统市场中高端市场需求，不断扩大市场份额。另一方面，积极开拓新兴市场，灵活运用贸易、投资、承包工程等方式大力开拓新兴市场。

3. 开展跨境贸易电子商务

首先，要引导高新技术企业有效使用广东省电子商务扶持资金，凭借电子

商务拓展国际市场。其次，推进高新技术企业面向跨境贸易的多语种电子商务平台建设，促进高新技术企业与第三方国际电子商务服务商合作开展线下配对和外贸洽谈等活动。

（四）优化产业结构，以产贸融合提升高新技术产业国际竞争力

1. 提高招商选资质量

结合广东省高新技术产业发展规划，引导外资投向战略性新兴产业与高新技术产业，重点吸引高新技术领域世界500强企业来广东省投资，通过提高外资质量优化广东省高新技术产业结构。深入研究高新技术产业链，加强薄弱环节的招商，完善广东省的高新技术产业链。

2. 重点培育战略性新兴产业

培育和发展市场需求前景广阔、资源能耗低、综合效益好的战略型新兴产业，加快前沿技术溢出，抢占价值链高端，增强广东省产业的国际竞争优势。结合广东省的产业优势，优先发展高端新型电子信息、新能源汽车和 LED 三大战略性新兴产业。

3. 加强出口基地建设

分期分批认定和建设高新技术产品出口基地，充分发挥基地的集群与规模优势，提高高新技术产业国际分工地位，进一步提升产品国际竞争力。

（五）完善保障措施，以公共服务提升竞争力

1. 建立多部门协调联动机制

建立由外经贸、科技、发改、财政、税务、海关、质检、商检、知识产权等多部门组成的协调联动机制，加强各部门之间的协作配合，加快各部门间的数据交换与共享，提高对高新技术企业出国人员、货物进出口的管理服务水平。

2. 加大财政扶持力度

用足用好国家和广东省相关扶持政策资金，引导外经贸企业加大对高新技术出口产品研发、设计和技术创新等活动的投入，着力提高企业的自主创新能力。

3. 推进自主创新和自主品牌发展的环境建设

鼓励和支持外经贸企业充分利用法律手段保护自主知识产权，到境外注册商标、申请专利和技术认证，推动研发成果、成熟技术知识产权化，有效利用自主知识产权增强国际竞争力。

借鉴芬兰经验，推动幸福广东建设

芬兰成功经验对加快推进东莞人力资源开发创新发展的启示

卢耀昆

2011年5—7月，笔者参加广东省人力资源和社会保障厅组织的第五期广东省公务员公共管理芬兰专题研究班，在中山大学和芬兰国家公共管理学院进行两个月全脱产封闭式的学习培训。芬兰培训期间，笔者深入学习了解北欧社会福利制度、公共政策与科学发展、政府改革与现代行政管理理念，芬兰政府公共部门运作和公共管理事务效率的提高、芬兰定向服务的政府部门及其组织结构、芬兰公务员系统和公共人力资源管理等方面的情况和经验，其中对芬兰在加强技能人才培养、优化人力资源管理、开发利用和服务等方面的做法和经验感触颇深，受益匪浅，认为其对进一步加快推进东莞人力资源开发创新发展有很大的借鉴意义。

一、芬兰人力资源开发工作的主要特点和成功经验

人力资源开发和人力资源公共服务是芬兰国家发展战略的重要组成部分，是整个国家经济社会发展强有力的"助推器"。归纳起来，芬兰在人力资源开发和人力资源公共服务工作中主要有以下几方面的做法值得我们学习和借鉴：

（一）树立先进人才观

突出人力资源的战略地位，坚持以人为本的发展策略，十分重视人力资源的资源性作用，用正确的人才观不断改善人力资源的状况和管理。芬兰认为，人才是国家和企业的生命，有了人才，国家和企业才有竞争力，在激烈的国际竞争和市场竞争中才能立于不败之地。

（二）重视职业技能培训

在芬兰的教育体系中，不仅有发达的普通教育，还有高水平的职业技能教育。在芬兰人看来，不是只有读大学才有出息，只要有一技之长，能够做自己

喜欢做的工作,就是有意义、有价值的人生。企业十分重视对员工的培训工作,紧密结合企业的实际需要,配合企业的人力资源开发规划,设计和实施科学的、受培训者欢迎的培训项目。把用于人力资源开发和培训的投入,作为企业的生存和发展必不可少的投资。

(三)人力资源公共服务社会化特征突出

芬兰的服务型政府建设力度较大,尤其是人力资源开发的社会化特征较为突出。他们把人力资源开发的社会化管理、为人才提供优质高效的服务作为建设服务型政府的重要抓手,坚持以开发促服务、以服务求绩效。如就业技能培训、公务员继续教育等人力资源开发事务,一般都招标外包,政府通过与企业和社会机构以合同的形式约定企业在培训教育中的目标、义务和责任,并作为平等民事主体与企业和社会机构发生经济法律关系,从而有力地提高了人力资源开发的水平。

二、当前东莞市人力资源工作的主要不足

通过对芬兰人力资源工作的先进做法和成功经验进行分析,结合东莞市人力资源工作的基本特征进行对比,东莞市人力资源开发工作主要有两方面不足。

(一)科学先进的人才观念还没有普遍树立

传统的人才观念历史惯性较重,以业绩为取向的人才价值观、以人力资本为核心的人才开发观、以市场需要为方向的社会化服务观还没有真正树立起来,人才忧患意识和超前意识还不够强。

(二)人力资源开发创新机制缺乏

人力资源培养从教育、选拔、评价到管理,尚未形成一套具有自身特色的、以市场为导向的培养制度。在人才服务上,按照市场规律对公共部门人力资源进行全面配置和科学调节的机制尚未建立起来。在人才开发模式上,很多先进的人力资源管理手段和方式都没有得到广泛的推广和应用。

三、东莞市人力资源工作创新发展的主要路径

东莞要顺利推进和实现"加快转型升级、建设幸福东莞、实现高水平崛

借鉴芬兰经验，推动幸福广东建设

起"的宏伟目标，需要强大的人才保障和智力支撑。参照芬兰人力资源管理工作的先进经验，东莞在人力资源开发和管理工作中，应着力推进以下几项主要工作。

（一）创新人才理念

要创新"人才资源是第一资源"的理念，坚持把抓人才工作同抓经济发展放在同等重要的位置；要创新"人人都能成才"的理念，坚持德才兼备原则，不唯学历、不唯职称、不唯资历、不唯身份，注重在实践中发现、检验人才，不拘一格选拔人才，尊重人才的特殊禀赋和个性，鼓励人人努力成才，形成激励人才干事业、支持人才干成事业、帮助人才干好事业的浓厚氛围；要创新"第一把手"抓"第一资源"的理念，进一步提高东莞市各级政府和职能部门抓人才工作的积极性和责任感，形成全社会齐抓人才工作的良好氛围。

（二）要探索更加灵活的人才引进方式

人才引进是人才发展战略的重要环节，是打造人才集聚型城市的重要前提。

一是构建柔性引才新模式。要创新人才引进的理念，坚持"不求所有，但求所用"的原则，探索建立"户口不迁、关系不转、双向选择、自由流动"的人才智力引进机制，积极向资深教授、专家、专业学者借智引脑，以长短期聘用、项目合作、技术咨询等多种灵活有效的方式，柔性引进海内外高层次智力为东莞企业服务。特别是引导、鼓励企业以人才技术参股参与利润分成分红等方式，全方位用好人才，更好地激发人才的生机和活力。

二是打造东莞市人才交流的活动知名品牌。积极争取或主办一些全国性的、高规格的、影响力大的高层次人才交流活动，让全国甚至世界的眼光都聚焦东莞、关注东莞。同时要主动组织举办各类创新创业专题特色的人才论坛、人才交流会、校企项目推介会等活动，逐步打造东莞招才引智的知名活动品牌，促进海内外人才来莞创新创业。

三是创新海外引才的有效方式。探索在海内外发达国家和地区建立一批东莞人才工作站，建立与海外人才沟通联系的纽带，利用视频见面等现代信息技术手段，促成企业和人才对接。探索培育发展标准化、高端化的人才中介服务，特别是发挥猎头公司的作用，帮助企业引进专项和紧缺人才。

（三）建立更有针对性的人才培养机制

要围绕东莞市支撑产业发展的需要，树立大教育、大培训观念，完善人才培养机制，针对不同类型人才的特点，创新培养模式和培训内容，增强培训效果，多渠道、多形式培养各类人才。

一是要加强高层次人才培养。加大领军人才和科技创新领军团队培养力度，完善资助培养办法，丰富培养方式，提升培养效果。加强本土人才培养开发，继续做好莞籍专业人才学历进修资助工作，进一步加强选派人才外出深造培训工作。

二是要建立技能培训的长效机制。建立全市职业技能竞赛制度，实现技能竞赛制度化、常规化。充分利用职院、技校和各类培训学校资源，采取校企合作、"订单式"培训等多种方式，大力推进职业教育、继续教育及劳动力转移培训。大力实施更加灵活的就业技能培训资助制度，推动个人自主参加培训。引导建立现代企业员工培训制度，鼓励企业内建培训基地，在全社会形成技能培训的长效机制和良好氛围，造就一批适合现代制造业需求的能工巧匠。

三是要加强高校毕业生培养。注重挖内潜，突出抓好高校毕业生等青年人才的培养，使之迅速成为东莞实现高水平崛起所需的储备人才。探索全市推广毕业生专业技能培训制度，对当年未就业的高校毕业生实施全员培训，促使毕业生技能与企业需求匹配对接。

四是要创新培训工作的方式方法。可参照芬兰的先进做法，把各类高层次人才培训、技能培训、毕业生培训通过招标外包的方式实施，将培训工作引入市场，通过市场竞争进一步提升培训工作的质量和效率。

（四）提供更加丰富的人才服务配套

要围绕留住人才、用好人才，强化扶持人才创业的配套服务，为人才特别是高层次人才提供发展的机会和施展才华的舞台。

一是要丰富创业载体配套。推动中国东莞留学生创业园规划建设，加快中国东莞留学人员创业园整体迁入筹建工作，努力把创业园建设成为集研发、孵化、成果转化、产业化等功能为一体的高新技术创新基地。大力推进产学研合作，实施"博士后培养"工程，新建一批企业博士后工作站（分站），拓宽博士后招收渠道，加强政产学研合作。同时，积极扶持引进大企业、大项目以及科研机构和研发基地，实现人才链与科研链、产业链的直接"对接"，形成人才发展与产业升级相互促进的良性循环。

二是要丰富和创新人才服务内容。以高层次人才服务专区为依托，全面铺开运作，为重点企业和高层次人才提供"一站式"优质服务，打造东莞人才服务品牌。加大留学人员创业扶持力度，在创业场地补贴、创业资金扶持、安家补贴、税收奖励等方面给予留学人员更大的支持。进一步完善和放宽有关人才政策，切实解决人才入户、社会保障、子女入学等问题。要着眼为引进、留

借鉴芬兰经验，推动幸福广东建设

住高层次人才做好配套，通过设立高层次人才俱乐部、协会等活动场所，举办高层次人才创新创业论坛、交流会、项目推介会等活动，营造有利于高层次人才聚集的良好社会氛围。特别是大力推进人才公寓建设，建议条件成熟时建设一批人才公寓，以微利销售或出租的方式解决好高层次人才安居问题，努力营造有利于吸引、用好和留住人才，具有较强竞争力的人才环境，为东莞实现"加快转型升级、建设幸福东莞、实现高水平崛起"提供足够的人才保障和智力支撑。

第二部分 科技、教育与人力资源开发

芬兰人才资源开发经验及其对深圳人才发展战略的启示

龚祖兵

人才资源是推动社会经济发展的战略性资源。芬兰根据本国自然资源缺乏、人口少的实际，实行积极的人才资源开发战略，大力发展现代教育，着力提高国民才智，坚持走创新发展道路，实现优势高新技术产业的不断优化升级和社会经济的持续良性发展，成为世界公认的成功实现向创新经济转型的国家。深圳作为中国改革开放的窗口，依靠国家的政策支持和人才的快速聚集，实现了外向型经济和高新技术产业的迅速发展，创造了经济奇迹。面对建设创新型国家城市和提升城市发展质量的要求，可借鉴芬兰人才资源开发经验，完善人才资源开发政策，推动深圳社会经济的高质量和可持续发展。

近几十年来，芬兰坚持对人才资源进行战略性开发并坚决走创新型国家发展之路而取得长足发展，近年数次被达沃斯世界经济论坛评选为世界上最有竞争力的经济体，成为人才资源强国的典范。芬兰独立于1917年，历史上饱经战乱，自然资源贫乏，无地缘优势，还背负"二战"战败国的沉重债务，但芬兰在战后自力更生，迅速恢复经济发展并全部还清战争赔款，仅用了20多年时间，就由一个落后的农业国发展为以森林工业和金属工业为主的发达国家，从20世纪70年代起开始实施高科技立国的国家发展战略，借助良好的人才资源储备，终于在90年代中后期实现了新经济起飞，成功发展为科技高度发达的高福利国家，并率先进入信息社会。本文将基于国内外人才资源开发的相关理论，探讨芬兰人才资源开发的基本经验，并结合深圳建设国家创新型城市的实际，浅谈对深圳人才资源开发战略的一些启示。

一、人才资源开发的基本内涵

人才资源开发理念源于人力资源相关理论。人力资源是指一定范围内人口总量中所蕴含的劳动力的总和，具体指具有劳动能力的人口总数。人力资源是一种国民经济资源，将其作为一种资源，通过规划、教育、培训、引进、配置、使用、激励等手段进行发掘的过程被称为人力资源管理与开发。

人力资源管理与开发学说始于20世纪的美国,在其发展过程中先后吸收了美国经济学家舒尔茨(Schultz, 1971)、明塞尔(J. Mincer, 1957)、贝克尔(G. Becker)等人的人力资本理论研究而得到进一步丰富和发展。该理论认为:①人力资源是一切资源中最重要的资源,它蕴含在劳动者身上,表现为体力和智力以及劳动者的数量、质量以及劳动时间;②人力资本是通过对人力资源的投资而形成的,对人力资本的投资是各种投资中效益最好的投资;③人力资本可以带来利润,在经济增长中,人力资本的作用大于物资资本的作用,人力资本投资与国民收入成正比,比物质资源增长速度快;④人力资本的核心是提高人口质量,教育投资是人力投资的主要部分,也是提高人力资本最基本的主要手段,高技术知识程度的人力带来的产出明显高于技术程度低的人力。

人才资源是中国学界和公职部门在人力资源理论研究和实践工作中广泛使用的概念。人力资源管理和开发相关理论经中国多年的研究和探讨,逐步发展为人才资源开发理论,并主要体现在国家发展战略规划和相关政策之中。2002年,中共中央、国务院制定下发了《2002—2005年全国人才队伍建设规划纲要》,首次提出了"实施人才强国战略"。对于人才概念的具体界定,早在1982年,国务院在《批转国家计划委员会关于制定长远规划工作安排的通知》(国发〔1982〕149号)中,对我国人才预测工作中所使用的人才概念具体规定为:①具有中专以上学历者;②具有技术员或相当于技术员以上专业技术职务者。此后,国内有部分经济发达地区对人才的概念定义提升为具有大专以上学历或中级以上专业技术资格的人。目前,国内对人才概念的最新定义体现在国务院新闻办公室2010年9月发布的《中国的人力资源状况》中,其定义是:"人才是指具有一定的专业知识或专门技能,进行创造性劳动并对社会作出贡献的人,是人力资源中能力和素质较高的劳动者。"

国内对于人才资源开发的基本认识是:在人力资源中真正对社会经济发展起巨大推动作用的是人才资源,它是人力资源的高端部分,是人力资源高级开发阶段的产物。人才资本是在一定人力资本基础上形成的,是人力资本的核心价值。人才资本优先积累,是人才优先发展的根本举措。根据人才资本的投资收益理论,人才开发的核心是教育培训,其长期投资收益比最高。人才资源作为一种特殊的资本性资源,必须突出人才开发的战略性地位。2003年12月,中共中央首次召开的中央人才工作会议印发的《中共中央、国务院关于进一步加强人才工作的决定》指出,实施人才强国战略是党和国家一项重大而紧迫的任务。2007年,人才强国战略写进了中国共产党党章和党的"十七大"报告。至此,国内开始把人才资源开发作为建设创新型国家的重要战略方针。

牢固树立人才资源是第一资源的观念，充分发挥人才资源开发在经济社会发展中的基础性、战略性、决定性作用已成国内各界普遍共识，其理论内涵至今仍在不断深化。

鉴于人力资源开发理论和人才开发理论的内在联系和区别，以及本文意在分析国内问题的目的，从可比性考虑，本文主要以国内人才开发理论并从国家体系层面探析芬兰政府在国家人力资源开发中的基本经验。

二、芬兰人才资源开发的基本经验

芬兰现为举世公认的经济发达的创新型国家，其经济和社会高度发展得益于对人才资源开发高度重视。虽然芬兰没有独立的人才资源开发管理部门，也没有专门的人才资源开发总体规划，但在芬兰历届政府的施政方案中，都体现出了独特的人才资源开发理念，人才资源开发一直有效融于国家整体发展中。从中央、地方政府到各类社会组织和企业，都把人才资源开发放在重要战略地位，而且对人才资源开发的重点投入和对人才资本的优先积累，均以追求人才资本的最佳收益结果为导向。"二战"结束时，芬兰以农业人口为主，只有少数难民具备国家工业发展所需的知识和技能，人才资源基础薄弱，经过长期的人才资源开发，终于取得显著成效。根据芬兰统计局和教育部2006年公布的数据，芬兰全国人口约530多万人，其中劳动年龄人口390多万，劳动力约260多万，就业人口240多万，33%的成年人拥有高等教育学位。按我国最高的人才统计标准，芬兰人才队伍总量约130万人，占劳动年龄人口的1/3强，人才队伍整体素质高，较好地满足了本国经济和社会发展的需求，呈现出人力资源总量少但人才比率高、人才资本产出效益高的特点。芬兰人才资源开发的基本经验可归纳为如下几点。

（一）实施以教育为本的人才资源开发战略，谋求国家长远发展

芬兰前总理帕沃·利波宁（Paavo Lipponen）2001年接受凤凰网记者采访时强调："国家要具有竞争力，就要有高素质的人民，调动所有人力资源推动国家发展，这是最基本的。所以，每个儿童都有权接受教育，在芬兰，70%的年轻人都上大学。"芬兰政府长期高度重视教育，把教育作为人才资源开发的基础，以高质量的教育提高全民整体素质，并源源不断地培养造就出大批高素质的具有创新精神的人才。芬兰实施以教育为本的人才资源开发战略，主要体现在以下两方面：

借鉴芬兰经验，推动幸福广东建设

1. 坚持财政对教育培训的重点投入

芬兰政府对教育的投入一直保持优先地位，每年在政府预算中，教育方面的开支处于第二位，仅次于社会福利开支。其教育经费在国家财政预算中所占比例高达18%，远高于美国和日本，仅次于瑞典，名列世界第二。每年政府对教育的实际投入占财政支出的25%，即使在20世纪90年代芬兰经济衰退时，仍坚持加大教育投资，教育科研经费在政府预算中不减反增。经济复苏后，政府坚持教育科研经费持续增长战略，其增长始终比GDP增长率高，如2008年度芬兰教育部的预算就达到近69亿欧元，占政府预算总额的16%。芬兰政治家阿霍在全球化论坛演讲时说："一个只有520万人口的小国，能够在全球化经济竞争中取胜，一个最根本的原因就是重视教育。创造新经济，最重要的就是教育，教育是非常重要的，怎么强调都不过分。"而现代芬兰人也普遍形成了根深蒂固的观念：教育是提升自我福利的途径。芬兰能具备世界一流的竞争力，与政府长期优先发展教育和培训、大力培养高素质人才密不可分。芬兰政府对人才资本投入最大收益的追求，充分体现了其人才资源开发战略的前瞻性和持续性。

2. 建立层次完备的现代教育和培训体系

芬兰政府一直致力于建立完善、多样化、多层次的人才教育和培养体系。从20世纪60年代起，在成功实施公平和均等的免费义务教育基础上，芬兰又推行免费高中和高等教育。目前，其教育培训体系包括学前教育、基础教育、高中教育、高等教育以及成人教育，芬兰教育部负责统筹和指导几乎所有教育方面的公共资助，其中，基础教育、高中教育、职业教育、综合技术学院和成人教育由隶属于地方政府的教育机构提供。

芬兰有90%的适龄儿童参加学前教育，而完成9年基础教育的儿童比例为99.7%。之后，一半学生升入普通高中，另一半进入中等职业学校。普通高中教育主要为学生的高等教育入学考试做准备，而职业教育则基于劳动力市场需求，通过基本课程和专业课程以及至少半年的实习，为学生的工作和进一步学习提供熟练的基本职业和生活技能，以顺利完成从学校到工作岗位的过渡，同时也为准备入学高等职业教育学院和高等教育的学生提供入学资格和考试准备。

芬兰的高等教育极为发达且富有特色。其高等教育由综合性大学和应用性大学两个体系组成，均实行学位教育，各自通过两类不同的全国统考，分别从普通高中和中等职业学校毕业生中录取学生。综合性大学实施学士、硕士和博士三级学位制度，其办学宗旨是推动自由的学术研究和科学文化教育。2010年，芬兰拥有17所综合性大学和29所应用性大学，大学密度在世界上名列前茅。应用性大学介于职业教育和科学性大学之间，包括高等职业教育学院和综合技术学院，实施学士、硕士二级学位制度，其办学目标是提供不同技术领域的专业技能培训，特别强调专业性。发达的高等教育为芬兰培养了大量高素质人才，目前，芬兰接受高等教育的年轻人比例高达60%。

成人教育是芬兰教育和培训体系的重要组成部分，一般由综合大学、应用大学、职业学校、职业成人教育中心、地方高中等机构提供，主要涵盖基础资格证培训、学位项目培训、能力测试培训、学徒培训、职业技能的额外和辅助培训。芬兰职业教育与培训的财政支持来自国家预算及地方的预算，每年大约有100万芬兰人自愿参加1000多所教育机构、综合大学和专业学院提供的成人教育课程，大部分学生都是边工作边学习。

科学、完善的现代教育体系，特别是发达的高等教育和成人培训，为技术创新培养和储备了大量人才，构成了芬兰人才资源开发的坚实基础。

（二）构建社会化人才资源开发体系，提供优质全面的服务

芬兰政府在人才资源开发上具有依法运作、公共服务优质、产品供给社会化等显著特点。

1. 建立完整的法规体系

芬兰是高度法治国家，在涉及教育、培训、就业、福利、保障等相关方面均有系列健全的法律体系，从而保证依法实施对人才资源的管理及开发，全面实现法制化。例如，在教育与培训方面，就有《芬兰义务教育法》、《基础教育法》、《芬兰高中教育法》以及高等教育办学及学位管理相关法令、职业资格法案等覆盖学前教育到高等教育和成人教育整个体系的完整法规。又如，在医疗保健方面，芬兰从1972年起先后颁布了基本卫生保健法、特殊医疗照料法、精神医疗保健法，并对社会福利和卫生保健收费制定专门法规。社会福利保障的法律体系也非常健全，大到宪法、小到实施细则，各级政府通过有关立法作为实施社会保障政策和措施的依据，宪法保障每一个公民的基本权益，而具体的法规明确每一种社会保障的目的、原则、标准和实施办法，从社会保险、社会福利、社会服务到社会补助，"从摇篮到坟墓"的全过程为所有公民提供基本生活保障，对人的生老病死、失业或丧失工作能力等都给予社会补助和服务。无论是养老金还是医疗保健，都有一系列法律条文，针对不同保障对象都有不同的具体规定。

公平的教育和培训体系，完善的社会福利与社会保护使芬兰各层级的人都能免于贫困，同时也有效促进劳动力的充分就业，提高劳动力在市场上的参与程度，使各类人才安居乐业，这是芬兰人才资源开发的法制基础。

借鉴芬兰经验，推动幸福广东建设

2. 政府提供优良的人才资源开发公共服务

芬兰各级政府普遍把公共服务产品产出效率作为以结果为导向的绩效管理的核心，政府一直致力于提供优质人才资源开发和管理的公共服务。中央政府一方面管理宏观指导和协调人才资源开发工作，另一方面还积极提供优质高效的公共产品和服务。除教育由教育部负责外，全国劳动和社会保障政策制定与协调工作由芬兰就业与经济部负责，该部协调指导办公室下设的就业与企业司负责制定企业家、就业和劳动力市场政策及劳动技能发展总体战略规划。政策实施主体放在地市，绝大部分社会福利和人才资源服务由地方政府提供，如基础教育、社会服务和健康服务等基本服务。中央政府在各地市设有地方就业局，负责提供介绍工作、劳动力培训、职业选择指导和其他培训及职业信息服务等。

在人才资源公共服务方面，政府的职责主要包括职业资格认证、就业指导、人力资源管理咨询、社会保障等方面，其中以完善的社会保障为重点。具体公共服务提供由各地就业局负责，主要是帮助在公开的劳动力市场找不到工作的失业者寻求不同种类的享受补贴的工作，如试用工作、学徒工等，这些工作由国家或市政府补贴部分或全部工资。此外，还负责向失业者发放三种不同救济金：每天发放的与工资相连的失业津贴、基本失业津贴和劳动市场补助金。就业局也为雇佣失业人员的公司提供经济补助金。

在实施公共服务过程中，芬兰采取社会协商机制来平衡劳动力市场的各种利益关系，由行业工会代表劳方，由雇主协会代表资方，由议会和政府代表国家，三方协调内容包括劳动力市场政策、教育培训政策、安全健康政策、失业保险问题、养老金和残疾人福利问题等。例如，在劳动关系方面，从中央到地方以及各行业普遍重视和推行全面的、具有约束力的集体协议。对于涉及雇员和雇主利益的工资和工作条件等问题，主要由工会组织和雇主协会两方协调，政府不予干预，但涉及立法、政策等问题，则由议会和政府设立的若干专门委员会，通过听证会及对话等方式邀请工会和雇主协会参与协调。这种三方协调机制有效平衡各方利益，避免了冲突，使劳动者的权益得到有效保障。

健全的法制、政府的依法运作和优质的服务，使芬兰政府人才资源开发的公共服务获得极高的社会满意度，政府的廉洁指数也连续多年名列世界前茅。

3. 人才资源开发产品供给社会化

芬兰人才资源开发的社会化特征比较明显。在各级政府的公共管理理念中，政府与社会公众的关系是"公司"与"客户"的关系，满足"客户"需求、为"客户"提供优质高效的服务是政府基本责任。政府部门坚持实行服务供给社会化运作，在人才资源开发方面，企业和社会是主体，政府只负责提供相关公共产品和公共服务，其产品供给社会化主要体现在职业教育和培训、劳动力市场运作等方面。如教育和培训，芬兰实行政府、工会和雇主"三位一体"的培训体制，并采用政府"购买培训成果"的机制；又如公务员的继续教育、就业技能培训等人才资源开发事务，一般都招标外包。芬兰的地方就业局不直接管理培训中心，也不提供培训课程，只对课程设置提出意见，并向培训中心提供应当接受培训的人员。政府特别注意培训的市场导向，把培训教育和促进社会就业紧密结合起来，把对失业者的培训放在重要位置。失业者失业满两个月即可申请接受劳动力职业培训，培训期间还可以领取一定的培训补贴，政府通过与企业和社会机构签订合同来约定企业在培训教育中的目标、义务和责任，以平等民事主体与企业和社会机构发生经济法律关系。在劳动力市场方面，人才的交流和配置完全实行市场化运作，各类社会人力资源中介组织和企业、私营机构是运营的主体。社会化的运作，实现了对人才资源的持续开发及其质量的不断提升。

（三）重点开发适用和创新人才，走国家创新发展之路

芬兰发展的基本理念是持续性创新，重点追求一些领域的优势与卓越，其经济发展主要由创新驱动。围绕国家持续创新发展战略，芬兰以培养适合国家产业发展需要的适用型和创新型人才为重点，实现人才资源开发与国家产业发展战略的高度匹配。2010年6月，芬兰政府发布《芬兰政府计划2010》，指出："政府努力加强芬兰的竞争力，打造低碳经济。政府将确保芬兰拥有必须的专家、工作及创业构成的框架。政府的目标是通过经济增长，实施结构改变以使就业率上升至75%，从而保证人民的富足生活。"

1. 围绕国家发展战略确定人才培养目标

芬兰政府在2007年4月发表该届政府的计划纲要中强调指出，创造力、能力和高标准教育是芬兰和芬兰人取胜的必要先决条件，这与芬兰历届政府人才资源开发理念一脉相承。芬兰的教育和培养体系着力培养人才的创新意识和能力，其教育的重点不在于对学生的通识教育，而是更注重能力的培养，强调人才培养的实用性和有效性，鼓励人才创新。

芬兰中小学教育注重实践能力和科学素质培养。根据世界经济合作与发展组织一项专门评估成员国学龄儿童教育水平的国际学生评估项目（PISA）排名，芬兰在2001年名列第一，而在2003—2009年的PISA排名中，芬兰学生的阅读、数学、问题解决技能方面一直名列前茅。芬兰高等教育的目的是塑造和培养自然科学和工程技术领域各学科专业人才，故一直紧密围绕本国产业发展需求不断调整院校设置，其高等教育课程大纲的设置也与劳动力市场需求相

适应。芬兰大学教育鼓励学生创新，现被广泛使用的 Linux 操作系统，就是20世纪90年代初赫尔辛基大学一名在校大学生发明的。目前，芬兰自然科学和工程技术领域学科的毕业生数量占全部毕业生的30%，居于欧盟各国前列，其中，每年有13000人获得硕士学位，1400人获得博士学位，这为创新发展提供了必要的高端人才资源。芬兰职业教育的政策导向特别重视创业教育，以便使受教育者增强自主就业能力，其重点是通过提供高水平培训和职业教育，培养学生的创业精神、可持续发展能力、解决问题的能力以及从业知识和技能。职业教育机构与工商界或行业间紧密联系和合作，有效建立了与劳动力市场合作的高级模式，所有专业课程设计中都包括了有关企业内部和外部的课程，以使学生尽可能地了解劳动力市场的变化和职业岗位群的特征。

芬兰对适用和创新型人才的培养成效良好，人才资本收益率显著提高。20世纪90年代苏联解体以及接连而来的经济衰退，对芬兰造成了严重影响。此时两个因素在社会稳定方面起了积极作用，一是芬兰福利保障体系为劳动力发挥了充分的保障作用，二是长期重金投入的教育和培训产生收益，高素质的劳动力很快适应了产业转型需求，使芬兰迅速发展了新经济。

2. 以优惠政策培养和吸引优秀人才

芬兰政府除了对所有国民在教育培训、社会福利和保障方面提供公平和高水平待遇外，对于优秀、紧缺的国内外创新人才，还制定相应的特殊优惠政策。一是推出一系列举措集聚和吸引国外人才。国家对掌握先进技术的高收入外籍专业人才实行特别税率，最高税率减至当地人的58%，以此吸引和稳定外籍优秀人才。此外，又推行教育国际化策略，芬兰的大学经常邀请国外专家讲学，举办国际讲座和研讨会，同时提供优质学位课程和交换生项目吸引国外留学生，而且对国外留学生免学费并给予很多福利待遇。二是实施一项方便召回长住国外的芬兰籍研究人员归国的计划。三是对创新人才进行特别帮扶。芬兰国家发明促进署负责对创新人才全程资助和帮扶，只要有好的创意和点子，都可以申请和得到资助。四是推出芬兰杰出教授计划（FiDiPro）以引进高端人才。由芬兰科学院和芬兰国家技术创新局（TEKES）共同发起项目资助，以吸引和引进杰出的外籍研究人员到芬兰工作一定时间，同时也使芬兰和国际优秀的研究团队之间建立密切和长期的合作。TEKES迄今已资助33个FiDiPro项目，共为芬兰带来了26位FiDiPro教授和7名FiDiPro研究员，该计划越来越受欢迎。2007年在芬兰杰出教授计划首轮征集的申请中，有三个最终得到芬兰技术创新资助局的资助，共有4名在模糊数学、新颖氧化物材料、钢铁研究和无线通信等专业领域的国际知名专家到芬兰的三所大学工作。

3. 通过产学研平台集聚和培养创新人才

推动科学研究和社会之间的互动，通过产学研平台集聚人才并加强对研究人员及其研究生涯的培训，是芬兰政府科学政策的重点。20世纪80年代初，芬兰政府确立科技兴国战略，成立以总理牵头的国家科技政策委员会，通过制定和实施科技政策、项目规划、开发应用计划等方式，将科研机构、大学、公司企业同政府主管科技事业的教育部、贸工部等归口部门联系起来，形成结构合理、系统性强的适合本国经济创新发展的有机体系——芬兰"国家创新体系"。该体系的突出特点是政、产、学、研、用五位一体，各方在与其他利益相关者合作的过程中提高芬兰科研的知识含量、水平和国际知名度。芬兰主要从两方面倾力打造创新体系：一是把众多类型的机构集聚于创新领域，如政府部委及其地区办事处、大专院校、科学园区、工业、创业和商业机构、风险投资机构、银行和咨询机构等。二是大力投入，政府在研发方面的投入占其GDP的比例已从30年前的0.8%增加到近年的3.5%，超过日本和美国，在全球名列第三。政府还将重大科技项目纳入国家计划，与企业共同投入开发资金（创新项目政府和企业投入各占50%），开发成果归企业享用，这有效激发了各类园区众多研发机构和企业的活跃发展，也使之成为人才集聚、配置和培养的有效平台。芬兰成功地通过国家、社会、院校、企业多方投入，以产、学、研紧密结合的载体为平台，并通过高端、高水平研究项目的积极开发，有效地吸引和培养了大量国内外创新型人才。正如芬兰驻华大使馆在其网站中所指出的：高水平的研发实力和充足的研发资金能确保后代子孙在创新和创造力方面超越前辈。早在20世纪90年代，芬兰从事研究与开发（R&D）活动的科学家和工程师的年平均增长率就达到24%，研发人员的数量由4万人增加到了近8万人，占劳动力总量的比例超过了2%，名列世界经济合作与发展组织成员国首位。在世界经济论坛2009年的排名中，芬兰在公司研发投入上世界排名第五，而科学家与工程师的可利用率则世界排名第一。目前，芬兰的人均科技专利授予数世界领先，其人均收入在欧洲也名列前茅。

4. 重奖杰出科技创新人才

芬兰政府于2004年创立"千年技术奖"，面向全球，每隔两年给那些在科研或发明领域取得重大成就的个人或团体颁奖，奖金额为100万欧元，是目前世界上奖金额度最高的技术性奖项。"千年技术奖"的评奖标准是，获奖的科学研究和发明创造能够直接改善和提高人类生活质量，对经济的可持续发展产生积极作用。这一奖项受到世界各国科学家的极大关注，同时，也对芬兰的科技创新人才的教育、培养和使用起到良好的导向和激励作用。

三、芬兰经验对深圳人才发展战略的启示

芬兰的成功，是现代人才资源开发理论的又一实证典范。作为与芬兰具有较高相似性和可比性的深圳，可参照芬兰经验，通过加强人才资源开发来进一步发掘未来的发展空间和潜力。深圳和芬兰均有基础薄弱、资源短缺、历史发展时间短、高新技术产业发展迅速等特点。相比芬兰，除地理发展空间有限的短板外，深圳又有具有经济地缘条件好等优势，但在人才资源开发效益上与芬兰有很大差距，如深圳近年研发经费支出已占 GDP 的 3.5%，与芬兰相若，可在产出效益上，深圳人口总量虽比芬兰多一倍，但 GDP 总量不及芬兰，人均 GDP 只有芬兰的 1/4，显示出深圳人才资本产出效益远低于芬兰。再者，虽同为外向型经济主导，芬兰依靠本土企业发展和对本土人才深度开发实现战略目标，而深圳的发展更多依靠外来投资和大量引进人才，两者在人才资源开发路径和潜力上体现出明显差异。

深圳过去 30 年的快速发展，一靠中央的政策支持，二靠人才的大量引进和迅速积累，今后，深圳促进经济持续增长的主要动力和基础条件将是科技创新能力和大量高技术素质的能力。目前，深圳正在实施自主创新城市主导战略，大力推动国家创新型城市建设，争当"加快转型升级、建设幸福广东"的先行市，积极转变经济发展方式，力求实现从"深圳速度"到"深圳质量"的跨越发展。为此，深圳必须进行系统、深度的人才资源开发，不断提高城市的创造力和竞争力。对比芬兰经验，有必要在以下方面加强研究和重点发展，提升人才资源开发质量，以求得人才资本投入产出的更多更佳效益。

（一）创新教育和培训体系，为深圳发展提供长久的人才支撑

深圳近年的发展面临越来越多的资源瓶颈和环境、成本压力，要实现产业发展转型升级、提高发展质量，必然越来越依靠人才竞争力。目前，深圳人才资源整体开发情况仍不理想，在 1035 万常住人口中，各类专业技术人员仅约 103 万人，仍有大量外来人员以初、高中文化程度为主。以往靠大量引进人才促进经济增长的递增效应已在趋缓，鉴于国内的培训体系和教育现状，今后引进高素质的创新型人才也愈加困难。因此，深圳在继续积极引进人才、实施人口置换战略的同时，还应该加强对存量人力资源的开发和质量提升，借鉴芬兰经验，重点突出对创新人才的战略性开发，始终重视并持续大力投资于教育和培训，深化改革，创建创新型和应用型相结合的教育和培训体系，立足本市，积极培养和积蓄创新型人才，解决人才教育和培养与产业发展的结构性矛盾，

提高其匹配性，为建设创新型城市提供可持续发展的不竭动力。

重点有三：一是推进教育现代化改革，建立创新型和适用型相结合的教育和培训体系。加大对义务教育的投入，切实解决学位紧张问题，加快对办学模式和教师队伍用人机制的改革，优化教师队伍人才结构，提高师资素质。积极推行现代教育改革，提供高质量的教育和培训，大力推进由应试教育向素质教育的转变，加强学生科学素养、创新能力的培养，造就适应知识经济发展需要的适用型与创新型相结合的复合型人才。二是突出办好现代高等教育。专业技术人员和高级技能人才是各类中小企业创新发展的必要基础，发达的高等教育是培养高层次人才、推进创新发展进程的关键。目前深圳有普通高等学校8所，每年毕业生约2万人，约占每年人才增量的1/7左右，深圳有条件也有必要加大高等教育建设，发掘创新型人才的宝贵资源。高等教育的发展方向是要研究型大学、应用技术专业院校建设双管齐下，要完善各类高等院校结构和布局，推进高校办学模式改革，充分授予高校招生和办学的自主权，促进创新型高等院校的建设，培养创新型人才。三是建立高水准的创新型职业教育和培训体系。美国相关学者研究证实，技能教育比普通教育更能在近期带动经济的飞速发展。深圳要研究出台积极的政策，完善法规，充分利用政府资源和社会资源，激发社会活力，加大各方投入，增强职业教育吸引力，促使更多存量劳动人口接受职业教育和培训，提升适应产业转型发展的职业技能和提高就业适应能力。同时，要实现职业教育与普通教育特别是高等教育间的紧密衔接和有效融合，构建现代教育及职业培训与促进就业相结合的现代教育培训体系，打造终身教育社会，以适应社会持续发展对产业结构转型和创新发展的根本需求。

（二）健全创新体系，开发优质人才资源推动创新型城市建设

制度、创新、人才三要素构成一个国家或地区的核心竞争力，深圳近20年高新技术产业的快速发展，原因在于政府出台了一系列促进科技发展的政策，快速引进了大量的科研和技术人才，充分发挥了市场的作用，营造了良好的创业环境。如今，深圳已建立了以企业为主体的自主创新体系，形成了"90%的创新型企业是本地企业、90%的研发人员在企业、90%的科研投入来源于企业、90%的专利产生于企业、90%的研发机构建在企业、90%以上的重大科技项目发明专利来源于龙头企业"的"六个90%"独有优势。芬兰经验和深圳实践证明，构建现代创新体系，加强和扩大官、产、学、研、用平台建设，是集聚创新要素和培养创新人才的有效途径，是推动创新发展必要基础。

提升城市发展质量，突破和发展的空间在于自主创新，深圳应继续进行政策创新，全面促进本市的产业研发。著名学者倪鹏飞认为，深圳在培育自己的

核心竞争力方面，尤其是在教育、科研院所、人才方面，要有自己根植性的东西，如著名的高校、著名的科研机构和实验室。深圳不能光用引进、聚集外面的大学、科研机构和人才的权宜之计，必须有自己的"蓄水池"。深圳以往的创新体系建设，注重于充分发挥市场机制和企业的主体作用来促进研发，今后，深圳可以学习芬兰，进一步加强政府的推动作用，加大各类资源的投入，健全创新资源整合机制，完善创新体系，促进创新要素的聚合，实现深圳自主创新从科研到研发、产出的均衡发展，确保创新发展的可持续性。要加大体制和制度创新力度，加强对现有人才资源的发掘和提升，通过政府、企业、高等院校、科研机构、培训机构和行业组织的共同努力，促使创新人才脱颖而出。健全创新型人才开发的政策配套，完善人才资本投入及投入绩效评价机制，在重点创新园区和研发平台建设上探索政府、社会、市场多方投入和管理，实现创新园区、创新服务公共平台、研发平台、项目资源开发和人才集聚培养以及待遇保障和激励的有机统一，全方位吸引和集聚全球创新资源和要素，不断优化和提升深圳创新发展环境，为自主创新提供强大的智力支撑。

（三）优化政府服务和人才环境，继续集聚国内外优秀人才

改善人才环境是人力资本投资的重要内容。联合国有关研究组织对发展中国家推进发展的建议是：留住科技人员，要重点考虑如何为优秀科技人员提供特殊工作条件，包括收入补偿和充分的科研支持，而重点改善年轻科技人员的工作和生活必将促进所有科技人员工作条件的改善。芬兰在遭遇经济危机时仍加大对人才资源开发投入，维持社会福利和保障水平，使人才得到安全感和幸福感，有效激发了各类人才的活力，使芬兰安然度过多次经济危机，保持着持续发展。

近年深圳人才环境建设面临的严峻挑战，主要是在深创业、发展的各类人才在深生活、工作成本远高于其他内陆城市。深圳必须加大对人才资本的投入，切实提高人才的保障水平。要制定和落实必要的人才优惠政策，实施人才安居工程，为人才在深工作和生活提供各种便利。要对科学研究、学术交流以及技能培训等进行必要资助，满足在深人才自身发展的需求。要积极推进相关配套改革，如加快行政审批制度改革，推进服务型政府建设，深化公务员分类改革、事业单位人事制度改革，等等，通过提高政府公共服务的质量和效率，进一步优化人才发展环境。要完善创新配套措施，从住房政策、社会治安、子女入学、医疗保障、创业氛围和学术环境着手，全面完善创新配套设施，提高对创新资源的集聚能力。

四、结论

芬兰政府优先发展教育，重点培养创新人才，通过优良的公共服务和完善的市场机制，以及充分发挥各类社会主体的积极性，实现了对人才资源的深度开发，使芬兰从一个人力资源小国变身为人才资源强国，并推动国家发展成为经济和科技大国，在探寻可持续发展道路上为世界各国提供了科教兴国和人才强国的有益经验。芬兰政府的现代人才资本投入理念和提高人才产出收益的经验，不仅对深圳，而且对正在进行"双转移"战略的广东省也有借鉴意义。无论是打造"质量深圳"还是建设"幸福广东"，必须在人才资本上大手笔投入，积极推动人才资源开发体制和机制的创新，健全创新创业服务支撑体系，才能有效集聚各类创新要素和创新资源，实现社会、经济的可持续和高质量发展。

参考文献

[1] 王平贞，赵俊杰. 芬兰 [M]. 北京：社会科学文献出版社，2008.

[2] 岑玉珍，蔡瑜琢. 芬兰印象 [M]. 北京：中国社会科学出版社，2009.

[3] 葛玉辉. 人力资本原理 [M]. 北京：经济管理出版社，2010.

[4] 张力，高书国. 人力资源强国报告 [M]. 北京：北京师范大学出版社，2010.

[5] 罗红波. 欧洲经济社会模式与改革 [M]. 北京：社会科学文献出版社，2010.

[6] 陈洁. 国家创新体系架构与运行机制研究——芬兰的启示与借鉴 [M]. 上海：上海交通大学出版社，2010.

第三部分　行业发展与社会保障

芬兰林业生态发展之路及启示

罗奕宏

如何发展林业、改善生态环境，实现可持续发展，是当今世界各国普遍关注的重大问题。芬兰在林业生态建设、改善生态环境和实现可持续发展方面取得的成功经验，非常值得借鉴。本文分析芬兰林业生态发展道路，总结芬兰林业生态建设和发展的经验，并对比广东林业生态建设情况及限制因素，提出芬兰林业的经验对广东林业生态发展的启示。

一、芬兰林业生态概况

芬兰位于欧洲北部，与瑞典、挪威、俄罗斯接壤，南临芬兰湾，西濒波的尼亚湾。地势北高南低，海岸线长约1100公里。芬兰是世界上最早进行森林资源调查的国家，现在仍保存着70多年的森林资源消长情况的资料。根据《2010年芬兰林业年鉴》的统计，芬兰现有林地面积为2626.3万公顷，占国土面积的77.6%，其中有林地面积2326.3万公顷，森林覆盖率为68.7%，人均森林面积3.9公顷，是欧洲人均林地最多的国家。芬兰森林主要由欧洲赤松、挪威云杉和桦木组成。根据2010年的统计，按蓄积量计算，欧洲赤松占49.8%，挪威云杉占30.3%，以桦木为主的阔叶树占19.9%。林业是生态建设的主体，芬兰森林资源丰富、生态环境优美，森林对社会的贡献作用越来越多地体现在满足社会的供给、支持、调节和服务等四大功能方面。

二、芬兰林业生态发展之路及成功经验

(一) 建立并不断完善林业政策法规

从1890年起,芬兰开始意识到森林管理的重要性。1886年9月3日,芬兰颁布了全球第一部《森林法》,强调私有林主在采伐后必须立即更新。1917年11月2日颁布了新的《森林法》(1918年生效),对私有森林的管理和采伐有明确的规定,特别强调森林的天然更新和保护幼林。森林法规定各大区建立森林委员会,全国一共建立了8个森林委员会,其职责是监督《森林法》的实施。各大区林业局指导森林委员会的工作。森林委员会的成员除来自林业部门外,还有农业等其他经济部门。

芬兰1927年颁布《私有林法》,明确了私有林管理体制。为了鼓励林主提高森林经营能力,1928年在总理塔内尔倡议下颁布了《森林改造法》,国家通过预算拨款资助森林改造工程。1969年颁布了《农田休耕法》,规定农田休耕的国家补贴方式。自从1992年联合国环境与发展大会和1993年欧洲部长级保护森林会议后,芬兰特别注重森林的多功能作用。1994年,芬兰农林部和环境部联合制定了芬兰可持续林业的环境计划和一系列的政策。1998年,芬兰公布了国家森林计划,这项计划直接由议会发布,突出了森林多种效益部分,强调了公众参与性和计划公开性,体现了环境影响评价。

(二) 建立健全林业管理体制

芬兰林业行政管理的最高机构是农林部,下设林业政策司。林业政策司人数很少,其任务是编制预算、管理科研、执行法规。具体领导林业生产的机构是芬兰森林和公园局,负责国有林木的管理以及森林游乐。该局既是企业,又行使部分管理职能。各大区设有林业局,主要职责是指导私有林的经营管理。各大区还成立芬兰族和瑞典族的林业中心,管理各自范围的私有林。上述机构的日常运作费用由政府负担。芬兰全国约有300个林主协会,协会向林主提供从林木培育到木材销售的各种服务。

(三) 坚持可持续发展的林业生态理念

芬兰地处高寒地区,湖泊密布,年均降雨量只有500毫米,光热条件差,林木生长缓慢,树木一般要生长至70年才成熟,达到采伐条件。尽管其国土面积只相当于我国黑龙江省的3/4,但由于长期坚持可持续发展的林业生态理

借鉴芬兰经验，推动幸福广东建设

念，以天然育林为主，严格实行林木"采伐量小于生长量"的政策，森林资源保护完好，木材蓄积量猛增，20世纪后50年的木材总产量累计却超过了20亿立方米，大于我国新中国成立50年来累计木材总产量。其林产品年出口值占芬兰年出口总值的27%，达到20亿欧元。芬兰以占世界0.5%的森林面积，其纸浆、纸板出口值却占世界的15%，欧盟70%的林产品来自芬兰，其他欧洲国家占9%，世界其他国家占20%，可见其森林经济规模之大、质量之高、效益之好。芬兰的情况不能不说是一个成功的范例。这些与芬兰森林立法的完善与执行严格，并持续坚持林木"采伐量小于生长量"的可持续发展理念是分不开的。

（四）确立科学合理的森林经营方案

芬兰森林经营的原则是依照当地的生物学特性，使用乡土树种。外来树种仅供试验用，全国的外来树种面积仅2万公顷（1992年统计数据），为全国人工林面积的0.5%，外来树种主要是西伯利亚落叶松。芬兰林学家十分尊重森林的自然演替规律，目前芬兰森林的更新方式是人工更新与天然更新相结合，在人工林采伐时保留一部分森林作天然母树林用。

1. 控制林木种苗质量

芬兰生产的木材主要来自人工林，所以种苗质量特别重要。从20世纪50年代起，芬兰开始建立种子园和一系列配套设施，并加强种苗科学研究。芬兰第一个种子园建于1954年，80%的种子园由国家经营。全国共有5个大型种子加工厂，整个加工过程由计算机控制，加工质量高，种子发芽率在80%以上。全国有31个苗圃，面积980公顷，平均年产苗木2.5亿株。苗圃生产的苗木既有容器苗，又有裸根苗。容器苗占多数，育苗营养钵是芬兰首创。芬兰的容器苗分四类，即Lannen公司的纸杯、Enso公司的塑料杯、Ahlstrom公司的泥炭杯和Vapo公司的营养土块；每种类型的容器杯又有许多种类，适合不同的需要。

芬兰十分重视苗木质量管理。1992年农林部发布了《关于林木繁殖材料贸易的决定》，将繁殖材料分为11类，种子供应商必须标明种子的类别。此外，芬兰还制定了苗木质量标准，划定不同苗木等级。农林部每年聘请5名专家在春季造林前对苗木进行质量抽样检查。农林部对苗木的调运也有明确的规定，南方的苗木不准在北方使用，但东西部可以调运，其调运距离不得超过100千米。

2. 规范造林技术

在20世纪七八十年代，芬兰每年平均造林13万～15万公顷；进入90年代后,每年造林面积减少到12万公顷左右。主要造林树种是欧洲赤松、挪威云杉和桦树,其面积比例是4:4:2。芬兰植苗造林的人工林面积约450万公顷,占全国森林面积的20%。在人工林中仍然有天然下种的天然幼树,无论是植苗造林还是直播造林,都要按照规范的造林技术进行。

3. 加强森林抚育

1968年之前,由于国家对林地施肥没有财政补贴,每年施肥面积仅约5万公顷。1968年,芬兰重新修订的《森林改造法》规定了国家对林地施肥给予财政补贴,使施肥面积迅速增加,森林抚育质量明显提高,如1975年的施肥面积就高达24万公顷。施肥采用手工、机械和飞机三种方法。70年代末,飞机施肥量占全部施肥量的30%~40%。近年来施肥面积逐年缩小。幼林的首要管理工作是间伐,并尽量促使其形成混交林,间伐2~3次,以形成商品价值高的用材林。林中的枯立木不清除,任其腐朽。芬兰森林病虫害不严重,所以很少使用农药,但经常使用除草剂消灭杂草。

(五) 采用森林采伐运输自动化

芬兰森林工业历史悠久,是芬兰的支柱产业。目前森林工业雇员7万名,另外有3万人以林木为生。芬兰的木材主要来自人工林。鉴于芬兰林地坡度小、人工费用高,目前芬兰采伐、打枝、造材、运输作业都实行机械化。据统计,1980年的机械化作业率只有10%,1994年就达到80%,2000年接近90%。芬兰通常在冬季进行采伐,此时地面冻结,作业方便,成本低,但当积雪深度大于60厘米时,就不宜作业。进入20世纪90年代以后,由于气候反常等因素,冬季作业的比例逐年下降。

芬兰的木材运输方法有三种,即水运、铁路运输和汽车运输。芬兰是万湖之国,水运是传统的木材运输方式,也曾是主要方式。芬兰是欧洲唯一保留木材水运的国家,但1991年取消了单漂作业。近年来,汽车运输日益发展,如今已占到77%的份额。全国共有运材汽车1280辆,主要品牌是VOLVO、SISU、SCANIA和MERCEDEZ BENZ。为便于运输,政府提供低息贷款,以鼓励私有林主筑路。在1952—1993年,私人新建林道4万千米。林道向公众开放,使用者不支付使用费。林道的建筑成本是林地的投资,不计入采伐成本。

芬兰有三种采运方式,即全树作业、原条作业和原木作业。鉴于芬兰的特殊经济和地形条件,主要采运方式是原木作业方式(99%以上),即在山场按规格造材,由集运机(forwarder)把木材运到路边,并沿路按不同材种和规格堆积成3~4米高的木材楞,其最大运距不超过300米,最后由运材汽车运往用材单位。芬兰的采运特点是工效高,无中间楞场或贮木场。芬兰在采伐作业

借鉴芬兰经验，推动幸福广东建设

中十分重视通讯联系，无论是联合采伐机、集运机还是运材汽车，都配有无线电话和微电脑，根据指令随时改变采伐地点、材种和木材终到地点。木材主要产自私有林，但林主并不采伐，而是由专业公司采伐。芬兰的伐木机械具有世界领先水平。

（六）高度重视林业科研和教育

1. 有发达的林业科研做强有力的支撑

芬兰发达的林业与强大的科技支撑密切相关，林业科研比较发达，既有完善的机构，又有合格的科研人员。芬兰主要林业研究机构包括芬兰森林研究所、芬兰纸浆和纸研究所、林木育种基金会、木材采购与生产的研究与发展部、芬兰技术研究中心、TTS 研究所、欧洲森林研究所。

芬兰森林研究所（METLA）是芬兰国家级林业研究机构，建于1917年，由芬兰农林部领导。芬兰纸浆和纸业研究所专门从事制浆和造纸工业的研究和开发。研究所设立机械浆与化学浆、纸浆漂白、纸和纸板贴面、添加剂、木材与纤维的理化性质、分析化学、加工工艺与控制、印刷环境和测试服务九个研究室。林木育种基金会的资金主要来自国家，其任务是进行育种和种子生产技术研究，具体的研究领域是种子园、阔叶树种子生产方法和芬兰北方的森林改造等。

木材采购与生产的研究与发展部是由芬兰森林工业联合会、芬兰森林和公园局和私有林业雇员协会共同资助的私营研究所。其主要研究领域是森林更新、森林间伐、森林环境管理、营林机械化、木材采运与检尺、木材特性、木材产品控制、木材工程组织与质量等。

芬兰技术研究中心是北欧最大的独立的合同研究机构，涉及林业的具体领域是木制品、木质材料工艺、木制品生产流程、木材结构、木材工艺、生物能源和遥感。TTS 研究所是面向农林和家政的非营利的研究与成人教育机构，在林业方面的研究领域是私有林主的森林改造、燃料和泥炭的使用、林业机械的设计与制造。欧洲森林研究所是设在芬兰的国际研究机构，为欧洲林业决策服务，其研究领域有林业政策（含环境部分）、生态、多种用途、森林资源与健康、木材和其他林产品的供需、未来欧洲森林的预测与利用。

与林业研究有关的其他组织和机构还有农业研究中心、芬兰环境局、芬兰狩猎和渔业研究所、芬兰木材研究公司、芬兰科学院、芬兰自然保护协会、芬兰林业协会、芬兰森林和公园局、芬兰林学会、芬兰族林业中心、芬兰自然资源保护研究基金会、林学家基金会、赫乌莱卡芬兰科学中心、国际泥炭协会、鲁斯托芬兰森林博物馆和森林信息中心、马依和托·奈斯菱基金会、农林部森林政策司和树木学会。

2. 重视林业教育,大力培养人才

芬兰重视教育,包括林业教育,大力培养高科技人才和研究人才。芬兰主要林业教育机构有:赫尔辛基大学农林学院、东芬兰大学林学院、赫尔辛基理工大学、拉蓬兰达理工大学。赫尔辛基大学农林学院既进行教学,又从事研究。在农林学院总部有两个系,即森林生态系和林业经济系;涉及的专业有森林生物学、森林土壤学、泥炭林业、造林学、热带林业、林业商业经济学、林产品市场、林业社会经济学、测树学、森林工艺和木材学。在 Viikki 分部有植物生物系、湖沼和环境保护系、动物系、经济学和经营管理系;涉及的专业有植物学、植物生物技术、林木育种、森林病理、环境保护、森林动物、狩猎学、土地利用经济学、推广教育、私有林业。

东芬兰大学林学院从事林业教育和研究,经常参与国际林业活动。林学院设三个专业,即森林环境管理、森林经营与经济学、森林技术和木材工业。赫尔辛基理工大学建于 1908 年,是芬兰最大和最悠久的理工大学。与林业有关的专业有制浆科学与工艺、纸张科学与工艺、制浆化学与造纸、制浆造纸工业流程与生产控制、木材科学、木材工艺等;有六个与林业有关的试验室。拉蓬兰达理工大学是一所面向森林工业的大学,主要专业有制浆与造纸工业能源体系与环境控制、木材机械加工、木材加工机械与生产自动化、木材切削工具工艺等。

与林业有关的其他院校有阿玻化学工程学院、赫尔辛基经济学与商业管理学校、坦佩雷理工大学、迹瓦斯基拉大学、阔比奥大学、欧陆大学、土尔库大学。在科学研究和生产的相互促进下,芬兰的树木育种和良种繁育、种苗生产、沼泽地改造、木材砍伐与运输、纸浆造纸和板材生产等都处于世界先进水平。

(七)推进自然保护和生态旅游

芬兰自然保护归口管理部门是环境部,主要是宏观管理。芬兰森林和公园局则负责国有林的自然保护工作。芬兰早在 1923 年就颁布了《自然保护法》。自从 1985 年发布濒危物种保护红皮书后,自然保护工作进入了科学和系统管理阶段。芬兰的自然保护区分为 8 类,共 1603 个,面积 267.92 万公顷,占国土面积的 11%:①绝对保护区,共 19 个,14.89 万公顷。这种保护区建立的目的是用于科学研究,不对外开放。②国家公园,共 30 个,67.43 万公顷。国家公园也是一种保护区,但对公众开放,也供科学研究用。其中 2 个国家公园由芬兰森林研究所管理,其余由森林和公园局管理。③荒野保护区,共 12

个，137.78万公顷。④泥炭保护区，共173个，40.3万公顷。芬兰泥炭地面积大、种类多，是芬兰的一种特有景观和自然资源。⑤草本植物保护区，共53个，1200公顷。⑥原始林保护区，共92个，9000公顷。⑦特种保护区，共37个，4.15万公顷。⑧私有保护区，共1187个，2.35万公顷。

目前，芬兰林业的发展正处于森林多功能利用阶段，芬兰已经把森林作为人们生活中不可缺少的部分来对待。政府也十分重视对公众的宣传教育，在几乎所有对公众开放的保护区都建立了完备的宣传教育中心。在国家公园内有游人步行的便道、宿营地以及野餐设施等。芬兰投入用于保护区的资金十分充足，完全是国家拨款。除了各类自然保护区外，芬兰每年更新的森林约占整个森林面积的1%，使芬兰的整个森林生态系统得以健康自然地发展。

三、广东林业生态建设概况与制约因素

广东省委、省政府历来高度重视林业，特别是"十一五"期间，在省委、省政府的正确领导下，广东各级林业部门紧紧抓住林业改革发展的历史机遇，把科学发展现代林业放到经济社会可持续发展的全局中去谋划，提出"科学发展生态林业、创新林业、民生林业、文化林业、和谐林业，努力建设林业强省，争当全国林业科学发展的排头兵"的指导思想，省林业局团结带领全省务林人大力弘扬"专业、敬业、勤业、创业"的行业精神，在林业改革发展方面做了大量卓有成效的工作，使全省林业呈现出蓬勃发展的可喜局面，突出体现为植树造林、绿化国土成效显著，林业产业发展成效显著，森林资源保护管理成效显著，林业改革成效显著。

具体表现为：一是加快重点生态工程建设步伐。以中央继续实行积极的财政政策和扩大内需为契机，积极争取国家和省财政资金扶持，加大林业投入，有效组织实施建设林业生态文明万村绿化大行动，实施珠三角生态保护行动，加强生态公益林建设管理，加快实施林分改造工程，加快实施粤北雨雪冰冻灾害地区生态修复工程，加快实施沿海防护林和红树林建设工程，加快实施水源涵养林和水土保持林工程，加快实施野生动植物和湿地保护工程。二是大力发展林业产业，充分挖掘林地经济潜力。积极培育森林资源，积极协助林业企业应对国际金融危机，积极扶持油茶产业发展，加快发展森林生态旅游，合理利用野生动物资源，做大以森林资源培育为主的第一产业，做强以林产工业为主的第二产业，做优以森林生态旅游为主的第三产业。三是加强生态文化宣传，在南粤大地逐步形成爱护生态、崇尚自然的良好风尚。创新全民义务植树实现形式，塑造广东人爱护野生动物新形象，加强生态旅游文化设施建设，加强生

态文化宣传。四是稳步推进集体林权制度改革工作,激发林业发展新活力。五是加强生态安全保障。创新森林防火预防与扑救机制,加强林业有害生物防治,加强林地保护管理,建设自然保护区示范省,实施打击破坏森林资源行动,积极主动调解林权争议,努力构建可持续经营、相互协调、良性互动的和谐林区。据《2011年广东林业生态状况公报》显示:"十一五"期间,广东先后实施了林分改造、水源涵养林、沿海防护林及红树林、野生动植物及自然保护区等重点工程,大力开展森林经营和抚育,森林面积不断增加,质量不断提升。截至2010年,全省森林面积增至1.4967亿亩,森林覆盖率达57%,活立木蓄积量达4.39亿立方米,全省森林生态效益总值达8818.58亿元,森林生态效益逐渐显现,应对气候变化能力不断提高。

虽然通过不断深化改革创新,广东林业生态建设事业取得了显著成绩。但是,广东林业发展中仍然存在着不少的困难和问题:

一是林业经营理念和机制的问题。一方面,思想观念与现代林业发展所面临的新形势新任务不相适应。自满思想、狭隘视野和"见物不见人"的观念在一些市、县林业系统仍然存在。另一方面,体制机制不适应建设现代林业发展的要求。制约林业生产力发展的体制、机制障碍仍然明显,部分基层林业单位人员经费渠道不稳定等问题一直没有完全解决。二是科技发展滞后。林业技术结构仍处于一般性、实用性技术为主,而高新技术、先进适用技术和最新科技成果的转化、系统集成与推广应用等能力仍十分薄弱。三是林业管理粗放。林业管理和经营比较粗放,森林火灾尤其是特别森林防火期频发、森林病虫害多、防治经费不足,林地整体利用率低,基层基础比较薄弱,特别是林业科技推广站、森林消防专业队、森林公园管护机构等,很多市县没有财政供给,没有定编定员,没有经费,设施设备落后,队伍素质参差不齐,全民森林保护、生态环境保护意识不强。

四、芬兰林业的经验对广东林业生态省建设的启示

(一) 坚持林业生态理念

芬兰是经济发达国家,生态环境美好,人民享受安居乐业,得益于强烈的生态环境意识、稳定的林业政策、走可持续产业发展道路。芬兰的生态环境和产业经济无不凸显其高端品味与品质,生态环境是整体的而非局部的美好与和谐。广东省处于经济快速发展之中,生态建设近年来取得了不菲的成绩,但与芬兰的差距仍很大,林业公共政策水平和公共财政投入仍有巨大的提升空间。

广东省要依靠政策、科技和民众的广泛参与营造美好的生态环境,建设林相美、结构优、功能佳、健康好的广东森林。

(二) 强化战略规划,树立以结果为导向的管理理念

芬兰林业部门高度重视战略规划及以结果为导向的管理。2007年4月,芬兰林业部门主要企业联合芬兰技术研究中心和四所大学,成立了芬兰林业战略优秀中心——林业集群有限公司,负责芬兰林业战略优秀中心的运作,旨在成为全球最强大的林业创新环境。目前,广东省林业生态建设和管理仍处在粗放型管理,应该参考芬兰强化战略规划、树立以结果为导向的管理理念,科学合理编制短期及中长期发展规划,加强执行监督,实行精细化考核和管理。

(三) 严格实行林木"采伐量小于生长量"的政策,发挥森林多效益综合经营模式

芬兰长期实行林木"采伐量小于生长量"的政策和森林多效益综合经营模式,生态体系完善、产业体系完备。芬兰的森林工业产量占世界总产量的5%,是世界第二大纸张、纸板出口国,占世界出口量的25%。森工有林地面积829.3万公顷,占全国森林面积的4.73%;活立木总蓄积量6.44亿立方米,占全国活立木总蓄积量的4.72%;森工产业总产值仅占全国林业总产值的2.2%。虽然芬兰的森林面积不到世界总量的1%,木材产量也仅占世界总产量的1.5%,但其林产工业总值、林业出口总值、纸和纸板的出口分别占世界总量的5%、10%、15%。同时,其森林资源年均净增量高达2000万立方米,有林地面积约为2015.3万公顷,是森工的2.4倍,木材蓄积量20.02亿立方米,是森工的3.1倍;锯木产量1364.5万立方米,是森工的18.4倍;胶合板产量130万立方米,是森工的40倍。相比较而言,广东省林业产业特别是森林资源没有培育好,林业产业规模小,没有整合资源、挖掘潜力、做成大文章,建议应积极培育森林资源,严格实行林木"采伐量小于生长量"的政策,大力培育林业产业龙头企业家,树立品牌意识,在资源利用、技术更新、产品市场、管理效率等方面着眼全球和未来,充分挖掘森林产品的附加值,做大以森林资源培育为主的第一产业,做强以林产工业为主的第二产业,做优以森林生态旅游为主的第三产业,实现生态与经济协调可持续发展。

(四) 推广应用林业新技术

芬兰森林采伐运输和浆纸业采用的均是全自动生产技术,质量全球一流,高度重视产品研发与创新,开发高端品质产品是芬兰生态环境和产业经济均衡

协调可持续发展之魂。目前，广东省的生态建设和经济发展可以参考芬兰的高端品质追求。

（五）加强林业生态建设的国际合作与交流

芬兰的跨国集团公司与100多个国家建立了基地或合作交流关系，广泛吸纳世界各地的顶尖人才或成功经验，保持了旺盛的发展势头和生态与经济的协调可持续发展，让我们深受启迪。建议广东省林业与芬兰林业相关机构进行充分交流和合作，继续保持与发展同芬兰农林部、芬兰林业研究所 METLA、贝利集团公司、TTS 研究所、TAPIO 林业发展中心、芬中技术合作委员会的合作关系，建立广东省林业与芬兰有关机构的政府间和企业间合作交流平台，并逐步提升平台形成阶梯，提高广东省生态建设和林业产业发展水平。

五、结语

广东林业生态省建设是一项长期的系统工程，涉及许许多多的方面，林业生态省全面建成需要经历一个长期奋斗的过程。在这里只是为广东生态省建设提供了一些参考的意见，对于如何加快建设林业生态省的步伐，仍需我们更深入的探讨和不懈努力。

参考文献

[1] 胡文亚. 芬兰的林业 [J]. 林业科技, 2005 (3).

[2] 熊四清. 芬兰的绿色奇迹 [J]. 湖南林业, 2003 (7).

[3] 郑焕清，郗霜涛. 芬兰森林伐而不衰的奥秘 [J]. 瞭望, 1986, 44.

[4] 黄挺. 芬兰的摇钱树——森林 [J]. 中国农村小康科技, 1999 (3).

[5] 王为民. 芬兰的林业教育 [J]. 国土绿化, 2001 (1).

[6] 朱石麟. 芬兰林业管窥 [J]. 世界农业, 1984 (1).

[7] 朱敏慧，傅朝阳. 芬兰林业近况 [J]. 中国林业, 1996 (1).

[8] 李世平，石磊. 芬兰林业可持续发展的长期理念（下） [J]. 世界农业, 2005 (7).

[9] 乔恒，闫活承. 芬兰林业发展的启迪 [J]. 吉林林业科技, 1999 (6).

[10] 刘绍阳. 芬兰纪行 [J]. 湖南林业, 1996 (10).

[11] 张久荣. 芬兰林业发展的启示 [J]. 林业机械与木工设备, 2004.

借鉴芬兰经验，推动幸福广东建设

中芬房地产市场比较研究

周贵明

房价是近年来人们一直关注的焦点问题。由于房价居高不下，买房难成为困扰国民的一大问题。房地产市场在1998年住房市场改革之后一路发展迅猛，在部分地区已提前实现了"超英赶美"，而政府在抑制房价过快上涨方面屡败屡战。中国房价为什么居高不下，众说纷纭，原因很多，笔者就通过对比芬兰的情况，重点分析其中城镇化进程、人口及家庭增长两个主要原因。

一、中国与芬兰的房地产价格比较

中国房地产价格，可以用"两高"来形容。一是价格高。据统计局公布的社会公开商品住宅房价数据显示，2000年，全国商品房销售价格为2111元/平方米，2010年为5032元/平方米，十年增长了1.38倍，年均增长9%。2011年，全国商品住宅平均价格为5011元/平方米，2012年为5498元/平方米，比2011年上涨近10%。二是房价收入比高。2011年，我国城镇人均住房面积为32.7平方米，户均住房面积为94.5平方米。按一套住房95平方米和5011元/平方米计算，一套住房总价格为47.6万元；又分别按城镇居民家庭可支配收入4.23万元/年计算，我国城镇居民的房价收入比为11倍，是国际合理房价收入比的3~6倍。这说明，当前全国房价水平已经远远超出普通居民的收入水平。特别是北京房价收入比畸高。按上述方法，2011年北京城市家庭户均可支配年收入为100193元，商品住宅平均价格为15517元/平方米，95平方米一套房的总价为147.4万元，房价收入比约为14.7倍，是国际合理标准的4倍。

据芬兰《赫尔辛基报》报道，芬兰房地产联合会（KVKL）表示，2009年第三季度芬兰平均房价为每平米2102欧元，高于上年同期每平方米2008欧元的水平，其中赫尔辛基地区房价最高，为每平方米3600欧元。KVKL负责人马里拉表示，该数据显示芬兰房地产市场在经历长期低迷后将开始复苏，且这种复苏非房地产泡沫，因为消费者买房不是出于炒房目的，而是作为己用。

他认为,尽管房地产市场开始复苏,但房价上涨速度仍将非常缓慢,不会出现快速上涨的现象。到2011年的第二季度,芬兰房地产每平方米的平均价格是2195欧元,首都赫尔辛基为3388欧元,赫尔辛基以外其他城市只有1657欧元。对比前后数据,可以反映出芬兰房价非常平稳,并没有快速上涨下降的情况。

二、中国房地产价格高涨的两个主要原因

(一) 人口及家庭增长

2010年11月1日零时为标准时点进行了第六次全国人口普查,中国总人口为1370536875人,而且还处于快速增长期。第一个因素是生育人群进入生育旺盛期。20世纪80年代中期出生的人口累计近1亿人,其中大部分已进入生育旺盛期,目前全国处于生育旺盛期的育龄妇女即处在20~29岁之间的,每年增加200万人。第二个因素是20世纪80年代中期之后,中国对生育政策作了调整,在农村允许生育一个女孩的家庭再生一个孩子。由于生育政策的调整所增加的相当一批人也已经进入生育年龄。享受"双独",即一个家庭的双方都是独生子女的可生两胎,和部分"单独",即在农村一个家庭中有一方是独生子女的可生两胎政策的第一代近1亿独生子女也进入婚育期。国家人口计生委预测,从2008年开始,这种"双峰叠加"的生育小高峰将持续十几年,给今后稳定低生育水平带来巨大压力。这么多人结婚生子,首先面临的就是房子问题,这都是刚性需求,无论政府如何调控,都必须购房。

芬兰在欧洲中北部,是一个欧洲大国,2012年人口总量为5410233人,人口密度只有16人/平方公里。芬兰的市或镇就是城市,不是相对于农村的城市。有的城市牛比人还多,圣诞老人城市也只有3000人,只有七个城市的人口超过10万,最大的城市赫尔辛基的人口也只有约120万。而且当地人口老龄化比较严重,人口增长缓慢,投资房地产带来的效益增值其实也比较缓慢。而一般投资的人都是需要短期利益的,特别是贷款的,如果靠租金来获取利益,相当于本金在非常长的时间内被套牢。

(二) 城市化进程

在中国城镇化进程中,最具有代表性的城市是深圳。深圳紧邻香港,1979年时还是一个小渔村。时至今日,深圳人口已经达到了1000多万,与北京、上海、广州并称为中国四大特级城市。与之相应的,深圳的房价也扶摇直上,

2010年平均房价达到2万元左右，成为中国房价最贵的城市之一。深圳的巨大发展，只是中国快速城市化进程的缩影。2008年底，我国城镇人口6.07亿人，城镇化率为45.68%，现在中国每年新增的城镇人口在2000万人左右，目前的城镇人口总数大约是6.5亿，而国家规划近10年目标是10亿左右，还将有3.5亿人口进入城镇。人们要进城，房子是第一需要，房地产发展拥有着较为客观的前景，房价仍有一定的上涨空间。

在芬兰，由于教育、医疗等公共卫生资源分布相对没有那么集中，城乡差别较小，基本不存在城镇化情况。而且由于芬兰人酷爱运动等原因，远离城市到乡村生活，越来越成为一种时尚，特别是一般家庭都有周末到乡村生活的习惯。因此，芬兰居民不但没有集中在城镇购房的情况，也没有这种现实需要。因此，在芬兰，特别是在赫尔辛基，居民居住的主要是上百年的老房屋。

三、小结

在上述人口及家庭增长、城镇化进程两个方面，芬兰是中国最好的一面镜子。中国人口及家庭增长、城镇化进程，直接导致房地产市场需求增加，在房地产市场供应持续紧张的情况下，需求的快速增加，必然导致价格快速上涨，这是市场规律使然。因此，未来10年之内，中国的房地产价格走势仍将处于一个上升的空间。政府能做到的，仅仅是控制上涨的速度。

芬兰行业协会商会发展现状对广东省的启示

黄锻炼

改革开放以来,广东省行业协会商会发展迅速,在促进经济社会发展中发挥了积极作用,但同时也存在一些问题和瓶颈。芬兰是发达的西方国家,其行业协会商会在运行机制、职能定位、作用发挥等方面有许多值得借鉴的经验,对广东省大力推动行业协会商会科学发展具有启示作用。

根据国务院有关社会团体登记管理的法规对社会团体的划分,行业协会商会,是指由同行业经济组织为维护和增进共同经济利益,自愿或者根据法律要求组成的非营利性经济类社会团体法人。随着我国社会主义市场经济的发展,大力发展行业协会商会,规范行为,促进其健康发展,充分发挥其在经济社会发展中的作用,是促进政府职能转变、推进政府管理创新的重要外部条件,是发展社会主义市场经济、构建和谐社会的客观需要,是加强党的执政能力建设的必然要求,在发展社会主义市场经济中具有不可替代的重要作用。这对于完善社会主义市场经济,维护市场秩序和行业利益,改善政府对经济的管理方式,应对国际贸易争端,等等,具有十分重要的意义。

一、广东省行业协会商会发展现状及存在的问题

广东省是社会主义市场经济发育较早的省区,也是行业协会商会发育较早、发展较快的省区。据统计,广东省现有依法登记成立的行业协会(含行业性商会)2066家,其中,全省性的行业协会216家,在地市一级登记的行业协会808个,在县一级登记的行业协会1042个,基本形成了适应社会主义市场经济体制的行业协会商会发展模式和制度雏形。2005年,广东省制定出台了全国第一部有关行业协会的地方性法规《广东省行业协会条例》,2006年,省委省政府又出台了《中共广东省委、广东省人民政府关于发挥行业协会商会作用的决定》,标志着广东省行业协会商会法人治理结构的初步建立,内部管理和组织行为不断完善和规范。

广东省行业协会商会在自身的发展过程中,配合党和政府做了大量工作,

为广东经济发展和建立社会主义市场经济管理新体系发挥了积极作用。归纳起来，主要体现在五个方面：一是协助政府开展行业管理。许多行业协会、商会通过参与制定行业发展规划，进行行业统计，制定行业标准，成为政府联系行业、企业的桥梁和纽带，发挥了协助政府管理行业的作用。二是为会员企业提供各种服务，如广泛开展行业信息发布、对外经贸交流、组织培训、法律咨询等活动。据调查，每个行业协会商会都创办了内部或公开发行刊物，有的还建立了网站。三是协助开拓市场。通过加强与国内外行业协会商会之间的交往与合作，承办展览会、博览会等，介绍国内外最新的政治经济形势，帮助会员企业获取市场信息，拓展市场。由各行业协会商会举办的展览会已成为广东省展览经济的重要组成部分。四是代表和维护会员合法权益。通过向政府反映企业的意见和建议，组织会员企业采取反倾销、反补贴等法律措施，联合应对国际贸易纠纷，设立相应的预警机制，避免产生贸易争端，较好地维护了会员的合法权益。五是加强行业自律。在制定行规公约，开展行业自律，维护行业公平竞争方面发挥了重要作用，营造公平有序的竞争秩序。

当前，广东省行业协会商会呈现出一些新的趋势和特点：一是代表性和影响力日益扩大，参与政治和社会事务管理的意识普遍增强。一些协会商会参与了制定本行业标准、行规行约，参加政府部门有关政策征求意见会或听证会，以及行业评比达标表彰、行业诚信标准评定等工作。一些协会商会还就社会热点问题主动向政府建言献策，有不少对策得到相关部门采纳，推动了行业的健康有序发展。二是专业化和泛行业化的趋势日趋明显。行业组织已经从行业细分到产品，甚至某一生产环节。与此同时，一些行业协会商会实现广泛的行业联合，结成行业联盟、战略联盟，以应对日趋激烈的市场竞争，实现共赢发展。三是应对国际经济交往和竞争的能力日渐提高。许多协会商会在组织国际展销、开拓海外市场、应对国际争端中提高了国际经济交往和竞争的本领。四是行业协会商会在规范中不断发展。自广东省推出《中共广东省委、广东省人民政府关于发挥行业协会商会作用的决定》和《广东省行业协会条例》以来，各协会商会加强制度建设，规范运作。近年来，新成立的行业协会商会都体现了"五自三无"原则，即自愿发起、自选会长、自筹经费、自聘人员、自理会务，无行政级别、无行政事业编制、无行政业务主管部门，民间性、自治性、服务性的特征尤为突出。

同时，我们也要看到，广东省行业协会商会的发展在观念、机制、政策、法规以及人员素质等方面都面临一些亟待解决的问题。具体表现在：一是社会各界认识不到位。二是政策法规不完善，已出台的法规文件尚未落到实处。《广东省行业协会条例》和《中共广东省委、广东省人民政府关于发挥行业协会商会作用的决定》的规定在实施过程中,行业协会商会普遍认为落实不尽如人意。三是行业协会商会呈现出发展不平衡的态势。行业分布不广,地域分布不均。行业协会商会主要集中在经济发达地区的珠三角一带,东西两翼的则发展缓慢。全省行业组织平均覆盖企业不足200家,部分行业协会存在会员覆盖率不高、代表性不强、权威性不足、公信力不够等问题。四是现行管理体制存在漏洞。目前广东省实行行业协会商会无业务主管单位,由于界定不明晰,业务指导单位的业务指导往往也是有名无实,花开无主;行业组织在遇到问题需要得到有关部门的协助和支持时,因为主管主体悬空,往往求助无门。五是行业协会商会自身建设不健全。一部分行业协会商会内部机制发育不全,管理不规范,存在经费不足、高素质管理人才缺乏、组织架构欠完善、号召力和凝聚力不够等现象,与社会组织大发展的要求存在差距。

二、芬兰行业协会商会发展现状

(一)芬兰行业协会商会概况

芬兰素有"协会商会之国"之称,其行业组织依照国家颁布的《协会商会法》建立,组织多是以各种协会、商会、联盟、委员会、联合会等形式存在。这些组织经过多年的发展与演变,其运作与管理制度日臻完善。芬兰的行业协会商会有半官方的,也有民间性质的,两种行业协会商会的成立与运作皆遵循自下而上自愿的原则。就性质而言,行业协会商会都是民间自治组织。自治乃是其最本质的特征,都是以会员企业的认同作为其权威的基础,以公益为宗旨,入会采取自愿的方式。芬兰的行业协会商会大致分为两种类型:一是行业性协会商会,代表其行业的利益,从事专门的活动,如芬兰中央商会,芬兰纺织工业协会等;二是专业性协会,如芬兰全国律师事务所协会、会计师事务所协会、审计师事务所协会等,这类机构主要从事专业性服务和某些方面的监管,包括代政府收税、稽核企业帐目、代公司按年收入报税等。

(二)芬兰行业协会商会的特点

一是行业协会商会的设立都是企业和个人出于自身的共同利益要求而自主建立的。芬兰行业协会商会一般为自愿设立,高度自治、经费自理,人事和财务等方面都独立于政府,因而具有行业综合性、公益性与非营利性、服务性和民间性等特点。二是依法登记注册。行业协会商会要取得合法的地位,必须依据相关法律进行登记注册,这也是政府对协会商会的重要管理手段。三是政府给予必要的支持，如税收减免和必要的资金支持等。

（三）芬兰行业协会商会的职能

就职能配置而言，虽然各行业协会商会在职能上各有侧重，但是，他们都承担了一些共有的职能，大致可分为三类：一是服务职能。会员企业之所以普遍能积极主动交纳会费，就是由于行业协会商会可以提供优质的服务。二是协调职能。一方面，在协会商会内部，要维护会员之间公平竞争的权利，对会员进行必要的协调，甚至制定一些行规或公约，发挥行业自律，进行集体的自我约束，维护市场秩序，保证正常的生产和销售渠道畅通；另一方面，在协会商会外部，代表会员们的利益，协调同其他协会商会之间的经济利益关系。三是纽带职能。即成为沟通企业与政府之间双向联系的纽带。行业协会可以接受政府委托，执行一部分管理职能，但更多的情况是在其会员中贯彻政府的宏观管理意图和经济政策，敦促会员遵守国家法规和职业道德，等等；与此同时，又代表企业的利益，反映企业的要求，向政府提出建议。

（四）芬兰行业协会的运行机制

就管理方式而言，芬兰行业协会都采取依法律管理而非行政管理。政府对协会商会的调控手段主要是相关法律，协会商会的管理都是依法进行的，其特点是宽进严管、规范透明。协会商会的成立程序主要是依照相关法律到相关部门进行登记注册，登记一般都是采取备案式注册登记。对协会的日常活动，或依据专门的法律，或依据相关的税收法、捐赠法、信托法等法律实施管理，监督有力而规范。芬兰的行业协会商会经费来源主要以会费为主，会费的交纳按照企业年收入的5%~10%进行收取；同时也有一部分咨询服务费，如通过发行刊物、广告、展览会以及个性化服务等收取费用；其中有些行业组织因承担一定的带有政府机构特点的职能而接受政府的资助。

就内部治理机制而言，芬兰的行业协会商会主要是公司化运作，运行方式是自主管理、竞争发展，相对民主、健全和高效。芬兰的行业协会商会通常是由会员大会—理事会—监事会—事务局—职能部门构成，会员大会依法定期或临时召开，由全体会员或会员代表参加，是一种非常设的最高权力机构；理事会由全体理事组成，是法定的、必要的、常设的决策管理机构；事务局，也称秘书处，作为日常办事机构和辅助管理机构，完全从属于理事会，对理事会负责。行业协会商会均设有高效职能部门，由专职、兼职人员组成，人员不多，但十分精干，办事效率高。例如，芬兰纺织工业协会只有12名工作人员，但在芬兰和欧盟总部都设有办公室。

（五）芬兰行业协会商会的作用

芬兰行业协会商会在其经济发展中扮演着重要的角色，主要作用表现在以下几个方面：

1. 代表会员的利益，影响国家的立法和政府政策的制定

行业协会商会利用靠近政府、贴近会员的特殊地位，及时密切关注有关立法和政策信息，根据会员的需要进行游说，反映会员的要求，提供相关资料，使得新出台的法规、政策的制定有利于行业及会员的发展。许多行业协会商会都设有与政府有关部门联系的办事机构，如在政府和欧盟总部驻地设有专门的办公机构和联络人员。芬兰中央商会有40%的主要业务是游说芬兰政府、议会有关部门，对立法、税收及经济政策制定等发挥影响。在芬兰，许多法律法规的草案在政府正式提交议会审议之前，都要听取协会或其他社会组织的意见和建议，行业自律组织可以提出修改意见甚至重新提出自己的法律草案。

2. 为会员提供其所需的各项服务

一是统筹行业发展规划，谋求提高行业竞争力，推动产业和技术的开发，帮助会员寻找商机与发展契机。二是提供信息咨询服务，为会员单位提供市场、计划、管理以及国内外社会、政治、文化等方面的信息，促进信息交流。芬兰的行业协会商会把信息咨询服务作为为会员服务的重要内容，并建立了自己的网络和信息系统，内容非常广泛。例如，芬兰中央商会有40%的业务是根据政府要求，为会员提供专业的建议和指导，开展审计活动监督、商品检验、资产评估、商业法律等服务，以及发布经济贸易信息、有关出版物，等等。三是推进技术进步。这是行业协会商会工作的重中之重，行业协会商会非常重视本行业内新产品的开发、研究和推广工作，采取各种方式使本行业的产品结构更加合理，使产业整体竞争力不断提高。四是教育培训。芬兰的行业协会商会非常重视培训工作，把它作为一项重要的服务内容。举办专门的培训和进修课程，如进行技工培训甚至学位教育，以提高工人的技能和供企业人员提高自身的业务素质。四是协调雇主与雇员的关系。协会商会内设专项基金，用于解决劳资双方的矛盾。行业协会商会不仅代表雇员的利益，也代表雇主的利益，当二者发生冲突时，协会商会站在公正、公平的角度给予协调，做好服务。五是积极协助会员开拓国际市场，组织一些跨地区、跨国家的中小企业间的交流与合作项目。六是随着行业协会功能的逐步健全，一些行业协会还承担起了资金信贷、商业保险等业务，为企业疏通与金融机构之间的关系。

3. 加强行业自律，协调利益关系

在合作的背景下，行业协会商会内部会员之间的相互竞争性比任何其他社

团都激烈，并且，有时行业协会商会就是为了调节这种相互竞争而建立并生存的。芬兰行业协会商会在缓解矛盾、协调矛盾双方相互关系方面发挥了重要的作用。同时，行业协会商会不仅在本行业内部起到协调作用，而且通过对销售市场、价格、竞争手段等进行必要的协调和监督，制定一些规章制度尽量避免相互"残杀"，起到了保证正常的生产和销售秩序、有力地维护会员之间公平竞争权利的作用。一些行业协会商会还对外代表本行业会员的利益，协调同其他行业协会商会的经济利益关系，保护本行业的权益不受损害。

4. 保护国内企业，促进国际经济交往

在国际市场竞争中，芬兰行业协会商会在保护国内产业、支持国内企业增强国际竞争力方面，起着十分重要的协调作用。主要表现在以下几方面：一是价格协调，以保护本国产品在国际市场上的合理价格，减少国际贸易中的摩擦；二是利用WTO的保障条款，维护本国经贸利益，在利用保障条款时必须提供全面、详细和可靠的证据，行业协会此时可以代表行业提出报告；三是可以作为反倾销、反补贴申诉的起诉人；四是帮助企业应诉，行业协会商会采取联合行动，对反倾销行为的对抗能力明显增强。

三、芬兰行业协会商会发展经验对广东省的启示

他山之石，可以攻玉。借鉴芬兰在行业协会商会方面的经验，结合广东省实际，针对广东省行业协会商会的科学发展，特提出以下对策和建议。

（一）立足培育、引导、优化，促进行业协会科学发展

行业协会商会是社会组织的重要组成部分，是社会建设的重要力量。随着经济全球化的发展，行业协会商会等非政府组织在公共领域和准公共领域发挥着越来越重要的作用。芬兰的诸多实践表明，充分发挥行业协会商会的作用，更有利于促进行业的发展和降低行政成本，更有效率且能收到更好的社会效果。因此，广东省可加强行业协会商会在社会结构中的作用，进一步转变政府职能，立足培育、引导、优化，重视促进全省行业协会的健康发展。一是要加大投入力度，做好行业协会、商会公共服务平台工程。畅通政府与行业组织之间的信息交流传递渠道，实现更宽领域和更大范围的信息资源共享。二是要加强分类指导，进行资源整合。通过建立和健全社会化评价体系，对行业协会商会进行分类指导。通过制度化的评估促进行业协会商会责任、效率与社会公信度的提高。优化行业协会商会结构和布局，促进行业协会商会在竞争和合作中发展，在发展中规范和提高。三是要完善准入和退出机制。提高"立会"门

槛，以扩大行业覆盖面，增强行业代表性。促使不能代表会员利益和缺乏行业代表性的行业协会商会自行解散或合并；坚持优胜劣汰，对于长期半死不活、既无代表性又无影响力、既缺乏行业覆盖面又得不到行业认同的协会商会，年审不合格的要关停并转、退出市场。

（二）加强和改善党对行业协会商会的领导

行业协会商会完全实现民间化后，对社会、经济及政治的影响将日益凸现。应当特别重视发挥我国根本政治制度的优越性，大力加强和改善党对行业协会商会的领导，引导其健康有序发展，防止行业组织畸变为少数人牟取私利的营利性组织、权力寻租中介或政治压力团体，使之始终处在党的工作视野之中，成为党联系企业和社会的桥梁和纽带。为此，一是通过党的工作部门，把非公有制经济代表人士的政治安排与行业协会商会工作紧密结合起来。通过政治安排，能够充分发挥非公有制经济人士的政治协商、民主监督、参政议政的作用，满足非公有制经济人士的政治需求和愿望，畅通利益表达渠道，促进党和政府科学决策和民主决策。二是在行业协会商会中积极推动党的组织建设。凡条件具备的应成立中共基层组织，以党建带"会建"，延伸党的工作手臂。三是党的统战等部门要不断总结新经验，探索加强和改善党对行业协会商会领导的新渠道、新机制。

（三）优化行业协会商会发展的政策环境

一是要根据《广东省行业协会条例》和《中共广东省委、广东省人民政府关于发挥行业协会商会作用的决定》，加快制定完善相关配套政策和措施。认真清理各种不利于行业协会商会发展的政策措施，营造行业协会商会发展的良好政策环境，推动扶持行业协会商会的各项政策落到实处。二是建立政府购买服务制度。公共部门的支持是非营运动成长的关键性因素。对于行业协会商会的投入主要不是政府投资，而是各种购买机制的建立，这是给予行业协会商会生存的保障。要把适宜行业协会商会行使的行业管理职能委托给行业协会商会行使，建立行业协会依法、有序、规范承接行使政府转移、委托的相关职能和工作事项的机制。政府部门要求行业协会商会提供的服务，应当通过购买服务的方式，给予相应项目经费，并列入政府部门年度预算。三是完善行业协会商会税收政策。应针对行业协会商会的非营利性质，加快制定相应的减免税政策和具体监管办法。政府通过税收上的优惠或政策上的扶持，为其可持续发展提供一定的条件。四是建立健全政府重大决策及相关政策出台前听取行业协会商会意见制度。各级政府及部门凡制定涉及行业利益的政策规定和行业发展的重大措施，必须事先听取和征求行业协会商会意见，并要形成制度，作为政策出台的规定程序。五是设立行业协会商会发展基金，扶持行业协会商会加快发展。借鉴芬兰的经验做法，加大政府对行业协会商会扶持力度，在产业发展专项资金中列出行业协会商会发展专项经费，主要用于资助行业协会商会从事社会管理和公共服务工作，进行本行业的人才培训、合作交流，以及政府委托行业协会商会的有偿服务。

（四）加强自身建设，不断完善行业协会商会的内部治理机制

完善内部管理机制，是形成对行业协会商会强有力的内部约束，推动行业协会商会自主发展、自我监督的有力保障。为此，一要推进以章程为中心的制度化建设，建立健全内部管理机制和民主监督机制；二是按照制度要求建立会员大会（会员代表大会）、理事会（常务理事会）、监事会等民主议事机构；三要切实推行行业协会商会内部的民主化、规范化运作，推进民主选举、民主决策、民主管理、民主监督；四要加大培训力度，做好人才培育工程；五要建立和完善行业协会商会的自律诚信体系，理顺行业协会商会与行业自律的关系。

（五）加强广东省行业协会商会的对外交流合作

行业协会商会具有临近市场的敏锐触角和社会组织的整体战斗力，在应对金融危机和国际贸易摩擦中具有独特作用。面对贸易保护主义抬头、国际贸易摩擦日益加剧的严峻形势，应充分发挥广东省行业协会商会等非政府组织的独特作用，支持他们作为企业和行业利益的代言人，开展对外交流合作，共同拓展市场，在国际贸易争端的诉讼和谈判中发挥对话的主体作用，使政府及行政机关从外贸、金融的一线纠葛中脱身，在不违背 WTO 公平竞争的原则下，实现政府不出面照样能够保护国内市场和产业的目的，以维护企业、行业乃至国家的利益。

四、结论

对比中芬行业协会商会的发展状况，可以得出大力发展行业协会商会，充分发挥其作用，是转变政府职能、推动社会从二元结构迈向三元结构的有效途径，也是广东省今后的努力方向。应着重从提高认识、加强领导、完善法规、优化环境，练好内功、发挥作用等方面，大力促进广东省行业协会商会的科学发展。

参考文献

[1] 王名，刘国翰，何建宇. 中国社团改革——从政府选择到社会选择 [M]. 北京：社会科学文献出版社，2001.

[2] 陶传进. 行业协会如何作用到位，会员参与决策构成分水岭 [J]. 学会，2005 (1).

[3] 贾西金，魏玉等. 全球公民社会——非营利部门视界 [M]. 北京：社会科学文献出版社，2001.

[4] 邓国胜. 非营利组织评估 [M]. 北京：社会科学文献出版社，2001.

广东省加快发展现代农业对策探讨
——兼谈芬兰发展现代农业的经验和启示

蔡 立

现代农业是工业化发展到一定阶段的必然产物。进入工业化中期阶段的广东,既有发展现代农业的紧迫需求,又具备了加快现代农业建设的基本条件。本文论述了现代农业的概念及特征,借鉴芬兰发展现代农业的成功经验和做法,对广东现代农业发展进行探索与思考,提出了广东发展现代农业的对策与建议。

一、现代农业的概念和特征

(一)现代农业的概念

什么是现代农业?现代农业相对于传统农业而言,是一个综合的、世界范畴的概念。目前国内外尚未对现代农业这一概念进行明确统一的定义,我们可以从以下几个方面来理解现代农业。

1. 现代农业是一个历史的概念

现代农业是农业发展史上的一个重要阶段。一般认为农业发展史可分为原始农业、传统农业和现代农业三个阶段。原始农业是新石器时期人类使用简陋粗糙的工具,采用刀耕火种和轮垦种植的耕作制度。传统农业是农业发展史上的第二个阶段,大致指从封建社会直至19世纪的农业,其特征是采用人力、畜力、手工工具等为主的手工劳动方式,靠世代积累下来的传统经验发展,以自给自足的自然经济居主导地位的农业。现代农业是指20世纪初以来在各发达国家出现的高度发达的农业,它是机械化代替人力和畜力、资本替代劳动、科技替代经验、大生产替代小生产的农业,是高投入、高产出、高效益的农业,是农业发展的新阶段。

2. 现代农业是一个动态的概念

现代农业是一个相对的、动态的概念,随着生产力的发展和社会经济条件的变化，其内涵也在不断地丰富和发展。发达国家农业现代化大都经历了两个阶段，在不同阶段其内涵也是不断发展的。第一阶段是从19世纪后期至20世纪七八十年代，现代农业以农业的物质装备和生产手段的现代化为主要内容，以农业机械化和农业化学化为主要特征，以投入大量化肥物质和能量为依托，以单位产量和农业生产力的大幅度提高为主要成果。第二阶段从20世纪80年代后期开始，现代农业发展又有新的变化。由于化肥、农药等农业投入品的大量使用，带来了能源枯竭、环境污染和生态失调等严重的社会问题，发展生态农业、有机农业和持续农业的呼声高涨，农业信息技术、农业生物工程技术、新能源技术快速发展和应用，成为现代农业发展的新趋向、新内容。

3. 国内对现代农业的定义

国内一些著名专家和学者也对现代农业进行了阐述。其中比较权威的包括卢良恕院士和石元春院士的论述。卢良恕院士在其相关论文里指出：现代农业是以科学技术为强大支柱，以现代工业装备为物质条件，以产业化经营为基本途径，以城乡结合、工农协调发展为重要前提，把农业的产前、产中和产后紧密结合，贸工农一体化的综合性产业。这一定义比较全面地概括了现代农业的内涵。中国工程院和中国科学院院士石元春2002年在《世界科技研究与发展》第4期发表文章指出：现代农业是以生物技术和信息技术为先导的，现代技术高度密集的科技型产业；是面向全球经济和农工贸一体化经营的现代企业；是正在拓展中的多元化和综合性的新型产业；是资源节约和可持续发展的绿色产业。这一定义准确地把握了当今世界现代农业发展的新动向。

4. 当前历史条件下对现代农业的内容权威概述

2007年1月出台的《中共中央国务院关于积极发展现代农业 扎实推进社会主义新农村建设的若干意见》指出："发展现代农业是社会主义新农村建设的首要任务，要用现代物质条件装备农业，用现代科学技术改造农业，用现代产业体系提升农业，用现代经营形式推进农业，用现代发展理念引领农业，用培养新型农民发展农业，提高农业水利化、机械化和信息化水平，提高土地产出率、资源利用率和农业劳动生产率，提高农业素质、效益和竞争力。"这虽然不是对现代农业的确切定义，但阐明了当前历史条件下现代农业的内容应该包含现代物质装备、现代科学技术、现代产业体系、现代经营形式、现代发展理念、现代新型农民等内容。

（二）现代农业的特征

与传统农业相比，现代农业更注重科技进步和劳动者素质，更注重生产要素的集约使用，更注重市场机制的驱动调节，更注重生产经营各环节的组织协调，其特征主要体现为以下几个方面：

1. 科技化的生产手段

传统农业主要依赖资源的投入，而现代农业发展主要以科技进步与创新为动力。现代农业的基础设施、生产资料和物质装备都包含着先进的科学技术，农业生产、加工、运销各个环节广泛采用机械化、自动化、信息化、智能化等先进技术手段，农民务农技能、就业能力和科技文化素质不断提升，农产品的科技含量和农业增长中的科技贡献率不断提高。

2. 集约化的要素投入

现代农业注重适度集中土地，实行规模经营，通过增加资本投入、大量应用现代科技和装备、强化组织管理，有效提高土地及其他农业资源的产出率，实现农业粗放型增长向集约型增长转变，促进农业增效、农民增收和农业可持续发展。

3. 市场化的价值取向

现代农业不再是传统的自给自足，而是向市场提供商品、追求利润最大化的市场农业。完全商业化的"利润"成了评价经营成败的准则，生产完全是为了满足市场的需要。市场取向是现代农民采用新的农业技术、发展农业新的功能的动力源泉。从发达国家的情况看，无论是种植经济向畜牧经济转化，还是分散的农户经济向合作化、产业化方向转化，以及新的农业技术的使用和推广，都是在市场的拉动或挤压下自发产生的，政府并无过多干预。

4. 产业化的经营形式

传统农业是以土地为基本生产资料，以农户为基本生产单元的一种小生产。在现代农业中，农户广泛地参与到专业化生产和社会化分工中，要加入各种专业化合作组织，农业经营活动实行产业化经营。现代农业要求在大规模、大范围上进行资源配置和分工协作，实现生产专业化、产品商品化、服务社会化，通过有效的联结机制，促使农业产前、产中、产后协调配合，产加销、农工贸紧密衔接，形成一体化的生产经营体系，实现农业各环节目标统一、利益共享。

5. 多样化的产业功能

相对于传统农业，现代农业正在向观赏、休闲、美化等方向扩延，假日农业、休闲农业、观光农业、旅游农业等新型农业形态也迅速发展成为与产品生产农业并驾齐驱的重要产业。传统农业的主要功能主要是提供农产品的供给，而现代农业的主要功能除了农产品供给以外，还具有生活休闲、生态保护、旅游度假、文明传承、教育等功能，满足人们的精神需求，成为人们的精神家园。

6. 可持续的发展

现代农业在突出现代高新技术的先导性、农工科贸的一体性、产业开发的多元性和综合性的基础上，还强调资源节约、环境零损害的绿色性。现代农业因而也是生态农业，是资源节约和可持续发展的绿色产业，担负着维护与改善人类生活质量和生存环境的使命。

二、芬兰发展现代农业的经验和启示

（一）芬兰农业基本情况

芬兰是北欧一个后起的资本主义国家，环境优美，经济发达。芬兰国土面积33.8万平方公里，人口530多万，是欧洲国土面积较大的国家之一。全国森林面积2322.2万公顷，森林覆盖率达78%，居世界之冠。芬兰耕地面积229.8万公顷。根据地理位置和气候条件的不同，全国共分5个农区和10个牧区。芬兰的农业以家庭农场为主，大多数为私有（约占88%）。2008年从事生产活动的农场数为65300个，平均每个农场占有耕地34.2公顷，林地48.7公顷。芬兰农场大多实行农牧并举，畜牧业较为发达，畜牧业产值占农业总产值66%以上，主要畜产品的产量为：牛奶224.4万吨，肉类40万吨，鸡蛋5.83万吨。与此相适应，芬兰的种植业结构相对简单，粮食和饲料作物占有重要地位。2008年全国农作物实际种植面积为209万公顷，以谷类作物（占55%）、牧草（占29%）、园艺作物（占9%）和油菜籽（占3%）为主。全国谷类作物产量423万吨，其中，大麦213万吨，燕麦121万吨，小麦79万吨。其他作物还包括马铃薯、甜菜和豌豆等。

（二）芬兰发展现代农业的主要经验做法

20世纪40年代开始，芬兰对传统农业进行了全面的改造，逐步完成了从传统农业向现代农业的转变。芬兰的现代农业发展突出地体现了以下的特点：

1. 重视发展农业机械化，实现了全面机械化生产

芬兰逐步建立起现代化发达的农业，一个重要的标志就是全面普及农业机械化，无论是种植业、畜牧业还是林业生产，几乎都实行全面机械操作。例如，在种植业上基本实现耕、播、收全程机械化；在奶牛饲养上也实现了高度机械化、自动化，生产上使用自动饲喂器和清粪装置，实行机械挤奶和密封的卫生管道传送，采用现代化生产设备。

2. 重视发展农业合作组织，实现小生产与大市场的对接。

芬兰建立起自上而下健全的农民组织和农业合作组织，将 6 万多个作为生产主体的家庭农场有机连接，对加快传统农业向现代农业的转变起着决定性的作用。芬兰农业合作组织覆盖面广，形成了自上而下的网络化体系，并随着社会发展和交通条件的改善规模逐步扩大。目前，芬兰国内合作社共分七类：奶业合作社，数量约 100 个，覆盖全国牛奶生产、加工、销售的 95%；肉类合作社，有 5 个大型肉类合作社，掌握着全国肉类销售量的 3/4；蛋类合作社，销售的蛋品约占总销售量的 60%；此外还有生产资料合作社、蔬菜合作社、消费合作社、信贷合作社等。这些合作社把分散的家庭生产同激烈竞争的大市场联结在一起，对芬兰的农业现代化进程起到了巨大的基础性作用。

3. 重视发展规模化生产，实现现代化的经营管理

规模化生产是实现机械化、标准化生产的前提，是分散的、传统经营向现代大农业转变的重要特征。芬兰鼓励家庭农场加强联合，扩大生产规模。根据 1991 年生效的《农业企业法》，政府对扩大农场土地规模、改善农业结构的农场，给予投资和财政支持以及直接补贴。特别是芬兰加入欧盟后，全国不断有小型农场与大农场合并。据统计，芬兰全国的农场数量从 1995 年的 9.56 万个减少到 2008 年 6.53 万个，下降了 32%。而农场的平均耕地面积却从 1995 年的 22.8 公顷增加到 2008 年的 34.2 公顷，增加了 50%。其中，耕地面积在 50 公顷以上的农场数量从 1995 年的 6490 个增加到 2008 年的 14227 个，增加一倍多，在全国农场中所占比例从原先的 7% 增加到 22%。有关方面预测，芬兰农业将进一步向规模经营和联合经营的方向发展，以联合农场体的形式进行更加有效的生产和管理。

4. 重视发展农业产业化，实现农工商、产供销一条龙经营

芬兰的农产品加工率达到 85%。特别是大力发展乳制品加工业，形成了颇具实力、产供销一体化的农工商经济联合体，并以先进的技术、卓越的质量在国际乳制品市场赢得了一席之地。例如，芬兰最大的乳制品加工联合生产企业瓦利奥公司就是一家具有大规模生产能力的专业化、社会化集团公司，该公司在全国有 33 个乳制品加工厂，加工能力占全国总量的 7%，产品种类多达 1400 种，年营业额达到 18 亿美元以上。

5. 重视农业科技创新，大力发展生物工程技术

20 世纪 90 年代初，芬兰政府根据世界各国现代农业发展的新动向，制定了加速发展生物技术的战略，加大了对生物技术研发的投入。芬兰于 1995 年 6 月 1 日颁布实施了《基因技术法》。在过去 10 多年的时间里，芬兰研究人员先后组成了 180 余个研究课题组，开展对生物技术领域的科技攻关，取得了一

系列成果。如今,芬兰已经成为欧洲生物技术领先的国家。在欧洲,每十个生物技术公司中就有一个是芬兰公司。继1990年第一只转基因老鼠在芬兰出世以后,1993年12月7日,芬兰库奥皮奥大学生物系通过转移人类红细胞增长素基因的方法,成功地繁殖了世界上第一头雌性转基因牛。2003年夏天,芬兰农业研究院动物良种研究小组又在世界上首次利用基因定位技术繁殖出4头高产奶牛牛犊。

6. 重视农业环境保护,实现农业可持续发展

芬兰政府一直很重视农业环境保护,为了解决农业环境污染问题,制定了环境管理计划,这个计划的目的是防止渗漏的氨进入地表水和地下水,减少肥料中氨的散发,尽可能保持农产品的洁净,特别注意保护农村生态。芬兰政府为了实现环境管理计划,采取了一些有效措施,其中最主要的措施是征收化肥税。这种税收一方面用于补偿一部分农业出口费用,另一方面是为了间接地限制化肥的用量;从1992年开始,化肥税根据化肥里的氮和磷的含量来征收。这个措施在一定程度上减少了氮肥和磷肥的施用量。同时鼓励农民扩大生态食品生产。目前,芬兰全国共有近8000个生态农场,生态食品种植面积达到近30万公顷,占芬兰全国可耕地面积的13.4%。

7. 重视发展多种经营,多渠道增加生产收入

近年来,芬兰政府大力支持和鼓励个体农场从事多种经营活动。进行多种经营的农场可以向本地区就业与经济开发中心申请资助。目前,芬兰全国1/3的农场,特别是大型农场,除了种植粮食作物和饲养家畜外,都在从事多种经营活动,如林业、木材加工、农业机械出租、食品加工、手工业及家庭小作坊、乡村旅游和提供休闲度假服务等。开展多种经营不仅使农场的生产方式多样化,而且一部分农场的规模在扩大,收入在提高,多种经营的收入在农场收入中的比例也在不断增加。

8. 重视食品安全,实行严格的监管机制

芬兰在全国建立了从农场到消费者餐桌的食品质量链,在组织结构上,建立了从食品健康司(隶属于芬兰农业及林业部)、食品安全监督局、食品研究中心的完善食品安全监督和研究体系。芬兰高质量的食品安全得益于高度透明的食品生产链,消费者对他们购买的食品的原产地和生产步骤很了解;而高质量的生产源于对生态环境的保护,农场动物畜类的保障、食品原材料的保护,严格控制害虫、杂草和病害发生率,对于动物的药物治疗和其他食品中的药品残留物都有专门研究机构进行密切监控。

9. 重视农业保护,实行价格和地区补贴政策

芬兰长期以来执行的农业政策,在许多方面对农产品价格和农业生产进行

保护。例如，利用进口税保护国内农业免遭国外竞争的威胁，通过各种出口补贴支持过剩产品出口；采用各种形式的支持来提高农民的收入水平；芬兰政府对农业的支持包括价格支持、出口支持和生产补贴，农业支持政策的主要目的是使农民收入与其他部门收入保持一致；芬兰实行的地区支持政策是为了平衡地区收入差距，也是平衡农业内部收入差距的主要措施。根据农业收入情况，全国分成5个农区和10个牧区，政府对于不同的地区给予不同等级的补贴。

三、广东发展加快现代农业对策和建议

（一）广东发展现代农业具有历史必然性

现代农业是工业化发展到一定阶段的必然产物。从先进发达国家的实践看，进入工业化时期以后，工业化带来的技术革命，使农业的投入要素发生了巨大变化，各种现代的技术、装备、手段等先进要素逐步替代传统的畜力、人力和半机械手段，同时引发了农业经营方式和发展理念的转变，推动了农业现代化发展。许多发达国家就是在工业化中期，以资本、物质和技术等先进要素为基础，加大对农业的支持保护，对传统农业进行改造，走上了现代农业的发展道路。当前，广东人均GDP近7000美元，非农产业占GDP的比重超过95%，城市化水平达到65%左右，标示着广东已经进入工业化中期阶段，不再依赖农业积累来实现经济快速发展，进入了工业反哺农业、城市支持农村的新阶段，具备了加快推进现代农业建设的基本条件和能力。广东省提出建设现代农业强省，顺应经济发展的客观趋势，符合世界农业发展的一般规律。

（二）广东现代农业发展的瓶颈

"十五"以来，农业的政策导向、农村改革发展、国内外市场环境，以及农业自身发展条件等都发生了深刻变化，在政治、经济、市场和资源等因素的综合作用下，广东现代农业发展呈现新的特点，主要表现为：农业增长方式正逐步向质量效益型转变，农业生产手段正逐步向科技集约型转变，资源利用正逐步向节约保护型转变，农业发展途径正逐步向多维拓展型转变，农业经营形式正逐步向产业化转变；农民增收结构正逐步向多元化转变。这些转变表明了广东推进现代农业发展已经取得初步成效，形成一定的发展基础。但是必须清醒地看到，广东加快发展现代农业仍存在不少困难和挑战：

1. 生产分散经营

当前的农业生产仍然以家庭经营的小规模生产为主，农民经营分散、组织

化程度低，制约现代农业规模化生产、集约化经营和现代化管理推进，这是发展现代农业必须面对的突出问题。

2. 农业合作组织发展滞后

农业生产组织化程度低，产业化经营水平不高。农业合作组织发展滞后，作为生产主体的农户难以得到农资供应、技术指导、产品营销以及金融、信息等服务，小生产与大市场难以有效衔接。

3. 农业科技装备薄弱

广东省的农田基础设施、装备手段、农业科技创新和推广体系等离现代农业发展的要求还有较大差距。农田水利设施老化，农业防灾抗灾能力偏弱；全省农业科技贡献率仅为51%，远低于发达国家65%~85%的水平；农作物耕种收综合机械化水平约为35.3%，低于全国平均水平。

4. 资源环境约束明显

主要是土地资源和生态环境的制约。广东省耕地资源短缺，人均耕地少，后备耕地不足。同时，由于城市化、工业化发展和大量使用农药化肥造成环境污染，农业生态环境有恶化趋势，农产品质量安全形势严峻。

5. 从业人员素质偏低

目前农村年富力强、受过较高教育的劳动力大多外出务工，从事非农产业，留守农村、从事农业生产的农民则出现结构性短缺，呈现老龄化和低文化倾向，难以适应现代农业发展的要求。

(三) 广东加快发展现代农业的对策和建议

党的十五届三中全会提出"沿海发达地区和大中城市郊区要提高农村经济发展水平，有条件的地方要率先基本实现农业现代化"，广东省委省政府提出了全省2020年基本实现农业现代化的战略目标。广东作为改革开放的排头兵、经济总量第一大省，有责任、有条件率先加快推进农业现代化探索。下面，针对广东发展现代农业面临的主要问题，借鉴芬兰发展现代农业的经验和做法，就广东加快发展现代农业提出对策和建议：

1. 大力发展农业合作经济组织

世界发达国家的经验表明，农业合作经济组织是联结农民与市场，推进规模化生产、产业化经营的重要纽带，是促进传统农业向现代农业转变的基础和关键。发展现代农业、建设现代农业强省必须突破当前农业生产以家庭分散经营为主体的瓶颈，突破以往对发展农业合作经济组织的思想顾虑，按照培育和规范并举的思路，采取政府推动和市场化运作相结合的方式，多形式、多层次、多领域兴办农民专业合作经济组织，逐步改变目前分散经营状况，从根本

借鉴芬兰经验，推动幸福广东建设

上提高农业生产的组织化程度。

2. 着力提高农业产业化水平

在大力发展农民合作经济组织的同时，积极扶持培育农业龙头企业，落实和完善龙头企业发展扶持政策，扩大财政支持规模，探索税收、金融扶持新机制，培育壮大龙头企业集群，打造一批大型农业企业集团，促进广东省农业产业化经营水平全面提高。同时，加快建设农业现代化示范区和现代农业园区，实行标准化生产、规模化经营、产业化带动，加快农业现代化建设步伐。

3. 切实加强农业基础设施建设

实行最严格的基本农田保护制度，保障基本农田总量稳定和地力提高；加强农田水利基本建设，大力整治改造农田，加快建设现代化标准农田，提高农业抵御自然灾害的能力；加强耕地质量建设，实施"沃土工程"，提高耕地肥力。加强农业生态环境建设，加快发展农村沼气，建设沼气示范村（场）和大中型养殖场沼气示范工程，促进农业资源循环利用。

4. 加快推进农业机械化进程

加大农业机械购置补贴政策力度，优化补贴产品目录，简化操作程序，扩大补贴范围。推进水稻生产全程机械化，积极推进特色、优势园艺作物生产和农产品加工机械化。加快建设农机社会化服务体系，扶持发展农机大户、农机合作社和农机专业服务公司。支持发展具有广东特色的农机装备技术创新、研究、制造和推广体系，提高农业生产机械化整体水平。

5. 加强农业科技创新体系建设

建立具有广东特色的与国家相衔接的现代农业产业技术体系，加大农业科技资源的整合力度，推进农业重大领域、前沿科技和关键技术研究，促进产学研结合，加快农业科技成果的集成、转化与推广，为广东现代农业的发展提供技术支撑。建设和完善基层农业技术推广体系，增强推广服务能力。大力推广农作物优良品种和先进适用技术，完善农业主导品种和主推技术遴选、推介制度，深入实施农业科技入户工程，提高农业生产科技应用水平。

6. 加快推进农业信息化

要以农业信息化带动农业现代化，进一步加强农业信息化建设，通过信息技术改造传统农业、装备现代农业，通过信息服务实现小农户生产与大市场的对接。当前要积极推进实施"金农"工程、农村信息化服务示范工程，建立和完善自上而下的农业信息服务网络、农产品生产与价格预警体系和农业电子政务系统，提高应用信息技术服务农业生产的能力和水平。

7. 鼓励保护农业生态环境

积极推进节约型、环境友好型农业发展，以节地、节水、节肥、节种、节能和资源综合循环利用为重点,推广一批应用节约型技术,扩大秸秆还田和保护性耕作的实施范围。鼓励使用有机肥,扩大实施测土配方施肥。鼓励使用生物农药,推广生物防治和统防统治技术。推进农业生产节能减排,减少农业面源污染,保护好农业和农村生态环境。

8. 着力抓好农产品质量安全

积极发展无公害农产品、绿色产品、有机食品和名牌产品认证。完善广东省农产品质量安全标准体系,加强农业标准化示范推广。强化农产品质量安全监管,加强源头管理,加大对农产品生产环境和农业投入品的监管。建立农产品质量安全市场准入制度,开展农产品标识管理和市场准入试点工作,全方位提高农产品质量安全水平。

9. 加强农民培训

建立健全各级农民科技教育培训工作体系,加大对农民及农技推广人员培训力度,以实施新型农民科技培训工程、绿色证书工程和学历教育工程、知识更新工程为载体,多形式、多渠道培养新型农民和农村实用人才,提高从业人员整体素质。

10. 加快经营制度创新改革

创新土地承包经营权流转机制,推动土地承包经营权依法流转,促进土地适度规模经营,提高规模效益。创新农业产业化经营方式,提高农业组织化程度,促进多元化的农业社会化服务。创新集体经济组织民主管理、利益分配和对农民的引导服务机制,逐步推行股份合作制改革,促进农村集体经济不断发展壮大。通过制度不断改革创新,为现代农业发展创造高效的管理机制和良好的发展环境。

参考文献

[1] 崔健,黄日东. 广东现代农业建设研究 [M]. 北京:中国农业出版社,2009.
[2] 卢良恕. 中国农业发展理论与实践 [M]. 南京:江苏科学技术出版社,2006.
[3] 石元春. 世界科技研究与发展 [J]. 现代农业,2002 (4).

借鉴芬兰经验，推动幸福广东建设

芬兰社保体制改革的若干启示

莫洁兰

经济的发展以及经济潜力和整个社会的保障体制是密不可分的。2009—2010年世界经济论坛（WEF）全球竞争力排名榜中，瑞士、丹麦、芬兰等北欧国家均稳居前十。在席卷全球的金融海啸以后，这几个被传为"懒人天堂"的高福利国家还有着如此惊人的经济能力和潜能，实在是不可思议。北欧各国在20世纪90年代的社保体制改革中付出了诸多心血，才使得这种高福利国家模式得以延续。2011年5—6月，笔者荣幸地参加了由广东省人力资源和社会保障厅组织主办、中山大学政务学院承办的第五期广东省公务员公共管理芬兰专题研究班。在中山大学预培训一个月后，于6月远赴北欧发达国家芬兰进行为期一个月的学习考察。综合学习考察并查阅有关文献资料，笔者对芬兰社保体制改革的方向、效果等进行学习研究，并以此作为借鉴，对我国的社保体制进行思考。

我国的社保体制尚未十分完善，而且承受着来自社会转轨时期的各方压力。北欧各国的社保制度已经发展到全球最为完善的水平，无疑值得我们学习和探讨。"他山之石，可以攻玉"，芬兰社保体制的变革对我国社保制度的完善有积极的启示作用。

一、日趋完善的高福利国家——芬兰

20世纪80年代，芬兰经济以年平均增长3.7%的速度持续发展。90年代初，经济出现严重衰退。1993年开始复苏，1994年以来经济总体上发展良好。

（一）改革前的芬兰社保

高福利制度为国民提供了"从摇篮到坟墓"的保障：免费的教育、高额的医疗补贴和完善的就业保障体系等。北欧高福利国家的国民即便不工作也可以高枕无忧。但是，这样的高福利给国家带来了相当一部分的压力，20世纪90年代初，芬兰以及其他北欧国家都遭受了经济衰退。

"高福利"和"高税收政策"难舍难分。这也是北欧国家发展的隐忧。不过,在意识到问题之后,芬兰采取了改革的措施去维系这种高福利的模式,可以减少国家对福利负担的压力,同时有限度地缩小了享有福利的范围,但是具体如何实施,又是当时实行社保体制改革时的难题。

(二) 芬兰的社保改革实质

为达到改革的目的,芬兰的社会保障体系致力于经济与社会的可持续发展的平衡,力求改变之前国家花销巨大的局面。芬兰社保支出由传统的国家负担转变成中央政府、市政府和雇主共同承担。面对人口老龄化和"懒汉丛生"等现象,芬兰政府提出了四个方面的政策措施,以控制社保支出的增幅:一是进一步改善人的工作健康环境;二是使工作更具有吸引力;三是预防和控制社会排外现象;四是提供有效的服务和社会保障。

芬兰社会保障体制的改革一直得到政府强有力的支持,廉洁高效的政府也是改革的必要支持。90年代经济大萧条期间,芬兰政府通过全民工资转移政策,基本控制了社会贫富两极分化的局面。为了进一步抗击老龄化、保证可持续财源,2000年的新任政府制定了新的发展战略,包括:帮助员工保持工作技能,继续参加工作;保证社会的卫生水平与功能;减少贫困和社会排外现象;加强社会保障的积极因素;保障社会保障开支的可持续财源;维护男女在工作以及家庭生活当中的平等;继续进行社会保障体制的改革;等等。

(三) 芬兰社保的现状

芬兰对20世纪90年代的制度进行了全方位的改革:一是提高退休年龄。公共部门雇员退休年龄由63岁升至65岁,与私营部门持平,并将公共部门雇员的最高养老金由退休前收入的65%降为60%;同时建立起普遍保障模式下的补充保障制度,用补充养老金逐步取代基本养老金的地位。二是缩短享有失业津贴的有效期,并降低失业津贴的支付水平。三是在医疗保险制度和工伤保险制度等方面做了一些卓有成效的改革。芬兰社会保障法律制度由养老保险、医疗保险、工伤保险、失业保险和家属津贴等项目组成。

具体来讲,芬兰的社会保障法律体系如下:芬兰养老保险最早立法于1937年,并于1956年、1961年、1969年和1986年进行了修改,形成了普遍年金制度与法定收入关联养老金方案。芬兰失业保险法最早立法于1917年。自1984年颁布《失业保障法案》以来,芬兰建立起了补贴性自愿保险和事业援助双重制度。芬兰医疗保险法律制度又称疾病与生育保险法律制度,首次立法于1963年,许多规定适用至今,其医疗保险实行的是现金补助和医疗补助

借鉴芬兰经验，推动幸福广东建设

双重制度。芬兰对工伤保险首次立法于1895年，并于1948年以后不断修订和完善，芬兰工伤保险实行的是通过私营保险公司的强制保险制度。

这几种体制的管理机构也不尽相同。芬兰的养老保险事务由社会保险协会、市政当局和中央年金保障协会等机构来执行，其中较为重要的是通过市政当局来征收普遍年金保险费，并由财政部进行一般的监督工作；失业基金会保险协会、市或市联盟和社会与卫生部对失业保险实务进行管理；事故保险机构联盟、国家财政局、社会保险机构等机构组织对医疗保险实务进行管理；得到国家认可的私营保险公司可对部分工伤保险进行管理；社会保险机构对家属津贴进行国家管理。社会与卫生部实施一般监督。

二、现阶段我国社保体制存在的问题

在经过多年的尝试以及努力以后，我国社会保障体系得到了较大的发展，但也存在不容忽视的主客观问题。首先在时间上来看，我国社会保障体系建立时间较晚，这和北欧国家的发展有一定的距离。如何迎头赶上，切实保障每位公民的社会利益，将是一个难题。

（一）对比北欧国家，我国经济实力并不强

结合WEF的数据，不难发现中国内地虽然有着很强的竞争力，但还远不如综合竞争力靠前的北欧国家。在内地前面的，还有中国香港、中国台湾等地区，这些地区的新兴产业和创新能力均在世界前列。

在衡量经济实力指标当中，权重最大的是"基本需要"，其驱动要素是"个人GDP"。我国是属于"效率导向"的经济体，如何提高社会生产率是一个非常重要的命题。另外，创新性经济是大势所趋，晋升为"创新导向"的经济体是我国发展的目标之一。

具体到广东省的情况，2005—2009年间，三大产业贡献率变化不大（见表1），总体趋势依旧是以第二产业为拉动，争取增加第三产业贡献率的趋势。其中，2008—2009年间，第三产业贡献率增幅较为明显。第一产业的贡献率在3%左右浮动，但恰恰是奋斗在第一产业的农民的生活状况及其社会保障普及率不容忽视。

另外，除了产业发展先天性不均之外，地区参保人数和对社保认识水平参差不齐也是影响广东省发展社会保障的因素之一。通过对比可知，经济较为发达的地区，社会保险的参保人数就多。当然，这也因为这些发达地区有着较多的劳动力，但落差人数显然比劳动力人数差异要大得多。在2009年的调查统

表1　2005—2009年度三大产业贡献率

单位：%

年　份	地区生产总值	第一产业	第二产业	#工　业	第三产业
2005	100.0	2.3	55.0	53.2	42.7
2006	100.0	1.8	58.0	55.6	40.2
2007	100.0	1.2	59.0	57.2	39.7
2008	100.0	1.9	58.0	57.8	40.1
2009	100.0	2.5	50.1	45.2	47.4

计当中，全广东省的参保人数（包括基本养老保险、失业保险、医疗保险、工伤保险、生育保险参保人数）达到12502.05万人，其中，经济发达的珠三角地区占了9887.45万人，占全省参保人数的79.09%，而较为落后的东翼和西翼加上山区的参保人数只有全省的两成左右。这也和经济区域的产业结构有关系。

（二）日益严重的人口老龄化问题

我国目前人口老龄化问题愈发严重。20世纪末，中国60岁以上老年人口已达1.26亿，占总人口比例超过10%，中国已进入老年型社会。2002年领取养老金的人数达到4070万，我国当年支出养老金为28429亿元。按照联合国预测，2050年中国60岁及以上老年人口将累计增加到3.2亿，占总人口的26.2%。养老问题已成为我国在建立新型社会发展中的一个重大课题。

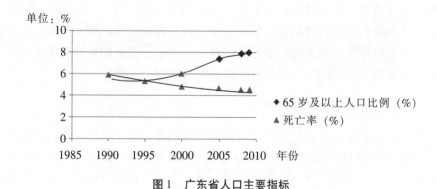

图1　广东省人口主要指标

根据图1可知，广东省作为我国医疗保障尚属健全的省份之一，近些年来死亡率一直处于下降水平，而65岁以上人口逐年攀升，老年人的社会福利保障也成为一个不能忽视的政策问题。如果社会对老年人的关注和老年医疗保障与他们的需求并不一致，又或者财政上难以支持养老金体制，则不能很好地回馈这些对社会建设有着重大贡献的长者。

三、芬兰社保体制改革带来的启发

自19世纪开始，芬兰的社会保障制度在其经济和社会进步中扮演了非常重要的角色，特别是"二战"后的几十年里，有效缓解了经济危机、人口趋势以及社会变迁等带来的冲击，促进了本国经济的发展和经济实力的增加，成为欧盟最为发达的福利国家之一。我国的社会保障制度和芬兰不尽相同，但又有一定的共性。以芬兰社会保障制度为鉴，可以得到以下两方面的启示。

（一）社会保障的构建应与国情相适应

芬兰的社会保障制度覆盖所有人，每个人都有权获得相同数量的基本保障金，具有高福利和期限长的特点。进入20世纪90年代，芬兰所推行的"从摇篮到坟墓"的社会保障制度也引发了各种危机。一方面，高福利和福利平均化造成不劳而获或少劳多得的现象，导致人们对社会和政府过分依赖，职工怠工现象严重，企业经济效益受到损害，效率下降；另一方面，由于养老保险金、医疗补助、失业救济等社会保障支出不断提高，社会保障过滥，造成社会资金的严重浪费，进而导致原有保障体制运作不畅。由此，我们应该认识到，一个国家的社保体制应该与其国情相适应。

我国目前的生产力水平不高，社会产业结构处于调整阶段。我国社会保障体系就应该适应这样的情况，一方面，在社会保障立项上应分重点、多层次，采取循序渐进的方式，并制定必要的法律，依法保障实施；另一方面，要将必要社会保障定位在保障人们的最低生产和生活要求，重点加强就业促进的保障项目，充分调动人们的就业积极性，促进经济发展。

（二）完善养老保险体系

芬兰在养老保险方面，实行的是普遍保障制度。随着其国内人口结构的变化，1990年芬兰60岁以上人口所占比例为18.4%，2000年底达到19.8%，老年抚养率得到不断提高且达到了前所未有的水平，退休金和养老金支付大幅上升，大大超过了社会的供给能力。这给芬兰政府和企业带来的负担巨大，特别是国家财政支出日益沉重。而政府为了减少财政赤字，将一部分支出转嫁给个人，从而形成了养老保险的代际再分配，即现在的劳动者在退休后的保险费用由下一代劳动者来承担，这种互济方式将会影响到个人生产的积极性，从而不利于经济的发展。同时，这种互济方式的弊端也暴露了芬兰所采取的现收现付养老保险筹措模式的缺陷。对此，芬兰政府进行了一定的改革，主要就是提高了退休年龄。

部分学者认为，我国应对老龄化问题的保障改革应该是改变筹资模式。基本养老保险实行社会统筹和个人账户相结合的模式。职工个人缴纳的养老保险费全部计入个人账户，并结合当地实际情况，在法定最低缴纳限额的基础上适当提高缴纳比例；用人单位缴纳的基本养老保险费全部进入社会统筹基金，从而形成养老保险基金的社会统筹和个人账户分别管理。此外，严格控制提前退休，严格发放标准，挤掉养老保险的"水分"，以保障基本养老金的正常正确发放，并鼓励建立企业补充养老保险的个人储蓄性养老保险。

总而言之，北欧国家，特别是芬兰的社会保障的实施需要特定的经济基础和社会基础。

首先，社会保障制度是工业化和经济高度发展的产物，其次，福利制度和社会基本结构相对应。北欧社会是一个同质性较高的社会，农村和城市之间并没有特殊的差别，也不存在城乡之间的制度壁垒。只有在这样的社会结构统一性的前提下，全民统一的社会福利政策才能得以建立并顺畅实施。最后，全面福利制度的实施必须具备坚实的民主基础。由于各种历史原因，芬兰一直传承着民主的精神。关心人民福利，是现代福利国家制度创立的根源。

芬兰社保体制的改革对我国进一步完善保险制度建设有参考作用，立足于基本国情，以人民福祉为本，逐步完善我国社会保险制度乃当务之急。

参考文献

［1］邵芬，霍延. 芬兰社会保障法律制度及其启示［J］. 云南大学学报，2004，17（1）.

［2］欧文汉，廖路明，卜祥来. 致力于经济与社会可持续发展的芬兰社会保障制度［J］. 财经研究，2002（10）.

［3］孙迎春. 芬兰社会保障体系概览［J］. 国家行政学院学报，2000（3）.

芬兰医疗卫生制度浅析及其启示

史明丽

医疗卫生事关公民民生福祉,广东省处在中国改革开放的前沿位置,既处于各种社会深层次矛盾凸显的严峻时期,也处于一系列关系民生的社会公共管理体制性和机制性变革的关键时期。芬兰的做法,对于广东省构建社会主义和谐社会、幸福广东,做好深化医药卫生体制改革具有重要的参考价值。芬兰的这些制度安排是建立在国家小、人口少、民族较单一的基础上的,与我国的国情及广东省的省情不相同,我们当然不能简单模仿。本文对芬兰医疗卫生制度的几个方面进行简要介绍和分析,并结合广东省的实际作出一些个人的思考。

一、芬兰基本情况

芬兰位于欧洲北部,是一个高度发达的北欧工业化国家,国民生产总值及人均国民生产总值居世界前列。面积33.8万平方公里,人口532.6万(2008年统计数据),人均GDP 3.5万欧元,是经济较为发达的西方社会民主型国家,是世界上社会福利水平最高的国家之一,医疗卫生方面基本达到人人公平可及地享有卫生保健的目标。根据世界银行统计,芬兰是世界上贫富差距最小的国家之一,在经济持续增长的同时,其实现了社会公平。芬兰政治民主,经济自由,文化多元,社会和谐,国际评估组织对芬兰竞争力、创新力、幸福指数、民主指数、教育水平、可持续发展、透明度等多项指标的评估排名都位居世界前列。

芬兰全国划分为12个省,下设84个市及400多个乡镇。省政府为中央政府派出机构,各市、镇为基层行政组织机构。芬兰实行地方自治,各市、镇及社区为基层自治体,均可在国家立法确定的范围和权限内活动。

二、芬兰医疗卫生制度浅析

议会为芬兰最高立法机构,下设的国家社会事务及卫生部为最高卫生行政权力机构。该部主要担负全国医疗卫生工作的协调与领导,制定和颁布、实施有关卫生法规、法令及各项政策,管理公共卫生及其他事宜。该部下设三个专门委员会,即国家卫生委员会、社会福利委员会及劳动保护委员会,其中,国家卫生委员会为具体管理和协调该国医疗卫生事宜的实质性主管部门。

国家卫生委员会下设5个局,即管理局、医疗卫生局、基层卫生局、医院保健局及计划评价局。其中,管理局主要负责卫生管理、预算、卫生立法和其他一般性事务,医疗卫生局主要负责环境卫生、医疗卫生的开展与宣传教育及疾病预防等;基层卫生局则负责基层医疗机构事务及基层病人的诊断、治疗、康复工作及公共保健工作等;医院保健局主要负责各级医院及精神病院、结核病院等各类专科医疗机构的管理、协调等事宜及其他事务;计划评价局主要负责卫生服务计划、统计、审计及药品立法等工作。

(一) 区域卫生规划主体与卫生投入原则

芬兰医疗卫生行政管理职权比较分散,实质性卫生管理机构以委员会的形式相对独立于政府机构之外,国家赋予地方当局以较大的自主权,国家通过立法的形式保证各项卫生政策在基层的贯彻、执行。政府一般只负责监督包括税金使用在内的卫生财政资源的分配与使用情况,发放医疗机构审批执照及医务人员的行医执照,资助各级医院的经费,等等。政府对全国卫生保健服务予以宏观管理与协调,对发现的问题予以协调、解决;对违反国家有关卫生法规及其他立法者,予以必要的行政及经济制裁。国家社会事务及卫生部在保证全国医疗卫生工作正常开展的前提下,实施监督卫生保健服务的功能,编制5年规划及完成有关卫生统计年报,等等。全国12个省都设立省社会事务及卫生局,它的职责主要是负责管理和协调各省卫生保健服务和医院管理事宜。各市、镇、社区亦设有相应的卫生管理机构,主要负责地方卫生保健工作。

根据参与卫生服务能力规划的行政管理部门的不同层级,卫生规划分为国家规划和地区规划。芬兰的服务能力卫生规划是以地区政府(自治市,相当于我国的县级政府)为主导进行的。而且,公共部门主要通过自治市委员会的代表参与规划。芬兰充分放权,将战略规划和实施规划均授权地区当局。芬兰各地方当局对医疗卫生工作有很大的自主权,对地方医疗卫生事业的发展、医疗机构的设置、卫生人力的培养及卫生资源的分配与使用等亦拥有很大的权力和责任。芬兰这种高度的地方分权体制促使了各地方当局及广大公民参与和管理卫生保健事业,但是也带来由于地区自治的政治经济发展不同导致的区域不同步发展的情况。在芬兰,卫生服务能力的区域卫生规划包含公立医疗机构和私立机构提供保健的规划。在公立初级保健部门起主导作用的同时,积极引入私立卫生保健提供者,购买服务,但是芬兰的卫生规划对于扩张的限制主要适用于公共设施，对于私立医疗机构并无限制，私立机构如果想扩充设备，不必得到当局卫生服务能力规划的许可。芬兰的卫生服务能力规划主要聚焦于医院能力规划，包括床位能力、设备、卫生服务的提供、人力资源和财力资源的配置等。按照惯例讲，床位能力一直是医院服务能力规划的首选内容，芬兰仍然保持这一惯例。

而对于投资规划，芬兰在建设新的医院和主要重建项目时，主要由区域性级别（相当于我国的省）的机构进行规划并给予资金支持。过去几十年，芬兰中央政府通过专项拨款，为自治市当局实施的特别项目筹资，中央政府对地方卫生保健决策的影响力正在逐步增强，芬兰逐步增加中央投资力度的趋势反映出一种意识的提高，即通过国家卫生投入来消除卫生保健的区域不平等造成的医疗卫生服务能力的差别，达到区域协调发展，人人享有公平可及的医疗卫生服务。

在芬兰，各地医疗费用计算有一定差异，但医疗费用基本上大致相同，只是各地方接受中央政府的补偿标准不一，从35%至75%不等。这主要是中央政府的补助是按各地方政府的收入水平的百分比予以补偿的。芬兰政府对各地方政府的补助是有一定条件的，即各地方医疗机构的服务水平是否符合国家所规定的要求，卫生保健各项工作是否按国家批准的计划进行，医务人员业务水准、工作质量及工资水平等是否符合国家及有关组织机构颁布的标准和要求，等等。只有符合上述各项条件的地方，政府才按一定的比例予以补贴；反之，政府将减少或不予以补贴。芬兰政府除了通过有关医疗卫生政策，直接对公民的健康保健提供服务外，还通过有关卫生财政资源的补偿、分配规定及健康保险规章制度等手段，以间接的方式对卫生保健事业实施宏观调控及影响。

（二）基本医疗卫生制度安排

芬兰卫生保健事业的一个重要特点是重视初级卫生保健与预防，初级卫生保健网遍布全国的城市和农村，保证了全体居民有均等机会接受医疗服务，较好地发挥了医疗保障作用。1972年，芬兰政府颁布了基层卫生保健法规，实施了以发展初级卫生保健为重点的宏伟规划，这一以政府法规形式颁布的卫生工作条例，得到了各地方政府行政上和经济上的支持和配合，构成了该国特有的、较为完善的初级卫生保健网络。目前，芬兰初级卫生保健网遍布各地方，并由各地方政府负责协调和管理，从而较好地保证了全国各地方居民享有卫生保健的权利。目前，芬兰每个市镇都拥有若干地方医院，一些偏僻地区还有各种类型的基层医疗站、医务室等，为当地居民的健康提供基本的医疗保健服务，起到了较好的医疗保障作用。

芬兰医疗保健组织可分为三级，即大学医院、中心医院和地方医院（包括基层医疗中心）。大学医院设备齐全、条件较完善，分科较细，医务人员都有较高的专业水准，可进行一些重症及复杂病症的诊断、治疗。目前，芬兰一共有五所大学医院，分别设在五个区域性人口集中的较大城市——赫尔辛基、图尔库、奥卢、库奥皮奥及坦佩雷。中心医院一般设在省会和人口相对密集的大中城市，交通方便，设备也较完全，医疗科室分类较全，医务人员都经过专门的培训，有较好的业务水平，能进行一般疾病包括某些大病的诊断、治疗，主要担负着所在城市及周围地区的医疗保健服务。各级地方医院及基层医疗中心多设在居民较集中的城镇及居民点。一般规模较小，设施简单，分科亦没有前两类医院齐全。地方基层医疗机构主要从事一般的常见病的预防与治疗，为本地区居民提供基本的医疗服务，并担负当地妇幼卫生、儿童保健、学校卫生及其他综合医疗工作。此外，负责有关卫生宣传、教育工作等，包括戒烟、精神卫生、计划生育与疫苗接种等。对各类重症病人及病情复杂的患者，地方基层医疗机构要负责转诊到条件较好的中心医院或大学医院去治疗。

和其他西方工业化国家一样，自20世纪80年代以来，由于受到整个资本主义国家经济不景气的影响，芬兰经历了自"二战"以来最明显的经济衰退，国家财政锐减，市政财政出现赤字。在这种情况下，芬兰各市政当局纷纷压缩各自的卫生投入，芬兰医疗机构也一改以往的增长态势。与此同时，医疗卫生费用却以高于国民生产总值增长近两倍的幅度上升，但人口健康状况却并未显著改善，部分地区，尤其是一些偏僻地区的人口健康状况甚至有所下降。在这种背景下，如何改革卫生保健政策、提高医疗保健服务质量、遏制医疗卫生费用的持续增长等问题，已被提到芬兰政府及有关部门的议事日程上来了。导致医疗卫生服务效率下降、卫生保健费用不断增长的因素很多，归纳起来主要有以下几方面：一是由于人口结构的日趋老龄化而引致的老年病人的增加，及人们自我保健意识的增强等因素，使人口医疗服务需求迅猛提高。二是随着现代生活方式的变化和影响，疾病结构起了很大变化。心血管疾病、癌症、意外事故逐渐上升为死亡的主要因素；加之工业高速发展及随之而来的交通拥济、污染、失业、竞争、酗酒、凶杀等社会因素的影响，各类病人增多，精神疾病发病率日趋增长；一些治疗困难或病因不明的疾病在疾病谱中所占比例不断增大，导致所需的医疗费用越来越多。三是健康保险制度存在某些弊端，医疗费用支付制度不完善，医务人员及病人缺乏卫生经济观念，缺少控制、节约经费的奖励及刺激措施，等等，也是造成上述问题的重要原因之一。

面对这样一系列问题和危机，芬兰政府采取了如下改革措施与对策：一是改革现行疾病保险方式，制定和完善有关医疗卫生法规；改革并减少公共支出，使公共支出合理化；压缩免费医疗项目与范围，增加病人自付费用的比例;加强监督管理、增加收入。二是改革医院管理制度,完善卫生保健服务制度;设立专门机构,加强对医疗机构和医务人员的检查、监督与管理,减少不必要的医疗行为;控制医院规模,控制医疗价格;限制药品价格及昂贵医疗仪器的购置与使用;加强预防和初级卫生保健工作,以降低发病率,减少对医疗卫生服务的需求。为此,芬兰各级医院增强医院诊疗收费及成本核算工作,各级医疗财务部门根据医疗服务内容与方式,详细记录业务收支,加强成本核算。目前,大多数医院已对 X 光检查等费用明码标价,一些大学医院引进美国 DRG 系统,对有关病种实行严格的定价与收费。芬兰政府还努力把卫生保健工作重点从单纯的医院治疗转到初级卫生保健和预防为主的轨道上来,并努力发展国民经济,改善社会条件,以提高人口的健康水平,减少发病率和各种意外事故的发生。

(三)药物使用机制设计与压缩医药开支

芬兰是典型的北欧福利国家。公民无论是在医疗机构就诊购药,还是在家生病休养,都可以从保险机构获得部分甚至全额医疗补贴。但是近年来,随着人口老龄化问题加剧,医药开支的不断增长给政府和患者带来了沉重负担。为此,芬兰政府密集出台改革措施,优化机制设计,压缩医药开支,选择从节省医药开支入手,同时优化医疗保健服务质量,取得了较理想的效果。

在芬兰,患者在医院就诊后,凭医生开具的处方到药店购买药品,可享受社会保险机构提供的药费补贴。药费补贴分为基本药品补贴和特别药品补贴两大类。基本药品补贴是指普通患者在药店凭处方买药时,每次需自付 10 欧元药费,超过部分的 42% 由芬兰社会保险机构补贴。据相关部门统计,2003 年以前,芬兰社会保险机构每年为患者支付的药费补贴近 9 亿欧元。除药品消耗数量增加外,药价高昂以及患者大量选择服用高价药品,是造成芬兰医药开支大幅增加的主要原因。与此同时,公共医疗系统效率偏低、医护人员不足、门诊和手术排队等待现象严重、初级医疗保健和医疗水平较弱、不同地区和不同阶层人群健康水平差异拉大等医疗卫生系统的深层结构性问题也逐渐浮出水面。

为此,从 20 世纪 90 年代开始,芬兰政府就启动了医疗卫生体制改革进程。1995 年,芬兰设立医疗技术评估局;2000 年,芬兰全国高等院校医学院系大幅扩招医科学生;2002 年,启动《未来保健国家项目》;2003 年,新《医药法》正式生效实施;2005 年,限定最长就诊等候时间,启动城镇医疗卫生服务结构调整;2007 年,建立国家电子处方和患者登记系统。芬兰以节省医药开支为改革突破口,推出新《医药法》,确立处方药替换基本原则。2003 年 4

月，旨在使用便宜药品替代昂贵药品的新《医药法》正式生效实施。根据这一法律，药店在征得患者同意后，可将价格昂贵的处方药替换成价格较低但药效相同的药品，鼓励患者购买最经济的药品。与此同时，医生在开具处方时，须告知患者所开药品可在药店换成等效便宜的药品，或直接开出较为便宜的处方药。医生也有权根据病人的特殊情况，从药物学及治疗效果的角度，在处方上注明有关药物不可替换，并在病历上写明具体原因，确保患者的用药安全。

另外，芬兰实施"药品参考价机制"，鼓励患者主动选择便宜药品。新《医药法》实施后，芬兰政府和个人的医药开支明显下降，但仍有10%的患者拒绝将昂贵的药品替换成更为便宜的药品。为此，2009年4月起，芬兰开始在全国范围内实施"药品参考价机制"，以鼓励更多患者放弃使用昂贵的处方药，降低社会医药开支。具体来说，如果医生为一名患者所开处方药的价格为50欧元，而此类药品中具有同等疗效且最便宜的药品价格为10欧元，则此类药品的参考价为11.50欧元。如果患者同意使用等效最便宜药品，根据现行补贴比例则可获得4.20欧元的医药补贴。否则，患者只能按同类药品的参考价获得4.83欧元的医药补贴，自己则需支付45.17欧元。目前，芬兰国家医药管理局已公布了2300余种可替换药品名录，患者可随时上网查询可替换药品的名录及价格。

同时，芬兰以"药品参考价机制"迫使医药公司竞相压价以争夺市场空间，"药品参考价机制"在降低个人和政府医药开支的同时，也迫使各医药公司之间展开竞争。各家公司为了保证自己的销售额，使自己生产的药品特别是新药更多地被列入可替换便宜药品名录，竞相降低药品价格。

三、启示

（一）建立真正有效的、操作性强的区域卫生规划

对医疗服务能力进行区域卫生规划，提高资源配置效率，满足多层次医疗服务需求，控制医疗费用的不合理上涨，是国际通行的做法，也是卫生服务公平和效率的前提。我国自20世纪90年代开始实施区域卫生规划政策，但是成效似乎并不显著，而是流于形式。此轮深化医改高度重视卫生资源的优化合理配置，既强调了政府对于卫生服务规划、筹资、提供、监管的主导地位，又提出了充分发挥市场作用，鼓励社会力量办医，扩大医疗卫生服务能力，满足多层次服务的需求。

医疗卫生改革与筹资机制和医疗卫生服务提供的模式密切相关，因此，医

疗卫生改革对医疗卫生规划、区域卫生规划也有重要影响。芬兰的实践以及我国正在进行的深化医药卫生体制改革表明，政府正在面临着一个挑战：采取分权、竞争和供方参与等政策，协调各部门、各方面，提供公平、可负担的基本医疗卫生服务，以增强卫生服务体系的反应性和提高效率。规划方法的不同，对各层级决策内容以及平衡医疗卫生服务供方的竞争和监管是不同的。

从区域卫生规划的主体来看，芬兰是以自治市为主，层级已经很低，充分发挥了地方根据居民需求发展卫生服务能力的积极性。同时，为了弥补区域政治经济不协调所带来的不平等发展，芬兰政府逐步加大了中央对于地方投资支持的力度，较好地消除了区域不平衡状况。我国广东省区域卫生规划是中央制定指导原则，省级制定规划标准，地级以上市制定区域卫生规划。鉴于广东省地理、交通、经济社会发展差异较大，人口较多，各县发展不平衡，可以考虑将县域作为规划单位。重点强化以分级诊疗为原则、以县、镇、村三级服务网络为基础的规划原则，对体系内的按照其功能定位，加强对公立医疗机构规模扩张和设备升级的控制，对于社会资本投资的卫生领域则可采取宽松政策，加强监管。

对于广东省而言，为进一步加强农村卫生服务体系建设，在指导各地着力发展农村基层医疗卫生机构基础设施建设标准化、服务能力建设规范化、运行机制和内部管理高效化的同时，应形成高度紧密型的以县级医院为龙头、乡镇卫生院为枢纽、村卫生站为基础的农村三级卫生服务网络，提高网络整体功能，这一点对于县域而言是极其重要的。区域卫生规划在县域范围内的布局和有所侧重显得更加重要。

首先，合理统筹规划县域医疗卫生资源，使之良性、有序发展。在临近县城区域的镇，对乡镇卫生院的发展采取"医疗服务发展与县级医疗机构优势互补、特色专科错位发展；着力加强基本公共卫生服务"的原则，避免同时上规模发展，造成恶性竞争以及医疗资源的浪费。在远离县城、医疗卫生资源不密集的镇，地级以上市及县级卫生行政部门要着力加强乡镇卫生院各类基础设施建设，同步发展医疗服务能力和基本公共卫生服务能力，同时保障在远离县城的一定区域内都有一所中心卫生院，作为这一区域的次一级医疗中心。县级卫生行政部门要统筹协调、全盘考虑，根据县域内乡镇卫生院发展优劣，在各乡镇间合理调配乡镇卫生院院长及业务骨干，或通过公开招聘、选拔、签订乡镇卫生院发展目标责任书等方式，促使不同镇之间的乡镇卫生院骨干和院长的流动，带动业务薄弱乡镇卫生院的良性发展。

其次，建立县—镇医疗卫生机构纵向业务合作的协作机制，实现资源纵向流动，形成紧密型的龙头—枢纽网络。在地级以上市卫生行政部门的监督指导下，县级卫生行政部门要统筹协调，组织本县域内县级医疗卫生机构与乡村医疗卫生机构的上下联动。有计划地组织县级各类医疗卫生机构与服务能力尚薄弱的乡镇卫生院开展纵向业务合作和分片对口帮扶,使人力资源可以柔性流动。组织县级医疗卫生机构指导或实施乡镇卫生院、村卫生站医务人员培训。可以按需求选派县级医疗卫生机构的卫生技术骨干到薄弱乡镇卫生院挂职担任业务副院长一至两年;可以下派专业技术人员到乡镇卫生院长期驻点坐诊,一方面直接为农村居民提供诊疗服务,另一方面进行传帮带的专科扶持;可以免费接收支援片的乡镇卫生院人员进修学习,培养技术骨干;可以帮助乡镇卫生院开展适合农村基层的适宜技术新项目,建立专科;可以帮助支援片的乡镇卫生院提高规范化管理水平,制定规章制度,优化操作规程。

最后,探索建立县级医疗机构和乡镇卫生院之间双向转诊、分级诊疗的长效机制。各地要在积极推动建立国家基本药物制度、推进新农合门诊统筹、转变服务模式等多种方式引导农村居民到乡村医疗卫生机构就诊的基础上,着力采取规范管理与转换机制并重的方式,提高乡镇卫生院的服务质量和效率,鼓励农村居民到乡镇卫生院就诊,进一步提高乡镇卫生院就诊比例。地级以上市卫生行政部门统一组织和重点探索在县级医疗机构和乡镇卫生院之间建立双向转诊的长效机制,按照县—镇双向转诊协议实施管理,逐步在农村医疗卫生服务三级网络中形成基层首诊、分级医疗、双向转诊服务模式。明确转诊原则和程序,简化转诊手续,严格把握上、下转诊指征,按照"患者自愿,分级合理,技术共享,连续服务"四项原则,为农村居民提供整体性、连续性的医疗服务。具体转诊程序及服务流程、协议、转诊单据等,由各地级以上市卫生行政部门统一组织制定,可试点先行、逐步扩面。县级卫生行政部门要统一组织实行双向转诊的县级医疗机构对乡镇卫生院实行各项检查的"一单通"。实行县—镇双向转诊的县级医疗机构要结合县—镇纵向业务合作的协作机制,成立技术指导小组,对乡镇卫生院提供技术支持。技术指导专家定期到卫生院进行会诊、带教、培训或驻点指导,强化技术支持,并为下转病人的社区治疗和康复提供技术指导及必要的跟踪服务。县、乡两级医疗机构要建立患者转诊的相关台账,及时互送上转、下转病人的诊疗和随访资料,做好信息登记和储存,并纳入农村居民健康档案,实行动态管理。

(二)建设完善的基本医疗卫生服务体系

芬兰医疗卫生服务的效果一直得益于其完善的初级卫生保健服务体系(相当于我国现行的基本医疗卫生服务),是欧洲初级卫生保健服务的领路人。在卫生服务体系中,初级卫生保健服务扮演了"守门人"的角色,在医疗急救、公共卫生服务、健康促进和疾病预防控制与管理中也发挥着突出作用。因此，建立完善的基本医疗卫生服务体系，对于一个地区、一个国家事关公民民生福祉的医疗卫生服务至关重要，也是卫生服务公平和效率的基础。如何使用最低成本的卫生投入来获取最大效果的国民健康效益，取决于各方、各部门是否真的在为打造强健的基本医疗卫生服务体系起作用。另外，芬兰在初级卫生保健执行过程中出现的问题，同样可以给我们带来启示。

芬兰尽管在卫生服务改进方面取得了明显进展，但是仍然面临基层医生短缺、患者等待时间长、基层医务人员流失至上级医院等问题，基层初级卫生保健医师管理工作的繁琐、缺乏同行的支持和鼓励、与专科医师相比获得研究和继续教育以及晋升的机会少、薪酬水平低等因素，加剧了基层初级卫生保健医师的流失。反观我国，现在正在进行着医疗卫生的一场革命性的变革，如何吸取芬兰的经验和教训，在"强基本、保基层、建机制"的重塑基本医疗卫生服务体系中取得成果，如何注意基层人力资源的流失问题，如何注意吸引人才到基层，如何加强基层人才队伍建设，如何充分发挥基层医生健康守门人的角色，如何建立公立医院与基层医疗卫生机构分级诊疗的服务体系，如何加强基层医疗卫生机构建设，像芬兰一样，在任何偏僻的乡村都有公民方便可及的按规划设置的标准化建设的卫生服务站点，都是我们要思考的，也是芬兰基本医疗卫生制度安排给我们的启示。广东省是经济强省，如何完善基本医疗卫生服务体系建设，各级财政都有不可推卸的责任和义务。中央财政、地方各级财政究竟在这些事关民生福祉的事情中充当什么样的角色，如何使用和二次分配纳税人的钱，使其回归民生，这也是一个启示。另外，在完善基本医疗卫生服务制度的过程中，逐步建立起以人为本的基本医疗卫生服务体系和服务能力的监督与评价体系，以保证这种机制和模式的绩效，也是我们要关注的问题。

（三）基本药物制度实施环节是卫生服务效果和控制卫生总费用的关键

目前，我国实行的基本药物制度有几个主要特征：一是国家和省级制定基本药物目录，目录内的药品使用按零差率销售；二是对药品的使用环节前的各环节成本价格缺乏控制，只是在使用消费环节采取由政府补贴以及医改补贴的零差率销售；三是国家对基本药物没有定点生产，药品企业多如牛毛，各企业在对有利可图的药品竞相压价的同时忽略质量和效果，进入药物目录后，就不再生产无利可图的疗效好的基本药物；四是只是关注基本药物目录，没有考虑不同人群、不同地域范围的需求差别，导致基本药物目录总是不够用，各地总是试图扩充；五是我国目前还未建立起品质好的连锁药店网络，大面积进入医保定点范围；六是医生和公民的用药习惯均存在不合理的地方，也是基本药物制度施行的一个阻碍。鉴于此，结合芬兰在药物使用机制设计以及借此压缩政府医药费用成本的一些做法，笔者得到一些启示，也进行了个人的思考。

首先，基本药物目录确实囊括了各人群、各科的基本医疗服务的用药品种和规格，各地也可以根据地方人群的需求合理增补一些基本药物进入目录，进入目录的药物当然是经临床验证疗效足、价格成本又是同类药中相对最低的几种。基本药物目录内的药品采取政府补贴的零差率销售；未进入目录的可以参考芬兰的做法，列出可替代药物目录，采取阶梯式补贴，价格成本越贵的药物的补贴越少，可替代药物目录内的药品费用由个人支付相当比例；替代目录之外的药物则是考虑了特需人群的特种需求，不予补贴，费用完全由个人支付，而且一般是价格比较贵的品种。这样一来，既考虑了人群的不同需求又引导公民合理用药，还会降低卫生总费用。

基本药物目录内的药物是政府应该全力保障的基本公共产品，可以采取计划经济模式，根据需求情况，以省级政府为单位指定若干企业生产，保证药品质量和效果，也避免了便宜药品缺货。替代目录内的药物和基本目录内的药物之外的任何药物品种品规，可以采取市场化，放开企业自由生产。但要做好药品生产企业的监管，保证任何出厂的药物的质量和疗效。而对于药物的社会投放，政府应该管理其出厂价格以达到相对合理。

芬兰采取医药分家的政策，拥有急救药品的要依据分级诊疗标准，各层级机构按其功能定位配备可以使用的急救药品和器械，否则就要转诊。非危急重症的公民在医疗机构看了病，凭医生处方到社会零售药店自行取药。当然，芬兰的药店很正规，药店布局也合理，有数量充足的执业药师，也全部纳入了社会保险。广东省目前的连锁药店尚未达到一定规模，也未达到网络遍布、方便公民的情形，又无正规执业药师坐堂执业，更未进行信息化覆盖导致无从监管，也未纳入医保定点。但是，我们不必采取医药分家的方式。为方便群众，基本药物目录内的药品在医疗机构药房领取，急救药品医疗机构必须按功能定位和分级诊疗体系标准配备，其余有阶梯补贴的替代药品和费用完全自付的药品可以在社会零售药店凭医生处方购买，当然前提是这些零售药店网络方便群众，也已经纳入医保定点，又资质正规，而且达到信息化以便监管。

参考文献

[1] 李国鸿. 芬兰卫生保健政策评价 [J]. 国外医学·卫生经济分册，1995 (11).

[2] 石光等. 德国等九个发达国家区域卫生规划的经验与启示 [J]. 卫生经济研究，2009 (9).

[3] 王小万等. 欧洲重建初级卫生保健服务体系的理念与措施 [J]. 中国卫生政策研究，2010 (3).

借鉴芬兰经验，完善广东社会保险公共服务体系

丰 波

2011年5月至7月，笔者参加了第五期广东省公务员公共管理芬兰专题研究班的学习，分别在中山大学、芬兰公共管理学院学习一个月。芬兰、瑞典、丹麦、挪威、冰岛五国地理位置接近，社会制度类似，发展水平相近，并称北欧五国，尤其以城乡均衡发展、社会保障水平高著称。两个月的学习，特别是在芬兰期间的异国学习和实地考察，笔者收获颇多。芬兰超乎想象的社会保障水准和完善的社会保障（险）服务体系，给笔者留下了深刻的印象。本文首先简要介绍芬兰的社会保障公共服务的基本情况，进而分析广东社会保险管理服务的现状和困境，最后提出完善广东社会保险公共服务体系的建议。

芬兰的国情和广东的省情差异显著，单就人口这一社会保障的关键数据指标来比较：芬兰国土面积是广东省的两倍，截至2010年底，芬兰的人口是537万人，GDP为1916亿欧元，人均35559欧元，是高度发达国家，国民享有极高标准的生活品质。而根据第六次人口普查数据，2010年中国人口13.7亿，其中60岁及以上人口1.67亿，约占总人口的12.5%。截至2010年底，广东省的常住人口为10440.94万人，65岁及以上人口比例从1990年的5.9%递增至2010年的6.8%；全省生产总值为5.3万亿元人民币（约合6424亿欧元），人均生产总值5万元人民币（约合8000欧元）。因此，芬兰和广东，一个是地广人稀的富裕小国，一个是人口稠密的发展中大省。两地虽然社会制度和文化传统不同，但是芬兰公共管理、社会服务的做法和经验，特别是社会保障领域的发展思路、公共管理的理念和具体做法，以及普遍社会服务的成功经验，值得我们借鉴。

一、芬兰社会保险管理服务体系简介

（一）概况

芬兰社会保险机构创建于1937年，简称Kela（芬兰语缩写），直属于芬

第三部分 行业发展与社会保障

兰国会监管，独立运作。Kela 的运行和管理由一个 10 人董事会负责决策。当前任期的 10 人董事会成员主要是：国家社保机构负责人、国家财政部国务秘书、医疗机构代表、国家社会事务和卫生部总干事、企业工会代表、企业联合会代表等。

Kela 的法律地位、职责和管理架构由法律（芬兰社会保险机构法案及国会法相关章节）确定。

芬兰全国分为五个社保业务区域，每个区域再划分成若干地区，Kela 在每个区域和地区均派驻分支机构和服务网点。

（二）主要职责

Kela 是芬兰向全社会成员"从摇篮到坟墓"的社会保障（福利）的提供者，主要职责是为享受芬兰社会保障制度的所有个人在人生不同阶段提供全方位的社会保障服务，包括家庭补助金、医疗保险、住房补贴、失业保障、学生财政补贴、基本养老金、残疾人补助金、兵役补贴等。

Kela 经历了从行业、地区分散走向全国整合的发展历程，业务范围从最初的养老金、医疗保险逐步扩展到社会保障的各个领域。

（三）经费保障

Kela 的运行经费来源是法律规定的被保险人和雇主缴纳费用的一定比例和公共部门拨款。2010 年，Kela 的年度总支出（含保险金支付和管理费用等）约 120 亿欧元，其中管理费用约占总支出的 3%，即 3.6 亿欧元。Kela 总收入的 58% 来自政府拨款，37% 来自保险金按比例提成，5% 来自地方政府。

二、芬兰高福利社会保障模式现状及启示

芬兰普惠制、高水平的社会保障模式，是芬兰社会祥和稳定的重要基础，是人民幸福感和尊严感的重要来源。考察学习中，笔者也发现，在祥和宁静的表象下，芬兰近年来也面临着国际国内的双重压力：国际上经济竞争激烈，全球金融危机和欧盟主权国家债务危机余波未了；国内人口老龄化和城市化趋势明显。在这种情况下，芬兰高税收、高福利的社会发展模式能否长期可持续，值得关注。芬兰"从摇篮到坟墓"的高福利社会保障模式在令人艳羡的同时，同样隐含着一些不容忽视的负面影响，直观感受体现为：效率不高；活力和进取精神不足，竞争意识不强；安于现状，按部就班；结构性失业较为明显，在劳动力明显短缺的情况下失业率仍达到 7%，社会需要的、基础性的劳动密集

型工作少人问津。

在与芬兰有关人士进行初步探讨后,笔者认为芬兰的社会保障模式面临两大挑战。一是人口老龄化。现在芬兰全国18%以上的人口是年龄超过65岁的老人,远远超过国际上对于老龄化社会的定义标准,是名副其实的老龄化社会。为应对人口老龄化,芬兰正在采取的措施,包括:鼓励在具备职业条件时尽早参加工作;研究考虑延迟退休时间、延长工作年限;优化公共部门职能和结构,提高工作效率,减少劳动力使用量。二是城市化进程,芬兰一半以上的人口集中在大赫尔辛基首都地区。乡村地区就业岗位萎缩,政府税源减少,社会保障收入减少,为了在乡村地区维持高水准的社会福利水平,政府需要更大的投入。

单就社会保障领域而言,笔者认为广东可以考虑借鉴的做法至少有四点:

一是继续严格控制人口数量。人既是生产者,又是消费者,社会保障的对象是社会公民,过多的人口对环境和资源造成巨大压力,就业、社会保障和环境保护也都面临着严峻挑战。

二是加大社会保障的普惠制和基本公共服务均等化建设。芬兰是人口小国,承担高福利尚且觉得吃力,其他欧洲国家强大完善的社会保障体系也都面临着可持续的困境,不得不采取一些紧缩政策。中国目前拥有13.7亿人,尽管GDP已经是世界第二,但因为人口基数太大,人均收入并不高,让每一个国人都能享受到欧洲高福利国家的社会保障待遇,客观上不现实。同样的道理,广东作为人口大省,走芬兰等北欧国家的高福利之路困难重重,短期内难以实现,但是完全可以借鉴芬兰公共管理和社会福利的"公平性"理念,在国家的政策框架下从省情出发,公平优先、兼顾效率,向全省人民提供与经济发展水平相适应、全覆盖、普遍的社会保障和公共福利。

三是提升政府公共管理能力,向公民提供精简高效的社会保障服务。可以借鉴芬兰法制健全、政府公共管理公开透明、决策过程民主科学的做法,逐步推行社会保障公共决策民主和绩效管理,提高管理效率,降低管理成本。建立起政府主导、职责清晰、分工合作的社会保障运行模式,充分发挥市场和社会中介组织的作用。

四是及早研究人口老龄化和城市化的应对措施。随着经济社会发展和人民生活水平提高,有两个趋势在广东不可避免,对社会保障的影响需要尽早关注。其一,老龄化。截至2010年底,广东省65岁及以上人口比例已经达到6.8%,按照国际惯例,65岁及以上人口占总人口比例达到7%,即进入了老龄化社会。随着人口生育率的下降并维持在低水平上,以及平均预期寿命的延长,人口老龄化的趋势必然长期存在。其二,城市化。2010年广东省城镇人口占全部人口的比例达到66.2%,广州市第六次人口普查显示,常住人口

1270.08万人,占全省人口数的12.16%。城市化的趋势非常明显,也将长期持续。

2011年下半年,欧洲国家中的意大利、比利时,尤其是挪威,接连发生恶性案件,造成大量无辜人员伤亡。除了震惊,笔者非常不理解,难道以经济发达、福利优越和社会均衡著称的欧洲"病了"?极端案件、连锁事件,除去偶发因素外,是否暴露出深层次的矛盾和冲突?欧洲这一年多来发生的一系列社会事件,表层原因是欧债危机酝酿发酵,社会福利受损、社会竞争激烈导致人们的心理失衡,深层次原因是社会融合受阻、宗教种族冲突等分歧加剧,特别是在欧债危机扩大、经济持续低迷的情况下,各种矛盾产生叠加效应。2011年底爆发的希腊债务危机可以认为是西方高福利制度困境的一个缩影。由于福利好、学费便宜、医疗保障水平高、养老金优厚,西方国家的不少民众习惯于悠闲度日、过度消费、透支未来。另外,由于工资高,企业生产成本高企,生产效率提升空间有限,国际竞争力削弱,经济状况每况愈下。即使没有全球金融危机这一导火索,希腊的债务问题迟早也会暴露。这些事件给笔者的直观感受是:改善民众福利不能超越承受能力,更不能靠举债来维持高福利,政府债务会像雪球一样越滚越大,总有崩塌的一天。

当然,笔者认为在社会保障领域,中国目前的主要问题是解决基本社会保障全覆盖和社会福利公平问题。多数亚洲国家的政府负债少,财政可腾挪空间较大,这与希腊和葡萄牙因债务被迫消减预算、影响社会保障水平的情况不同。以中国为例,外汇储备接近3.2万亿美元。根据世界经济合作与发展组织2011年12月发布的报告,亚太地区社会保障支出平均占GDP的5.2%,还不到发达国家平均水平的1/4。社会保障体系的完善、公平、透明和普惠,是社会繁荣的标志。现在谈中国的高福利社会或者福利主义显然为时尚早。

三、广东社会保险公共服务体系的现状

(一)社会保障与社会保险

按照国际劳工组织的定义,社会保障是指"社会通过采取一系列公共措施,以保护其成员免受因疾病、生育、工伤、失业、伤残、年老和死亡造成的停薪或收入大幅度减少而出现的经济损失及社会贫困,并对其社会成员提供医疗照顾和对有子女的家庭提供津贴"。这一定义显示了社会保障基本特征是社会(一般由政府主导)提供的经济援助。广义的社会保障包括社会保险(养老保险、医疗保险、失业保险、工伤保险、生育保险)、社会救助(贫困救

助、灾害救助）、社会福利（老人、妇女、儿童、青少年、残疾人福利）、优抚安置（烈士、军属）、住房保障等内容，各个保障项目之间既有性质的不同，又有密切的内在联系，彼此间协调配合才能构成完善的保障体系。

党的"十七大"报告明确提出到2020年基本建立覆盖城乡居民的社会保障体系的战略目标，要求以社会保险、社会救助、社会福利为基础，以基本养老保险、基本医疗保险和最低生活保障制度为重点，以慈善事业、商业保险为补充，加快建立健全覆盖城乡居民的社会保障体系。

社会保险是社会保障体系的核心内容，主要包括养老、医疗、失业、工伤和生育五大险种，以下简称"社保"。

经过多年努力，广东以社会保险为核心的社会保障制度体系框架基本形成，城乡养老、城乡医疗和城镇职工失业、工伤、生育保险制度普遍实施，养老、医疗两个主要险种率先实现制度上全民覆盖，其他各项社会保障制度覆盖范围逐步向全民扩大。管理服务体系逐步健全，实现了从单位福利型向统筹共济性社会保险的转变，社会保障待遇水平稳步提高。

社会保险的服务对象是全体城乡居民，广东作为人口事实管理量全国第一的人口大省，社会保险事业除了存在制度不够健全、覆盖范围比较窄、管理基础比较薄弱、基金支付压力大等全国性的共性问题外，在应对区域和城乡发展不平衡、就业方式多样化、人口流动大等方面问题尤为突出，制度建设和改革的任务十分繁重。

（二）社会保险五大险种

1. 社会保险的险种

社会保险主要包括养老、医疗、失业、工伤、生育五大险种。广东对社会保险事业高度重视，除医疗保险外，其余四大险种均已出台相应的省级地方法规。

（1）养老保险。养老保险是指劳动者在达到国家规定的解除劳动义务的劳动年龄界限，或因年老丧失劳动能力的情况下，能够依法获得经济收入、物质帮助和相关服务的社会保险制度。1998年，广东颁布了《广东省社会养老保险条例》。

（2）医疗保险。医疗保险通常指补偿参保人因疾病诊治所发生的医疗费用。目前，广东覆盖城乡所有居民的医疗保障体系框架已经初步建立，包括城镇职工基本医疗保险、城镇居民基本医疗保险、新型农村合作医疗和城乡医疗救助四个制度。

（3）失业保险。失业保险是指向失去工作又暂时难以就业的社会成员提供援助。2002年，广东颁布了《广东省失业保险条例》，规定城镇各种类型的企业和事业单位及其职工（含农民合同工）都要参加失业保险。

（4）工伤保险。工伤保险是社会保险最早产生的险种。工伤保险是指国家通过立法、以社会统筹的方式建立基金，对在生产、工作过程中负伤致残、患职业病丧失劳动能力的劳动者，以及对职工因工死亡后无生活来源的遗属提供物质帮助的制度。2004年，广东颁布了《广东省工伤保险条例》，修订后的新条例于2012年实施。

（5）生育保险。生育保险是指职业妇女因生育而暂时中断劳动，由国家或单位向其提供生活保障和物质帮助的一项社会制度。2008年，广东颁布了《广东省职工生育保险规定》。

2. 五大险种管理服务上的共性

五大险种虽然各自所预防的社会风险不同，但是相互之间联系密切，尤其是参保人同时面临数种社会风险时，则涉及不同险种之间的协调。它们都是社会保险的组成部分，具有社会保险的一般属性，如政府行为、参保对象的普遍性、实施的强制性、共济性等。各险种各有特点，主要体现为政策制度上针对的对象和保障目标不同。在管理服务上对象重叠、人群交叉，例如，社会化退休人员参加医保，关闭破产国有企业退休人员参加医保，失业人员医疗补助、生育，工伤死亡遗属按月支付长期待遇，工伤保险中的工伤医疗和康复，生育保险与医疗保险具有天然的协同性，等等，很多管理措施和手段可以共用。

（三）广东社会保险的基本情况

1. 社保覆盖面不断扩大，但尚未覆盖全体劳动者

截至2011年底，广东参加城镇职工基本养老保险3801万人，参加城镇职工和居民医疗保险人数6799万人，参加工伤保险人数2848万人，参加失业保险人数1876万人，参加生育保险人数2340万人，参加农村居民养老保险1300万人，距离真正应保尽保，还有相当大的差距。

2. 基金规模不断扩大

从全国来说，五项社保基金总收入从1998年的1623亿元增加到2008年的13696亿元，10年间增长了7.43倍，总支出从1998年的1637亿元增加到2008年的9926亿元。从当年的收不抵支发展到收支平衡、略有盈余，实现良性增长。从广东的情况看，全省社保基金收入及基金结存总量已多年位居全国首位。2011年全省社保基金收入2396.6亿元，比上年增加617.5亿元，增长34.7%。基金支出1432亿元，比上年增加313.3亿元，增长28%。当年社保基金结余982.1亿元；滚存结余4579.2亿元，比上年增长27.3%。

3. 管理服务人群不断增长，服务对象扩展到全民

随着覆盖城乡社会保障政策体系的建立，广东社会保险管理服务的对象范围正从城镇拓展到农村，从职工扩展到其他居民。2011年全省城乡各项险种参保、管理服务人数达1.8亿人次。以养老和医疗保险为例，预计到2020年，基本养老保险将覆盖城乡所有劳动者和老年人，全省参保人数将达6000万人以上；基本医疗保险将覆盖所有城乡居民，全省参保人数将达到1亿人。

4. 各险种统筹层次不一，地区差异大

从理论上讲，社会保险遵循保险的"大数法则"，统筹层次高，有利于分散基金风险，提高基金支撑能力，降低基金的筹集和制度运行成本。但是，由于目前广东不同地区之间的社会经济发展很不平衡，各地区，尤其是珠三角经济发达地区与非珠三角欠发达地区之间工资水平、生活水平差异较大，加上受制于"分灶吃饭"的财政体制，各险种难以一步到位地实现省级统筹。养老保险基本实现以省级调剂金为主要形式的省级统筹。医疗保险基本实现市级统筹。工伤、生育、失业正在积极推进市级统筹。截至2011年底，深圳、广州、东莞、中山和佛山五个经济发达地区（统筹区）的五大险种基金累计结存量合计3507亿元，占全省78.6%，其中，深圳一个市就占全省的1/5。

（四）社会保险政策制度与管理服务的关系

改革开放30年来，广东社保政策在探索中前进，经历了大量的调研、论辩、设计、试点和总结，到目前为止，基本的制度模式和政策框架已经确定，改革的方向已经明确，现在加快建设社会保险公共服务体系的时机已经成熟，应当摆到重要位置。

1. 政策的落实离不开完善的社保公共服务体系

社会保险发挥着调节社会贫富差别、保障人民基本生活的积极作用，制度和政策要落到实处，关键还是要依靠管理服务去实现。

社会保险管理服务是指由法定主体，依照法律授权，筹集管理社会保险基金，办理社会保险事务，提供社会保险服务的所有公共管理和服务活动的总称。社会保险管理服务主要包括四方面职能：一是执行社会保险政策；二是承办社会保险事务，包括参保登记、缴费征收、记录权益、支付待遇等具体内容；三是管理社会保险基金；四是提供政策咨询、权益查询和公共服务。

各级社会保险经办机构是服务型政府面向社会公众的服务窗口。随着社保制度体系的不断完善，社保管理服务的对象逐步由国有企业职工向覆盖各种类型经济单位、机关事业单位和灵活就业人员转变，由以职业人群为主向覆盖城乡全体居民转变，从面向"单位"为主向直接面向"个人"转变，因此，管

理服务的内容和范围发生根本性变化，亟须完善整个公共服务体系，以应对形势需要。

2. 社会保险服务能力要与政策制度相配套

社会保险公共服务能力是政府执行力的重要组成部分，服务跟着政策走，政策制度覆盖到哪里，管理服务就要延伸到哪里。在当前制度快速推进的过程中，管理服务能力要同步跟上，甚至需要适度超前。

以医保为例，2009年3月党中央、国务院印发《关于深化医药卫生体制改革的意见》和《医药卫生体制改革近期重点实施方案（2009—2011年）》（以下简称中央医改文件），就提出了加强医疗保险管理服务水平的具体要求，明确了"四个适应"的具体措施，提高医保管理服务效率，降低服务成本。一是适应全民医保的新格局，完善管理体制。探索建立城乡一体化的基本医疗保障管理制度，并逐步整合基本医疗保障经办管理资源，实现城乡基本医疗保险管理的协调统一。二是适应社会流动性增强的新情况，完善医保管理服务办法。三是适应精细化管理的新要求，完善医疗保障信息系统。四是适应政府公共管理的新机制，探索医保管理服务的更多途径，积极探索购买社会服务。

中央关于医疗保险管理服务水平的有关要求，对于其他险种的管理服务同样具有借鉴和指导意义。

四、当前广东社保公共服务体系存在的问题及原因

（一）社保公共服务体系建设缺乏前瞻性

现行社保制度在改革中不断完善，复杂多变，对社保政策的全面贯彻落实影响很大。广东城乡、地区差别大，制度覆盖不均等，特别是那些最缺乏保障的流动就业人员、无固定职业的零散就业人员及其子女等社会中低收入人群。公共服务更不均等，客观上造成政策制度安排延伸到某一群体，经办体系急急忙忙补课，严重影响政策的实施效率和效果，陷于被动应付的局面中。建议社保公共服务体系的规划和建设应适度超前，预留政策容量。

（二）社保经办机构职能定位模糊不清

社保公共服务工作主要由社保经办机构承担。从工作内容上讲，社保经办机构承担着将社会保障制度政策转化为社会公共服务的基本职能，是政府的重要执行部门；从工作方式和手段上讲，准金融的特征明显。按照现行管理体

借鉴芬兰经验，推动幸福广东建设

制，社保经办部门实际上承担着社保基金的账务管理职能，但是目前在机构编制、干部管理、人员结构、经费供给等各方面仍然停留在原有的行政管理模式阶段，现有的社保公共服务体系难以应对政策复杂多变、管理服务人群不断延伸扩展、覆盖面扩大的客观形势需要，"小马拉大车"的矛盾比较突出。例如在人员编制配置上，近年来，随着社保事业发展、覆盖面扩大，新型农村养老保险等新增业务不断，社保经办部门承担的业务量急剧上升，但是，相应工作人员和工作经费却没有同步增长。目前，广东社保经办工作人员与参保人数之比为1：14000，远远高于全国1：4100的平均水平。在这种情况下，完成任务量与保证工作质量之间的矛盾十分突出。

（三）政事界限不清

"政事分开"的提出见于2008年中共中央十七届二中全会《关于深化行政管理体制改革的意见》，是"政企分开、政资分开、政事分开、政府与市场中介组织分开"四个"分开"之一。所谓政事分开，是政府职能转变的内容之一，主要是指行政机关与事业单位要在职责上分开，机构上分开，管理方式及手段上分开。

政企分开的改革已取得实质性成就。相比之下，事业单位的改革滞后，事业单位管理与运作模式还带有强烈的计划经济时代的特征。对于教育、科技、文化、艺术等事业单位，政事分开的改革方向和目标比较明确：完善法人治理结构，加强政府监管。

但对于履行政府公共服务职能的事业单位，笔者认为，政事分开的内容和形式都需要认真界定。现实工作中普遍存在"政"与"事"的划分不清、职责不清，"何为政何为事"没有明确的界定，直接导致政策制定与执行之间脱节，将政事分开曲解为"政大于事，政指挥事"等，政事之间没有形成良性互动的机制。笔者认为可以借鉴芬兰经验，履行政府公共服务职能的事业单位可以采用与政府之间形成法定绩效责任关系的模式。

（四）管理体制与事业发展的矛盾明显

1. 管理体制不统一

目前，社会保险及部分相关社会保障事务由人力资源社会保障部门负责，新型农村合作医疗主要由卫生部门负责，社会救助、社会福利和优抚安置由民政部门负责，农村独女户或二女户养老补贴由人口计生部门负责，住房公积金由住房建设部门负责，多个部门分散管理社会保障事务。

从长远看，建立覆盖城乡的社保体系是既定目标，理应按照大部制改革要求,理顺社会保障管理体制,实现统一管理。建议首先逐步统一城乡社保经办管理体制,形成社会保障公共服务平台,将来可以逐步置入其他面向城乡居民的政府公共服务内容,构建统一的政府公共服务平台。

以医保为例,省委省政府要求"全面推进城镇基本职工医保、城镇居民基本医保、新型农村合作医疗、城乡医疗救助制度建设,加快实现全民医保。有条件的地方实行城乡医保一体化管理"。广东在国家层面政策不明朗的情况下,率先行动,在整合管理资源方面进行了积极探索,截至2011年底,全省21个地市已有19个地市实现城乡医疗保险管理服务一体化,将新型农村合作医疗划归人力资源社会保障部门统一管理。笔者认为,现阶段的政策制度还分散在不同部门分别制定,可以在保持不同人群制度不同的情况下,先整合经办管理资源,由一个部门统一管理,通过统一的经办队伍和业务管理系统,提高管理效率。今后逐步过渡到城乡统筹,制度统一。

2. 管理体制与社保业务性质之间存在矛盾

社会保险客观上要求"全局一盘棋",不同地区、不同人群统筹考虑,才能适应市场经济条件下劳动力、资金等要素流动的客观需要。目前,广东的社保公共服务体系是经办机构的块块管理体制,上下级之间是业务指导关系。各地从地方利益出发,有意无意地选择对本地区有利的社保政策来执行,或明或暗地设置各种障碍阻碍执行不利于本地区短期利益的社保政策,客观上助长了社保政策的碎片化。而省一级对此有心无力,缺乏必要的制约和调控手段。

3. 不同险种统筹层次参差不齐,与社保公共服务统一之间存在矛盾

养老保险已经基本实现省级统筹,未来可能走向基本养老金全国统筹;医保已基本实现市级统筹;工伤、生育、失业等保险正在推进市级统筹。

20多年来,广东一直坚持"五险统管,城乡一体"的经办管理模式,实践证明符合效能统一、精简便民的方向。但近年来在强调医保等险种业务特殊性上也出现了不同意见,在坚持五险统管还是机构专业化分设上引发争议。

(五) 社会保险基础服务能力严重不足

1. 信息化水平不高

信息化是提升社保经办管理服务水平、提高服务质量、确保基金安全的重要基础和支撑。由于受到资金、人才、管理体制等多方面限制,广东社保信息化建设普遍存在分散建设、重复建设、标准不一、基础薄弱等诸多问题,很难应对参保人员流动频繁、跨地区业务协作增长、统筹层次提高和推进城乡统筹等不断涌现的新形势要求。与地税、公安、工商等相关政府部门的联网水平低,不能及时与其他政府公共部门交换和共享信息,致使要求单位和个人重复

借鉴芬兰经验，推动幸福广东建设

申报一些本来可以网络共享的信息，无端浪费业务资源。

2. 经办流程、服务标准统一规范困难

长期以来，社保改革和发展多是自下而上，由点及面。由于统筹层次低，相关政策和标准不统一，缺乏制约力，广东全省范围内制定和实施统一的业务经办流程和管理服务标准推行困难。

3. 社保公共服务网点的设置满足不了城乡社保事业发展的需要

广东绝大部分地区未在乡镇（街道）设立社保公共服务机构，基层政府面向群众的办事机构也没有社保公共服务职责和相应的服务能力。

五、加快建设覆盖城乡居民的统一社保公共服务体系

（一）建立统一社保公共服务体系的必要性

1. 从分散管理走向统一管理是大势所趋

针对不同人群、发展水平差异较大的地区，可以采用不同的制度安排，但是公共服务体系应走向统一。从国际上看，从分散管理向统一管理过渡是普遍趋势。西方许多国家的社会保障制度，最初都是在行业保险的基础上发展起来的，往往存在多头经办和管理、相互攀比待遇、重复保障、管理成本高等弊病。为了改善政府的管理服务，许多国家尝试将分割管理的体制逐步整合成统一的管理服务体系。例如，澳大利亚统一由名为 Centrelink 的政府机构向社会提供各种社会保障服务，该机构目前是澳洲公众接触最多的，也是最大的政府部门。2007 年德国议会通过法案，将原来 253 个行业医保机构的分散管理改为统一管理，政府通过建立统一的社会保障管理服务体系，向公民提供公平服务，向服务型政府转变。芬兰的经验也是如此。

以社会保险费统一征收为例。可以考虑将凡是与个人权益没有直接关系、需要向社会企事业单位或社会公众普遍收取的行政事业性收费、政府性基金，由税务部门统一征收或代征，如城市防洪工程修建维护管理费、残疾人就业保障金等；凡是与个人权益直接挂钩、需要详细记录个人缴费历史、权利和义务相对应的，由一个部门（社保部门、税务部门代征或专门的非税收入征收管理机构）统一征收，如社会保险费、住房公积金等。

2. 体现了广东统筹城乡发展的客观需要

广东"双转移"战略的实施，产业结构调整和转变经济发展方式，必然伴随着劳动力的流动和转移。随着市场经济的发展，混合经济和非公有制经济已经成为广东就业的主渠道，包括本省和外省农民工在内的灵活就业人员数量

庞大，劳动力在地区间、行业间转移流动的规模和速度加快，城镇化进程加快。统一的社保体系，有利于保障全体社会成员，特别是中低收入群体的基本权利，缓解社会矛盾；有利于劳动力在城乡之间、不同地区之间有序流动，保证社保权益的连续性和可转移性。

需要指出的是，现阶段广东统筹城乡社保发展并不是"统一"城乡社保制度。除城镇化程度高、经济发达、城乡基本融合的少数珠三角城市外，广东长期处在二元经济和城乡有别的社会格局下，社保暂时难以跨越现行历史阶段。但是社保是全省"一盘棋"，城乡居民应做到制度上都有安排，保障水平可以有高有低，但是人人享有的社保服务应该没有差别，以公共服务一体化支持可转移、可衔接。

3. 是现阶段广东经济社会发展的客观需要

广东正在迈入新的历史发展阶段，社保事业的发展要顺应珠三角一体化、粤港澳合作圈和广佛同城的发展需要。广东已经明确提出按照城乡规划一体化、产业布局一体化、基础设施建设一体化、公共服务一体化的总体要求，在全国率先形成城乡一体化发展新格局。推进珠江三角洲区域经济一体化，促进城乡基本公共服务均等化的重要内容之一，就是加快建立与经济社会发展水平相适应、城乡统筹的社会保障体系，完善覆盖城乡惠及全民的社会保障网。

4. 有利于促进社会保障制度体系更趋完善

以服务一体化防止制度执行的"碎片化"，减少不同人群的重叠和冲突。广东城乡之间、珠三角地区与非珠三角地区之间差异显著，汪洋书记曾形象地说，全国最富的地方在广东，最穷的地方也在广东。地区差异不是一朝一夕能够缩小的，与此相对应，指望社保能够实现全省"一碗水端平"也是不现实的。这种地区差异自然导致地区间社保政策的差异，转移难、调剂难、攀比多的矛盾由此产生。广东社保政策的走向毫无疑问会逐步拆除这种政策"篱笆"，走向统一。在这个过程中，社保服务管理可以先行一步，对覆盖城乡的社保公共服务体系统筹考虑、整体设计、统一管理，以服务一体化减少不同政策运行中的摩擦，及时反馈，促进政策调整和优化；以服务一体化支持各险种统筹层次的逐步提高，实现全省更大范围内的统一政策和社会共济。

5. 有利于体现政府公信力，是向服务型政府转变的有效途径

从广东的实际情况看，不同人群的制度安排可以不同，保障水平可以有差异，但是覆盖范围要广，全省人人享有社保，走到哪里都能享受到政府和社会提供的基本社保服务，这样才能体现社会的公平正义。

借鉴芬兰经验，推动幸福广东建设

（二）建立全省社会保险公共服务体系的具体措施

1. 逐步形成城乡一体化的社保公共服务网络

针对当前广东社会保障对象已基本覆盖城乡，而社保服务网络不够发达，无法满足社会需求的情况，按国家标准建设省、市、县（区）、镇（街道）四级社保经办服务机构，并依托银行、邮政、医疗机构和其他中介组织开展社会保障有关辅助性工作，形成覆盖城乡的社保公共服务网络，将社保服务组织和服务网点扩展延伸到城乡街道（乡镇）。以社保的社会化管理方面为例，就可以在发挥社区管理退休人员、协管失业人员和特殊困难人群的基础上，通过不断探索，采取新的措施，发挥社会服务机构（行业协会、非营利组织和其他社会公益组织等）在社保领域中的积极作用，提高管理服务的质量和效率。

2. 加强社保经办能力建设，构建"省级集中、四级服务、一站式窗口"管理服务模式

（1）"省级集中"即是将信息流集中在省级机构，作为全省开展社保业务的中心枢纽。建立全省集中式社会保险业务处理中心，实行集约化、专业化、现代化管理。主要内容包括：建立全省基金信息管理和基金结算系统，实现全省社保基金统一运行，业务管理统一规范，提高风险防控能力。建立全省性的跨地区协作业务处理中心，如社保关系转移结算、待遇领取资格认证、医保异地就医结算、业务档案影像化管理等。

（2）"四级服务"是指由适应社保服务对象扩展为全体城乡居民的业务发展需要，形成省、市、县（区）、镇（乡）四级管理服务网络，其中，县区和乡镇两级基层网络负责前台操作，直接向参保对象提供服务，并对同级政府和上级经办机构负责。

（3）"一站式窗口"指前台全业务"柜员制"统一受理，后台分类分级处理，一个窗口面向百姓"一站式"服务。

3. 加强监管，防范社保基金管理风险

在全省社保公共服务体系中重点建设社保基金风险管理体系，形成完整的社保业务稽核内控监督体系。建立社保基金运行分析制度和基金预警机制，进一步规范业务流程，特别加强对各管理风险点的监控，以确保社会保险基金安全、信息安全和干部自身的安全。

4. 充分发挥信息化科技优势，打造网络化和信息化的公共服务平台

大力推广自助服务和网上业务办理，将服务柜台从现实空间延伸到网络虚拟空间，拓宽服务手段，弥补人力和机构设置的不足，提供永远在线的政府公共服务。建设全省社会保险数据和业务信息集中处理、集中管理和集中存储的

大型信息系统，构建全省统一的社保业务经办和信息公共服务平台，实现全省范围内社保"一卡通"，结合广东"三网融合"进度，多渠道向社会公众及时提供全方位的社保服务。

5. 建立社保经办能力的保障机制

（1）建立经办机构人员编制与服务对象动态配比机制，在坚持"五险统管"的体制下，采用基本配置与动态调节相结合的办法，按参保人数和各险种工作特性进行计算，并根据财政承受能力、信息化水平、具体任务和人员素质等因素进行调节，确定社保经办机构人员的编制数额。建立社会保险业务经费保障机制，按照社保管理服务量安排业务发展经费。人员配备方面，在管理岗位的设置上参照公务员制度，在专业技术岗位和辅助性岗位实行政府雇员聘用制，人员经费由财政核拨。

（2）建立经办成本核算制度，形成业务经费保障长效机制。合理投入业务发展经费，包括基础建设经费、信息系统建设维护经费、业务管理服务经费、办公经费等。经费安排根据服务量、基金管理量、服务质量等动态配比，既体现基本经费保障，又实行激励机制。

（三）广东社保公共服务体系未来的发展思路

1. 提供更加体现"以人为本"的经办服务

社保公共服务适应保障对象由城镇职业人口向城乡全体居民的转变，针对参保人群多元化、利益诉求个性化的特点。一是要及时调整优化经办业务管理规程，建立规范的业务流程，逐步实现标准化管理。二是要充分利用信息技术，建立全省统一的经办信息网络，夯实管理基础，改变传统的经办服务模式，提高管理效率。三是要积极探索购买社会服务，订单式采购服务。四是要整合管理资源，探索建立城乡一体化的管理服务体系。五是要进一步加强服务网络建设，管理上提，服务下沉，将服务延伸到参保人最需要的地方。

2. 采取多种形式扩大社保公共服务能力的覆盖面

社保公共服务能力与覆盖全民的制度要求之间总是有差距的，解决社保公共服务能力不足的问题，靠增加人手、"人海战术"和依靠政府资源，总是有限的。出路有两条：一靠信息技术，提高信息化水平。通过信息化手段，及时、准确记录所有保障对象的缴费和权益。为人民群众提供优质、便捷的社保服务。向科技要潜力，向管理要效率。二靠社会服务外包，充分利用社会资源，不搞重复建设。

借鉴芬兰经验，推动幸福广东建设

广东利用信息技术推进政府廉洁治理的实践与思考

杨 飞

随着人类社会步入信息化时代，飞速发展的信息技术给人类社会的生产生活带来前所未有的高效便捷，并日益成为经济社会发展的重要推动力量。利用信息技术推进政府廉洁治理，是近年来国际廉政建设发展的新趋势和社会进入信息化时代的必然趋势，是党风廉政建设和反腐败斗争的客观要求，也是我们面临的一个崭新课题。广东作为改革开放先行地区，在利用信息技术推进政府廉洁治理方面起步相对较早，从 20 世纪 80 年代末至 90 年代中后期属于自发探索阶段，从 90 年代末至 2005 年属于积极推进阶段，2005 年至今属于加速发展阶段，并先后形成了电子监察型、内控管理型、专项监督型、资讯服务型、专业管理辅助型等多种形态，在政府廉洁治理中发挥了积极作用，但是仍然存在诸多问题，通过对这些问题进行深入分析探究并提出一些对策也是非常必要且可行的。

芬兰是一个发达国家，也是一个非常廉洁的国家。在世界非政府组织"透明国际"发布的世界各国清廉指数排行榜中，芬兰于 2010 年和 2011 年连续两年排在最清廉国家的第一位。这无疑显示，芬兰在国家廉洁治理方面的许多有益经验和做法是值得我们深入学习和借鉴的。但是，由于两国基本国情、发展阶段、政治和社会制度以及文化传统等方面的巨大差异，使这种学习和借鉴有一定难度。但是，在充分利用现代信息技术推进政府廉洁治理方面，学习和借鉴将变得非常可行。本文试图通过对广东省利用信息技术推进廉洁治理的现状、成效和问题等进行深入分析，并提出对策建议，以期对相关决策有所助益。

一、利用信息技术手段推进政府廉洁治理的意义

人类对信息的认识和自觉运用由来已久。早在远古时期，古人就已经在战争中使用烽火、悬灯等形式传递警报。20 世纪中叶，以计算机和通信技术为核心的现代信息技术迅猛发展，极大地影响和改变了人们的思想观念和行为方

式。今天，现代信息技术日益成熟并在以前所未有的速度不断发展，把现代信息技术运用于政府廉洁治理领域，使二者有机结合，突破传统监督手段和方式的局限性，不断提高政府廉洁治理成效，既是现代信息技术自身发展规律所决定的，也是反腐倡廉形势发展和现实需要所决定的。

（一）是社会进入信息化时代的必然趋势

现代信息技术的发展本质上是科学技术的进步，它是人类社会孜孜以求的目标，也是社会文明进程的重要内容，其对经济社会发展的巨大推动作用有目共睹。当前，信息技术已经渗透到社会生活的方方面面，无论是经济、政治、军事等领域还是人们的日常生活，都已经离不开现代信息技术。特别是互联网出现后，我们对现代信息技术的依赖程度已经到了不可或缺的地步，且这种趋势还在加剧。资料显示，目前发达国家互联网的普及率已达到60%～70%。截至2011年底，我国互联网的用户已达5.13亿人，手机网民达3.56亿，均居世界第一位。建设廉洁政府，严格说来属于上层建筑范畴，是社会政治活动的一部分，自然不可能脱离时代和社会的宏观背景而独立开展。信息技术要向前发展，就不可能不进入政府廉洁治理领域，要建设廉洁政府也不可能不广泛运用信息技术。

（二）是党风廉政建设和反腐败斗争的客观要求

当前我国正处于并将长期处于社会主义初级阶段，经济体制深刻变革，社会结构急剧变动，利益格局深刻调整，思想观念深刻变化，过去计划经济体制下不曾发生、今后社会主义市场经济体制完善后不易发生的腐败问题，都有可能集中发生在这一阶段。同时，在新的形势下，腐败案件的范围、手段和规模等出现了新的变化，违纪违法行为日益复杂化、隐蔽化和智能化，新兴经济领域的案件和运用高新技术手段作案呈上升趋势。如果只是简单地采取传统手段，无论是预防、发现还是查处都会越来越困难。因此，要坚持用发展的思路、改革的办法推进政府廉洁治理，就必须高度重视运用信息技术手段防治腐败，这是时代发展的大势所趋，也是反腐败工作形势发展的客观需要。

（三）是建立开放动态创新的惩治和预防腐败体系的内在需要

反腐败斗争是在党的领导下开展的，从体制上讲是由内而外的反腐败，但是对具体腐败行为的防范、监督和惩治又是由外而内进行的。反腐败和具体业务工作难以同步推进，一直是制约反腐败成效的一个突出问题，信息技术的运用从根本上解决了这一瓶颈。信息技术依托信息程序和网络化管理科学地分解

借鉴芬兰经验，推动幸福广东建设

和设置权力，增加监督和制约环节，最大限度地减少人为因素干扰。可以有效打破信息盲区，实现对权力行为、行政行为、执法行为的全程监督和实时监控，使纪检监察机关在一定程度上克服人力、物力、脑力和体力的制约，扩大监督监控的范围和领域，大大提高反腐倡廉的实效。

二、广东利用信息技术推进政府廉洁治理的基本情况

（一）广东利用信息技术推进政府廉洁治理的历程

广东作为改革开放先行地区，在利用信息技术推进政府廉洁治理方面起步相对较早。从实践进程看，大致可以分为三个阶段。

1. 20世纪80年代末至90年代中后期的自发探索阶段

这一阶段的突出特点是，由各单位自发探索，投入小、规模小、覆盖面窄，技术含量也相对较低。广东省最早将信息技术用于政府廉洁治理领域的是深圳市和财税金融系统，其重要推动力就是当时违纪违法案件高发频发的严峻形势。据统计，1997—2006年间全省纪检监察机关年均查处各类案件4600多件，大多数发生在审批权相对集中、群众反映强烈的"三部门一机关"。因此，这些部门为有效加强对权力运行的监督制约、减少腐败问题的发生，开始寻求利用信息技术手段加强业务监控和内部管理。

2. 20世纪90年代末至2005年的积极推进阶段

这一阶段的突出特点是在信息化快速发展的时代背后下，对信息技术手段作用的认识进一步深化，一些重点行业开始大力推进信息化建设。在国家层面，加快推动"金卡"、"金关"、"金税"等信息化工程建设，目的是利用信息技术加快业务处理速度，解决经济迅速发展、业务急剧增长和手工操作效率低下之间的矛盾。这些系统有一定的监督防范功能，但由于受当时的思想认识、技术手段和建设成本的限制，无论监督的广度还是深度都不够。本阶段的信息化建设大致呈散点状独立分布，信息数据一般只能在本行业、本系统内循环，纵向上有一定的联系或小范围交流，但绝大多数都是"由上往下"的单向交流，对信息数据的综合利用非常有限。

3. 2005年至今的加速发展阶段

这一阶段的突出特点是自觉性更高，系统性更强，投入更多，推进力度更大，科技含量更高，规模和效果也更好。2005年，党中央颁布了《关于建立健全教育、制度、监督并重的惩治和预防腐败体系实施纲要》，党风廉政和反腐败工作进入新的发展阶段，对利用信息技术推进政府廉洁治理的认识也提高

到一个新的阶段。在这样的背景下,利用信息技术推进政府廉洁治理进入加速发展期。广东省从实际出发,大胆借鉴国内外先进经验做法,把信息技术和反腐倡廉有机融合,使建立开放、动态、创新的惩治和预防腐败体系有了一个有效载体。

(二)广东利用信息技术推进政府廉洁治理的模式

目前,在全国范围内利用信息技术推进政府廉洁治理总体上仍处于探索发展阶段。各地的建设思路、采取的手段等基本一致,但并未形成一个相对成熟和统一的模式。广东的实践模式主要是以电子政务信息平台为依托,以电子监察系统为纽带,以行政审批、执纪执法、财政金融等政府权力运行内控监管及中介机构、行业协会自律监督为主要内容,形成覆盖全省行政事业单位和企业的运行网络,同时,系统整合性、功能性都不断增强。总的来看,大致可分为以下几种类型:

1. 电子监察型

电子监察型模式相对集中在行政审批领域,主要做法是利用信息网络技术对行政审批事项和审批权力进行制约和监督,实时跟踪督查行政审批的流程、方式、权限、效率以及公共资源、产品、服务交易行为,进一步提高行政效能,改善工作作风,促进廉洁政府、效能政府和"阳光政务"建设。广东从1997年开始推行行政审批制度改革,经过四轮改革,省本级共取消和调整行政审批事项2372项,占其总数的50%以上,并在此基础上探索建立全省统一的行政电子监察系统。首先是在深圳进行试点,后拓展到珠三角地区,进而在全省推广。截至2007年底,省直机关及21个地级以上市已全部建成该系统并实现省、市联网监察,广州、深圳、佛山市已实现省、市、县三级联网监察。目前,系统建设正在向全省各县(市、区)全面延伸,并着手拓展开发行政效能投诉处理、政务信息资源共享、重大投资项目审批、行政绩效电子测评等子系统,真正构建起完善的行政监察科技防线。以省直单位行政审批电子监察系统为例,目前已将48个职能部门的712项审批事项纳入系统接受电子监察,审批提前办结率从65%提升到92.3%,效率大幅度提高;对各部门违规审批的纠错预警次数月均下降20%,已连续10个月无黄、红牌记录,审批行为日益规范,杜绝了违规审批和审批超时现象;因行政审批滋生的腐败案件大大减少,群众对省直部门行政审批的投诉量持续下降,满意度不断上升。

2. 内控管理型

内控管理型模式目前应用范围最为广泛。海关的业务风险预警系统、智能化陆路通关系统、执法监督系统、外勤工作管理系统,地税的税收征管系统、数据"大集中"系统、效能监察系统和风险预警系统,以及政府采购网上招投标系统、产权交易专家远程评标系统、药品网上"阳光采购"招投标系统,等等,都属于这一类型。其突出特点是通过信息标准化设置进行"流程再造",将业务操作流程和关键环节转化为计算机能够自动识别和监控的评价指标,全程监控、实时预警,使监督完全融入业务操作的各个环节,防止出现业务与监督相悖离的"两张皮"现象。例如,黄埔海关2007年办理进出口报关单超过600万份,监管进出口货物货值近2000亿美元,比改革开放初期增长近百倍,如果沿用传统的手工操作模式和监管方式是根本不可能做到的。黄埔海关东莞寮步车检场2006年建成启用"智能化陆路通关系统",将以往需由人工操作的大量查验环节转化为14个信息化指标,由计算机系统进行自动处理,车辆平均通关时间由231分钟减少到17分37秒,最快的仅需3分钟,通关效率提高了12.8倍,现场查验人员也由原来的超过30人减少到10人,减少了通关查验环节的人为因素影响,执法行为更加统一规范,执法风险明显降低,到2011年为止还没有收到一起群众投诉举报。

3. 专项监督型

专项监督型模式相对集中在实施异体监督的单位之间,主要以实时在线财政预算监督系统为代表。其特点是利用信息技术引入外部监督,重点监督内控管理中不敢、不能、不易实施监督的特殊环节,通过大量信息数据在部门之间的高速传递和相互印证,实现跨地区、跨行业、跨部门的实时监督,从而形成内外结合、环环相扣的监督体系。2000—2004年间,广东省各级审计机关对10772名领导干部进行了任期经济责任审计,查出单位违法违规问题金额353亿元、损失浪费金额47亿元、管理不规范金额612亿元。中央政治局委员、时任省委书记张德江同志对此作出批示:"要改革对财政预算执行情况的监督。财政部门要与人大财经委员会联网,每一笔财政支出都要让人大知道,加强财政支出的审批监督、使用监督和事后监督。"2004年8月,广东省初步实现了省人大财经委与省财政厅国库集中支付系统联网监控;至2007年底,21个地级以上市全部建成"实时在线财政预算监督系统",省级实时在线财政预算监督系统共监控省本级财政支出金额。人大工作人员只要轻点鼠标,就能实时查询到省级全部一级预算单位和部分二级预算单位通过国库集中支付系统支付的每一笔资金的准确情况和具体信息,有力地强化了人大对财政预算执行的知情权、监督权,被群众形象地比喻为打造"玻璃钱柜"。

4. 资讯服务型

资讯服务型模式主要包括海关的网上关务公开系统、无纸报关系统(EDI)、政府门户网站和纪检监察网站,农村党风廉政建设信息公开平台系统,行业自律征信管理系统,企业信用信息查询系统,等等。主要做法是借助信息技术方便快捷、覆盖面广、不受时间地域限制等特点,将部分公共管理和服务职能转移到网络上进行,提供全方位、多角度的信息资源,以降低行政成本,提高服务效率和信息公开度,改善信息不对称状况,降低"暗箱操作"等不廉洁行为的发生概率。例如,省纪委依托"纪检监察网"信息平台,用文字、图片、视频、音频和在线互动等形式,宣传介绍广东反腐倡廉工作情况,开展舆情引导和释疑解惑工作。深圳市纪委创建开通"明镜网",组织开展"党风廉政知识网上测试"活动,一个月内参与人数就多达51 273人,定期邀请有关领导和专家学者,就党风廉政热点问题与广大网民交流探讨,仅2006年下半年举行的三次在线互动活动,就吸引了20多万网民参与,留言评论15800多条。

5. 专业管理辅助型

专业管理辅助型模式相对突出整合功能,其主要做法是通过网络系统对海量的信息资源进行收集、甄别和分类,变分散管理为集约管理,变闭合管理为共享管理,既实现了信息资源管理的规范有序,还在一定范围内实现信息资源的实时调用、自动流转和协作共享。目前这一类型在执纪执法和社会管理部门应用相对较多,主要包括纪检监察信访举报及案件管理系统,公安机关的"一平台三系统"(指挥中心平台和警务综合信息系统、互联网网防系统、其他部门联网系统),检察院的案件线索管理系统,中国人民银行的应收账款质押登记公示系统、企业和个人征信管理系统以及反洗钱监测系统,行业协会的行贿犯罪档案查询系统,等等。以征信管理系统为例,全国联网的企业征信系统已收录企业及其他组织1331万家,个人征信系统收录的自然人数接近6亿人;为110多万户从未获得银行贷款支持的中小企业建立了信用档案,引导商业银行查询该档案信息31万次,有1.3万户企业取得银行贷款,贷款金额累计1300多亿元。此外,还有一些地区和单位正在尝试逐步扩大信息资源的整合范围,通过拓展网络系统来自动收集其他单位的比对数据,及时发现和控制业务和廉政风险。例如,台山市地税局将"税收风险管理系统"的数据链向外延伸到当地的工商、国税、房管、建设、审计、交警等职能部门,广泛收集信息数据进行比对分析,自动查找税收征管漏洞,降低执法风险,收到了明显的效果。

三、利用信息技术推进政府廉洁治理的主要优势

从历史和现实的角度看,腐败既是长期存在的社会现象,也是不断发展变

化的社会矛盾。传统反腐败手段中，宣传教育因缺乏刚性约束容易导致偏弱偏软，制度建设和案件查处相对滞后，制约了威慑和惩处作用的发挥。与传统监督手段相比，现代信息技术具有能够突破时空限制，实现人、技术、制度无缝隙衔接等明显优势。

（一）克服了传统手段弹性过大的弊端，具有刚性约束的优势

传统手段受主客观因素的影响，存在着自由裁量权过大、制度执行随意性大、容易出现疏漏等弊端。与之相比，信息技术具有标准严密、客观公正等特性，能够最大限度地保证业务操作和制度执行的刚性，缩小制度设计和执行之间的差距。一方面，通过系统设计和程序参数及逻辑监控，把工作规程和制度设置成计算机程序能够自动识别的电子符号，实现对业务工作流程的"标准化再造"，将业务工作、制度落实和风险监控有机融合。操作人员必须按照规定的合法程序和步骤进行操作流转，不能根据自身喜好"挑三拣四"，更不能逆向或跳跃进行，限制了个人主观因素的影响，减少了人为干预的环节和程度，保证了业务操作的规范性。另一方面，通过对计算机程序的合理设置，在纵向上科学地分解和设置操作权限，实行授权分级管理，增加必经的审核程序和管理步骤，设置自查和复查的环节，形成权力约束机制，推动监督重点和防范关口前移；在横向上拓展监控节点，加强平级内设机构和其他外部单位对业务岗位、流程环节的制约与监督，增强监督的威慑力和有效性。所有的计算机程序一经确定，任何人在使用时都只能按照自己的岗位权限进行操作，既不能越权操作，也不能代替他人操作，各个环节环环相扣，一环不作为，其他环节也无法运作。这就最大限度地减少主观随意性，压缩诱发不廉洁行为的"灰色地带"，改变了过去由个别人说了算的现象。例如，黄埔海关在运用信息技术之前，有极少数关员暗中勾结，在手工操作商品归类时，故意将同种同名商品归为不同类别以达到谋取私利的目的。建成"执法监督系统"后，利用信息技术实现了对所有监控商品的自动归类，从根本上防止了欺上瞒下、暗箱操作等行为的发生。2001—2005年利用该系统补征税款800多万元，并对1名关员进行了通报批评，2006年至今没有再发生类似案件。

（二）克服了传统手段迟滞延误的弊端，具有高效便捷的优势

现实生活中有些腐败问题是由于信息不对称造成的。群众急于办事又不了解相关要求和办事程序，个别人就利用这一点，故意拖延以牟取私利。现代信息技术具有超地域、虚拟性、开放性等特点，大大拉近了不同客体间信息传递的时空距离，使信息传递实时到达，提升了服务效率。例如，广东省在推进

"阳光政务"中,将服务内容、工作程序、办理结果、监督方式等通过网页或声讯电话等方式向社会公布,使群众很容易知道怎么办、在哪里办、找谁办、什么时间能办成,既推动了政务公开,增强了透明度,大大方便了群众,改善了政府机关的形象。又如,德庆县利用信息技术构建农村党风廉政信息公开平台,向群众公开党的重要惠农政策、财务信息和重大事项,方便群众监督。该平台开通仅半年,群众查询纪录就累计达到了7.22万人次,其中,上网查询1.39万人次,手机短信查询5.26万人次,电视点播查询0.57万人次,而同期当地的群众来信来访量则大幅下降,已连续3年没有出现群众越级上访现象,真正发挥了源头预防不正之风和腐败问题的作用,有力维护了农村基层的和谐稳定。广东省还积极推动审批流程化、一站式服务,只要群众提供符合要求的全部资料,足不出户就能完成所有程序。目前,广东省公安机关户政、车管、出入境等行政管理服务大多实现了网上办理,减少了群众来回奔波的费用支出和时间成本,而公安机关在将窗口服务移到后台和网上之后,又可以置换出大量警力资源从事其他执法工作。深圳市"重大投资项目审批电子监管系统"建成后,在具备行政审批电子监察系统全部功能的基础上,新增了并联审批、提前介入、在线协商、信息共享等四大功能,政府重大投资项目审批总时间由原来的平均380个工作日缩短至100个工作日,社会投资重大项目审批总时间由原来的平均300个工作日缩短至90个工作日,审批效率大幅度提高。

(三)克服了人力资源的局限性,具有全天候、全方位的优势

信息程序系统一经确立运行,就可以不依赖外在人力而独立处理各种信息,这种特点决定了它能够克服人力资源在时间、体力、精力等方面的局限性,真正做到全程化、全天候、全方位监督,实际上是在现有监督力量的基础上又构建了一个虚拟的"网络监督机构",使监督工作从以人为主的监督转向人与信息技术有机结合的监督,从点对点、人对人的选择性监督转向对工作过程的全程性监督,从偏重事后的静态监督转向注重事前事中的超前的动态监督,大大增强了监督的客观公正性、及时有效性和实际威慑力。同时,把制度与信息技术有机结合起来,使制度的执行和落实有了可靠保证,有利于维护制度和纪律的权威,充分体现构建具有广东特色的开放、动态、创新的惩防体系的内在要求,是新形势下有效防范腐败的重要手段。例如,广东省公安出入境管理部门开发的"大集中处理系统",为群众办理出入境证件提供多元化、全天候服务,群众随时可以在网上申请办理出入境证件。又如,地税征管"大集中"系统利用网络信息技术,以"流程再造"的形式全面规范税收征管人员的管理职责和执法责任,做到"电子划账、款账分离、征管分离",实现了

对税收管理和执法行为全过程、全天候监控,降低了诱发不廉洁行为的可能性。自系统投入运行后,全省未发生一起贪污税款案件,综合效益非常明显。

(四)服了传统手段易导致信息散失的弊端,具有信息保留完整和可溯及性强的优势

通过信息化系统平台,不仅可以对业务处理信息和操作步骤自动生成和保存全面、完整的记录,实现网上评分和考核,客观反映工作绩效;还可以在全程化实时监控的同时,自动采集和分析风险信息,出现违规操作时能够自动预警提示风险,并引导监督机构通过各种形式进行询问和核查。属于工作疏忽问题的,能够及时得到纠正,查找和消除风险隐患;属于违纪违法行为的,能使过错责任追究落实到具体时点和个人,提高监督效能。例如,黄埔海关在"执法监督系统"下开发了"复验工作管理"、"外勤工作管理"等程序,把查验、外勤工作纳入电脑管理,在关员刚结束查验或外勤工作后马上进行复查复验,查找关员有无不作为或乱作为等行为,在加强对外勤、查验工作的监督、查处违纪行为方面发挥了很大的作用。2002—2003年,通过复查复验发现并处分了违反查验操作规程的关员4名和违反外勤工作纪律的关员5名。又如,广州、深圳等地开发建立的"流动人员和出租屋信息管理系统",整合了公安、房管、劳动、社保、计生等部门的信息资源,通过跨部门的管理数据交换和整合,实现了数据一处采集、多处使用、全程跟踪,实现了对流动人员的动态综合管理。

(五)克服了传统制度文化的弊端,具有增强规则观念和改进作风的优势

从一定范围看,受传统文化思想的影响,我国社会存在偏重于强调和突出灵活性、漠视规则程序约束力的倾向。这种重效果轻规则的思维惯性,在政治领域表现最为突出的就是搞"上有政策、下有对策";在法制领域表现为结果公正被最大化甚至唯一化;在社会领域表现为凡事托关系、找路子,绕过制度办事。在信息技术广泛运用的情况下,经设计形成的系统规划的约束力得以空前强化,除非人为强制性改变,否则不按照系统设置的程序和步骤办事,往往寸步难行。事实上,程序公正最大限度地保证了结果公正。同时,对现代信息技术广泛应用,还能潜移默化地提升公职人员和社会公众的规则观念和程序意识,进而推动社会生活和管理模式更加科学规范和高效运转,为推进反腐倡廉建设创造良好的社会环境和氛围。例如,湛江市开发区地税局依托征管"大集中"系统开发设计的效能监察软件,将业务办理与效能监察有机结合,有

效地改善了全局的效能管理工作,当地的干部群众反映,现在遇到税收方面的事不需要找领导,因为"找领导没有用"。不仅税收征管效率和质量大为提高,也方便了群众办事,而机关内办事讲政策、办事按程序、办事讲时效的良好作风也在逐步形成。

大量事实表明,现代信息技术手段以有形的网络把各方面的力量有机统一起来,延伸了监督监控的范围和领域,有利于加快形成"结构合理,配置科学、程序严密、制约有效"的权力运行机制,保证了制度的执行和落实,推动了从源头防治腐败工作机制的有效实现。

四、广东省利用信息技术推进政府廉洁治理的主要问题及原因

利用信息技术推进政府廉洁治理是一项系统工程。近年来广东省虽然进行了一些探索,取得了一定的成绩,但总体上还存在着"四个不相适应"的问题。

(一)应用范围偏窄,与广东经济社会发展地位不相适应

突出表现为四个不平衡:一是应用程度不平衡。省、市机关各部门应用较普遍,县、镇以下应用相对很少,这既有经济条件的制约,更主要的还是受陈旧思想观念的影响。二是应用区域不平衡。珠三角地区的应用范围和程度相对较高,如东莞市的信息化指数为71.5,深圳市接近80,佛山市顺德区更是高达82.51;而东西两翼和粤北山区则比较低,一些市县的信息化指数甚至还不到20。三是应用进度不平衡。有的部门对利用信息技术推进反腐倡廉建设常抓不懈,不断取得突破;有的部门则开始抓得很紧,后期搁置不管,缺乏一以贯之的动力。四是应用层次不平衡。一些单位的信息化应用程度较高,无论是办理业务还是公文流转,均可以在网络上进行,初步实现"无纸化办公";而在一些基层单位,信息化操作和手工化操作平行进行,交替使用,既影响了工作效率,也不利于信息技术优越性的充分发挥。自改革开放以来,广东已从一个农业大省转变为经济科技大省,在全国经济社会发展中处于领先地位,但对信息技术的运用程度与这种领先地位极不相称,在前有"标兵"、后有"追兵"的严峻形势下,如不及时加以解决,势必影响广东的发展后劲。

(二)应用水平偏低,与政府廉洁治理的实际需要不相适应

广东利用信息技术推进政府廉洁治理的探索虽然起步较早,但发展步子并

借鉴芬兰经验，推动幸福广东建设

不够快。在一些领域不仅不能和邻近的港澳特区政府机构相比，就是和江苏、浙江、上海、山东等省市相比也有一定差距。这方面主要存在三个误区：一是重概念轻实效。有的把信息化等同于电子化或电脑普及化，认为人人有电脑、人人用电脑就是信息化，结果是电脑普及度很高，但连最基本的办公OA系统都没有；有的所谓"信息化"，其实只是起到了"电子眼"的作用，信息系统的风险预警防范、数据分析支持等功能都不具备或运用程度很低。二是重建设轻使用。有的虽然建成信息化管理系统，但不会用、不愿用的问题依然突出，系统成了摆设和花架子。以政府网站的政务应用服务为例，根据2002年ACCENTURE公司的调查，新加坡政府站点提供的136项在线服务中，有132项可以部分或完全实现，网上在线服务传递广度达到了97%，仅次于美国；澳大利亚政府早在2000年就提出了"政府在线策略"，强调政府部门要充分利用互联网所提供的机会，加强与公众的交流，推动政府的在线服务。而我国虽然绝大多数国家机关、省级政府和地级以上城市政府都建设了本级政府网站，但能够实现网上办事的政府网站还不到20%，地级市政府网站在线办事的平均指数仅有0.16。根据联合国经济和社会事务部公布的《2005年全球电子政务准备报告》，我国电子政务准备度指数为0.5078，全球排名仅为第57位。这表明我们大多数政府网站的政务应用严重滞后，利用信息技术监控权力运行、推进反腐倡廉建设也就无从谈起。三是重局部轻整体。突出表现为你搞你的我搞我的，设计规划的立足点低，只局限于满足本系统内部的应用；信息资源只能在系统内纵向流转，部门之间的横向互联明显不够；信息资源综合利用率低，形成新的"数字鸿沟"和信息"孤岛效应"。

（三）应用矛盾突出，与推进科技反腐的内在要求不相适应

突出的矛盾是三大惯性：一是体制惯性。现行的体制性壁垒，完全反映到利用信息技术推进反腐倡廉建设中，方方面面、条条块块都在搞，呈现以行政体制格局为范围的"跑马圈地"现象和"村村点火、户户冒烟"的局面。大多数单位都是各自为政，从设计之初就表现出排他性，无法体现信息化互联互通的共性要求，造成了大量重复建设和资源浪费，也限制了实际功能的发挥。二是利益惯性。由于行政体制改革措施不到位，使利用信息技术推进监督的效果打了折扣。受利益动机的驱使，有的单位和部门想方设法不愿接受监督。例如，广东省率先开展的"实时在线财政预算监督系统"，从表面上看已经实现了人大对财政开支的实时监控，但实际上还有许多内容并没有被纳入监控范围。省级财政预算监督系统2006年共查询到支出金额201.43亿元，仅占当年省本级支出626.15亿元的32.17%，而没有进入国库集中支付系统的资金和

实行财政专户管理的专项资金恰恰应该是监督的重点,这些都不能在监督系统中得到反映;而且整个监督系统也只具备简单的查询功能,尚未具备统计、分析、预警等功能。又如,建设工程招投标,由于背后巨大的经济利益,广东省各市建设工程招投标中心所选择的软件系统五花八门,像珠海、中山两市相隔仅几十公里,但信息共享度几乎为零。由于这些原因,至今在全省范围内都难以建立统一的对失信违规企业进行惩戒的"黑名单"制度,这也是建设工程招投标领域中围标串标、虚假资质中标等问题始终难以根治的一个重要原因。三是思维惯性。对利用信息技术推进政府廉洁治理的内涵缺乏深入把握,有的只是热衷于做表面文章,通过公开一些服务性、教育性、查询性内容来赚取"眼球",对涉及切身利益的、真正需要按照廉政建设的要求公开的规则性、审批性、效率性内容则拒绝予以公开和实施有效监督。

(四)应用人才缺乏,与信息技术飞速发展的现状不相适应

目前,广东省各部门各单位中既懂纪检监察业务,又精通信息技术的人才非常缺乏。这些年来,虽然各单位已经重视了对信息技术人才的引进,但其中的大多数人由于缺乏业务岗位和管理岗位的交流锻炼,对业务知识、管理知识了解甚少,很难真正把握住政府廉洁治理内在要求与信息技术手段的最佳结合点。而一些纪检监察业务工作骨干,由于知识老化和自身素质的局限,不善于运用信息技术手段,在一定程度上影响了政府廉洁治理信息化建设的持续推进。

存在上述问题的原因是多方面的,有客观因素也有主观问题,同时,利用信息技术推进政府廉洁治理本身就是一个长期过程,不可能一蹴而就。但从总体看,仍有三个方面不到位:一是思想认识不到位。有的领导干部思想观念陈旧,仍然习惯和热衷于等级制度壁垒森严、行政权力和信息封闭运行的传统管理体制,存在"民可使由之,不可使知之"的错误心理。有的不愿意触动现有的权力结构和利益分配格局,担心触发所谓敏感问题;有的认为科技反腐建设周期长、硬件投入大、需要长期维护,短期内难出政绩,因此仅仅是停留在口头上,落实不到行动上;还有的认为利用信息技术加强监督容易破坏班子集体的"和谐团结",是给自己上了一道"紧箍咒",安装了一个"电子眼",压缩了滥用权力、暗箱操作、以权谋私的空间,因此存在着本能的抗拒和排斥心理。这些思想认识问题的存在,严重影响和制约了相关工作的深入推进。二是规划设计不到位。长期以来,广东省利用信息技术推进政府廉洁治理缺乏统一领导,缺乏宏观上的深入调查研究,缺乏从推进惩防体系构建全局高度出发的整体规划,也缺乏明晰的建设目标及工作步骤,所以只能由各地区、各部

门、各行业单兵作战、零敲碎打。再加上信息技术发展速度很快,往往出现"计划赶不上变化快"的情况,造成重复建设和惊人浪费。这些都给利用信息技术推进政府廉洁治理提出新的更高要求。三是经费、技术和人才保障不到位。利用信息技术手段推进政府廉洁治理需要较高的经费投入,据统计,仅2002年国内电子政务建设的硬件支出就高达250亿元。除系统开发成本和硬件设备购置成本外,还必须定期管理、维护和升级,定期开展人员培训,这对财政困难的欠发达地区而言是一笔不小的开支,再加上技术和人才瓶颈的制约,导致了科技反腐进程和应用水平的参差不齐。

五、加快利用信息技术推进政府廉洁治理的对策建议

利用信息技术推进政府廉洁治理,反映了社会信息化时代发展的新要求,对构建和完善具有广东特色的开放、动态、创新的惩治和预防腐败体系具有重要意义。必须切实解放思想、转变观念,从全局和战略高度统筹规划,加强组织领导,有计划、有步骤地扎实推进。结合广东省信息化建设的实际和反腐倡廉建设的客观要求,提出如下对策建议。

（一）进一步明确指导思想、总体目标和工作步骤

在指导思想方面,要坚持以邓小平理论和"三个代表"重要思想为指导,全面贯彻落实科学发展观,坚持"标本兼治、综合治理、惩防并举,注重预防"的战略方针,围绕构建和完善具有广东特色的开放、动态、创新的惩治和预防腐败体系建设的要求,加快信息技术手段在反腐倡廉工作中的广泛运用,提高反腐败工作的科技含量,提升反腐败工作的成效,为广东争当实践科学发展观排头兵提供坚强保证。

在总体目标方面,要按照构建和完善惩防体系的总体要求,在全省信息化建设的布局下,结合广东省反腐倡廉建设的实际,大力加强信息化基础建设、信息系统业务管理平台建设与惩防体系建设的有机结合,争取用4～5年时间,初步建立起以电子化、数字化、自动化、信息化为特征的惩治和预防腐败信息系统和权力运行监控系统,实现惩治和预防腐败所需要的信息自动采集、在线监督、互动交流和资源信息保护,为预防和惩治腐败提供技术保障。

在工作步骤方面,要确立科技反腐的思想观念,坚持把利用信息技术推进政府廉洁治理作为惩防体系建设的重要工程来抓。在鼓励有条件的部门和单位大胆探索、创新的基础上,按照有利于对权力科学分解、合理配置、有效监督的要求,结合本行业、本系统特点设计开发业务管理软件。建议在适当时候召

开全省推进科技反腐工作经验交流会，总结推广典型经验做法，制定出台全省推进科技反腐工作指导意见。

（二）进一步加强对工作的统筹规划

利用信息技术推进政府廉洁治理在广东省虽然已逐步推开并取得初步成效，但总体上仍然处于起步阶段，工作中的各种矛盾也逐渐显现。为确保工作的健康发展，避免因无序发展带来的各种问题，要高度重视搞好统筹规划。要把利用信息技术推进政府廉洁治理纳入全省信息化建设的总体布局，在制定信息化建设规划时，充分反映和统筹考虑利用信息技术推进政府廉洁治理的需求；把信息技术手段与反腐倡廉有机结合起来，使利用信息技术推进政府廉洁治理的每一项部署和措施都围绕惩防体系建设的总目标、总任务去展开和实施，力求与反腐倡廉建设各项工作相互促进、协调发展。尽快制定出台广东省利用信息技术推进政府说法治理的指导意见，在统一规划的前提下，推动各地各部门制定实施方案和阶段性目标，充分发挥各地各部门的积极性、主动性和创造性，循序渐进地予以推进。

（三）进一步加大对现有资源的整合力度

目前广东省在利用信息技术推进政府廉洁治理的技术系统选择上已形成了多样化的局面，不同程度地面临各自为战、技术壁垒、重复建设等问题。据此，应对广东省利用信息技术推进政府廉洁治理工作进行全面调研评估，在此基础上有针对性地加强整合工作。关键是要统一标准，将相关技术开发和硬件建设规划纳入电子政务建设总体规划，使利用信息技术推进政府廉洁治理的应用系统开发与推广同各部门的信息化建设进程有机融合。当前，重点要对已建的电子政务应用系统进行整合，提高互联互通、资源共享与业务协同的水平。加快开发高性能、大容量存储设备和安全可靠、功能强大、便于网络查询的应用系统，建立全省资源共享的电子政务综合信息平台，共享中心数据库，向全社会提供信息服务。

（四）进一步建立健全领导机制和工作协调机制

利用信息技术推进政府廉洁治理是一项复杂的系统工程，涉及各项体制改革和制度建设，涉及惩治和预防腐败体系的整体推进和分阶段目标的实现，涉及电子政务建设进程，涉及组织、人员、技术、资金等多层面的问题，必须建立健全有效的领导体制和工作机制。要建立党委政府统一领导、纪检监察机关组织协调、各职能部门分工负责的领导体制和工作机制，协调各方力量，形成整体合力。建议在省委、省政府统一领导下,成立由省纪委牵头,各部门参加的领导小组,负责对全省利用信息技术推进政府廉洁治理工作进行统一决策和部署,统筹各项工作,协调全省性项目的实施和推广,防止各自为战、多头管理和重复建设。领导小组根据总体目标,确定每年的阶段性任务,进行任务分解,落实责任分工,确保工作有序推进和落到实处。

(五)进一步加快制定和完善相关法律法规

目前广东省相关的法律法规还很不健全,除《政府信息公开条例》、《广东省企业信用信息公开条例》等少数法规外,绝大多数属于法律效力层次较低的部门规章和行业协会制度办法,法规缺位现象严重,跟不上形势和实践发展的需要。因此,要积极争取全国人大等立法机构的支持,推动制定和出台《电子政务法》、《电子签名法》、《电子商务法》、《信息安全管理法》等涉及信息管理公开、信息保护、信息安全、网络环境下的知识产权保护和消费者权益保护等内容的法律法规。要抓紧制定和完善涉及自主创新、电子政务、市场准入等内容的政策措施,尽快制定出台与上位法相配套的地方性法规条例,以及涉及电子记录管理、信息资源分类和检索、电子数据交换等内容的标准性、指导性文件。同时,认真做好现有法规制度的清理、衔接、配套和完善工作,在不违反上位法的前提下,紧贴信息化建设的发展和政府廉洁治理的需要进行增补、修订,形成较为完整的法律政策体系,为利用信息技术推进政府廉洁治理提供法律支持。

(六)进一步加大经费、技术和人才支持力度

在全省范围内组织开展全面、深入的调查评估,有针对性地加强现有信息资源的整合工作,加快行政职能部门现有的电子政务应用系统整合步伐,提高信息互联互通、交流共享与业务协同的水平,重点抓好行政审批、执纪执法监督、财税金融监控、中介机构和行业协会自律监管等信息的互联共享。

在经费保障方面,在深入调研的基础上,全面核算评估经费开支,由省财政按照工作进度专项核拨。珠三角地区的经济发达市要切实加大经费配套的力度,充分发挥省、市共建的积极性;粤东、粤西、粤北地区的经济欠发达市,建设经费可以考虑由省财政支持解决。

加大信息技术人员和纪检监察干部的交流和培训的力度,加强对既掌握现代信息技术又熟悉政府廉洁治理的复合型人才的培养和引进,为利用信息技术推进政府廉洁治理提供智力支持。加强与兄弟省市的沟通协作,积极借鉴国际有效做法和先进经验,促进利用信息技术推进政府廉洁治理不断向纵深发展。

借鉴芬兰经验,推动幸福广东建设的思考[①]

王留军

改革开放30多年,广东的经济、社会、民生发生了翻天覆地的变化,广东省委十届八次全会把"加快转型升级、建设幸福广东"作为广东"十二五"发展的核心任务。对照幸福广东的要求,当前广东仍存在许多与幸福广东不相适应的问题,诸如住房难、求学难、看病难、行路难、收入不均、贫富悬殊、诚信缺失、环境破坏等。通过对世界上著名的高福利国家芬兰的深度学习考察和对比分析,笔者认为广东当前存在的问题应归属于"成长中的烦恼";中芬两国虽然差别较大,但其成功经验对推动幸福广东建设有一定的借鉴意义。

居庙堂之高则忧其民,处江湖之远则忧其君。作为省直机关的一名公务员,我们既有忧国的责任,也有忧民的义务。笔者带着22年军队管理工作经验和3年地方省直机关工作经验参加了第五期广东省公务员公共管理芬兰专题研究班的学习。通过在中山大学全面系统地学习政府公共管理理论和对高福利国家芬兰进行深度社会考察,笔者从专家学者对当前社会问题愤世嫉俗的呐喊声中感受到了国家改革之路的艰难;从他们对国家前途充满希望的充分论述中,笔者感到党和国家的伟大;实地考察中,笔者在羡慕芬兰人在高福利制度下过着无忧无虑的闲适生活的同时,更加敬佩中国改革成果来之不易。在对比分析中,笔者充分认识到中国政治体制的科学选择和广东公共管理的优势明显,而我国现阶段遇到的一系列矛盾和问题,会随着改革进程的不断深入和各种矛盾、问题的不断解决而逐渐解决,国民的生活将更加美好,幸福广东指日可待。

一、中国政体选择科学,广东政府公共管理积极有效

面对政府体制改革,专家学者见解不同,声音各异。实地考察芬兰后,笔者充分感受到我国政体选择的明智与科学,充分感到我国政体区别于芬兰地方

[①] 本文已被广东省直工委《跨越》杂志摘用。

政府的优势。俗话说"家家有本难念的经",广东的改革发展,有其自我完善的一面。这种改革和完善,必须建立在符合国情和省情的基础之上,必须立足优势、改进不足,而不是否定优势,甚至全盘否定。

(一)中国的民主法制建设科学有效

20世纪上半叶,中国共产党领导全国人民赶走了日本帝国主义,推翻了国民党独裁统治,建立新中国,人民开始当家做主人。党和国家经历了"大跃进"、"文革"等重大失误后逐渐走向成熟。改革开放30多年,我国建立和完善了人民代表大会制度、政治协商制度等一系列民主制度,形成了"一党领导、多党合作协商,集体领导、群众路线"的现代政治文明体系,社会主义法制建设日臻完善,人民积极参与社会管理。中国共产党作为全世界最大的党、中国的执政党,全心全意为人民服务、畅通民主、集体决策是其优良传统,指导思想和领导方法是先进的、科学的。中国经济高速发展充分证明中国的民主法制建设是有效的,其成就和优势不是西方任何一个国家所能比拟的。

(二)党和政府领导坚强有力

党和政府的双重领导,加强了国家的领导力量,提高了决策的正确率;各级政府和官员的积极作为,保持了经济高速发展。芬兰不是这样,在新一届政府选举中,由于党派组阁公决票数问题,2011年5—7月间的芬兰处于无政府状态。无独有偶,美国电影艺人施瓦辛格当选加州州长,美国民众戏说因为加州不需要州长,所以施瓦辛格才能当选。无政府国家和"门外汉"领导现象是民主自由化的产物,是无为政府的具体体现,其政府处理危机和抗风险能力十分有限,与我国的党和政府强有力领导情况形成鲜明对比。

(三)广东公共行政管理积极有效

改革开放30多年,广东积累了雄厚的经济基础,GDP连续21年位居全国第一,对外贸易位居全国第一,有效专利数量一直稳居全国第一,社会创新能力位居全国第二,社会保险基金结余位居全国第一,地方财政储备充分,人民群众物质文化生活发生翻天覆地的变化。这些成绩的取得,靠的是党和政府的正确领导和科学决策,靠的是解放思想、开拓进取,靠的是灵活的、适合广东省情的政策措施。这种现象在芬兰的地方政府中是看不到的,因为他们的地方政府是服务型、保姆式的政府。因此,广东现阶段仍需坚持大政府、强政府的发展理念,不能一味地强调建设小政府和服务型政府。

（四）自强不息的自信心是中华民族傲立于世界之林的宝贵财富

芬兰人不自信，源于芬兰数百年的屈辱史。长期以来，芬兰受瑞典和俄罗斯统治，"二战"中又屈于强国成为德国的附庸，战败后承担了高额的战争赔款。屈辱的历史，使芬兰人缺乏自信，满足于"小富即安"的状态，整个国家显得生机不够，给人一种进入衰老期的感觉。中华民族经受了八年抗日战争和三年解放战争的洗礼，经过抗美援朝、对越自卫反击作战、珍宝岛自卫反击作战等面对世界最强敌介入的战争胜利，铸就了自强不息、英勇顽强的钢铁般意志；改革开放的成功实践，充分展示了中华民族解放思想、开拓创新、不甘落后的精神品质。这些宝贵的精神财富，源于中国共产党的英明领导，源于中华民族数千年优秀历史文化的沉淀，源于中华民族自强不息的精神风貌。今天，我们深化改革开放，建设民主、富强、文明的现代化国家，就必须坚持在中国共产党领导下大力弘扬敢闯敢试、自强不息的民族自信心。

二、广东现阶段矛盾问题分析及对策

芬兰大街上从不堵车，任何时候坐地铁和地面公交都不愁找不到座位，市场上没有假货，全民终身免费接受教育，没有明显的贫富差距，人们不用为未来的生活担心，过着平静的闲适生活，是世界公认的幸福社会。回过头来看广东，芬兰的优势在广东都是"老大难"问题。推进幸福广东建设，首要问题是解决这些"老大难"问题，才能提高我们的幸福感和幸福指数。由于人口的原因，芬兰的经验不可能在广东照搬照用，但认真梳理思考，不乏改进和提高的思路和对策。

（一）住房难

住房难其实是广东城市兴盛繁荣、人才聚集、人口快速城镇化的外在表现；房价快速攀升和通货膨胀，促使殷实群体到房产市场进行投资，造成房价一浪高过一浪；政府的限价举措也只能是扬汤止沸，恰恰给投资房地产的人传递了一种房地产投资方兴未艾的信息。30多年的改革开放，广东的市场经济已基本成熟，对房地产市场的管控，要用市场经济的规则来调控，而不是靠计划经济中简单的政府价格干预来管控。在广东省房改经历10多年艰难跋涉后，如果一味地通过经济适用房、保障房等产权明晰的方法来解决当前形势严峻的住房难问题，就会陷入恶性循环的怪圈，人人都希望有一套房，没完没了。大力推行廉租房就是一种可改变民众传统思想观念的行之有效的方法，我们不妨学一学新加坡的做法。新加坡弹丸之地,人口密集,房地产价格世界第一,政府没有在价格管控上做文章,而是在只有60万户人家的国家里,投资建设了70万套廉租房供国人租住,使房地产市场形成了有房无市的稳定局面。

(二) 求学难

在广州市,凡养育子女的人都积了一肚子的苦水:从孩子入幼儿园开始,家长和孩子就像上套的牲口,家长拼命寻找好的教育资源,孩子拼命学习更多的知识参加竞争。在孩子小学、初中、高中各个阶段,许多家长不停地在名校附近一套一套地买房,以期作为地段生入名校;无论优生差生,不分白天黑夜、不管节日假日地参加各种课外补习班,直到大学毕业、参加工作,家长子女个个疲惫不堪方尘埃落定。国家实施九年义务教育是一项重大惠民政策,但在巨额择校费、课外补习费和学校生活费面前,只能是沧海一粟。芬兰的义务教育值得我们学习和借鉴。在这个创新能力位居世界第六的国家里,到处都是父母携子女在阳光下无忧无虑玩耍的情景。芬兰的经验表明,义务教育的真谛在于教育的真正公平,包括受教育权利的公平和教育资源的公平,缺一则不能称其为教育公平。

(三) 看病难

月有阴晴圆缺,人有生老病死,病是人不能控制的生理现象。眼下的看病难,难在无钱看病、看不起病、看得不舒心。国家实施医保改革,广东走在前列,似乎很完美。医保可以解决无钱看病的问题,但这不是看病难的关键。看病是"医患"关系,"医"强而"患"弱,让捉襟见肘的"医保费"去面对以效益为目标的医院,不是解决"看病难"的良方妙策。欧洲许多国家医疗保障是以医院为主开展的。医疗改革从医院着手,已经是成功经验,我们何不借鉴之?

(四) 行路难

中国人口众多,广东作为中国最具活力的改革开放前沿阵地,人口更是稠密。以广州市为例,每天上下班出行,如果没有一定的挤车经验是上不了公交和地铁的。为此,有点积蓄的人就勒紧裤腰带买车,结果更麻烦的问题随之而来——路上车多行车难,上班下班没有车位停车更难,高额的养车费使爱车变成"烫手山芋"。大力发展城市公共交通、合理限制私车规模、用税收调节车辆出行量是大城市解决"行路难"的有效手段。首先,公共交通要能够满足全体市民常规出行的需要;其次,政府不能因拉动消费而盲目鼓励私人购车;

最后，通过对使用公路等公共资源行为实施高税收来限制车流量，如对车辆出行实行高税收、车辆停放公共停车场实行高收费的办法来控制车流量，用税收补充公共交通建设经费的不足。

（五）收入不均

改革开放的工资制度，打破了"大锅饭"，从一定程度上激发了多劳多得的工作热情。然而这一政策的过度滥用，导致了工资制度的失控，造成同城收入严重不均的后果。以广州地区公务员工资为例，收入不均现象之严重可见一斑。广东省直机关公务员工资实施统一"阳光工程"，而广州市直机关公务员工资则高出省直一大截，各区县公务员的工资又高出市直公务员一大截，街道办事处公务员的工资又高出区县公务员一大截。这样的结果是广州地区一些最基层的街道办事处公务员比省直机关同级公务员高出整整一倍的工资。同在一个城市生活，同为承担社会责任的公务员，面对同样的消费水平，工资差别如此大，其影响力不言而喻。公务员队伍的收入差别尚且如此，与烟草、电力、石油等特殊行业相比，收入差别就更大了。在芬兰，不只是公务员队伍，全社会工资收入基本均衡的经验值得借鉴。"不患寡而患不均"是中国的传统思想，建设幸福广东需要从工资收入着手进行改革。

（六）贫富悬殊

目前，我国改革开放"让一部分人先富起来"的目标已经实现，诸多"第一个吃螃蟹"和"喝头啖汤"的人赚得盆满钵满。在这一群体当中，有许多人是通过充分利用国家优惠政策、经营国家公共资源、牺牲公共环境资源使自己领先一步富起来的，甚至不乏巨富。这一部分先富起来的人招摇过市，其家族过着逍遥自在的幸福生活，优先享受各种社会公共资源，成为社会"上层"。先富起来的这部分人，不一定是当代社会上最优秀的群体，他们是靠政策、机遇甚至靠投机钻营富起来的。这一群体的突起，在整个社会引起震动，让有能力优势的群体不甘心，让普通群体忧心忡忡，让弱势群体眼红，让全社会浮躁和不安，社会不稳定因素由此产生。芬兰没有巨富和赤贫，调节社会的贫富悬殊靠高税制，个人所得税高达45%。广东改变社会的贫富悬殊问题要靠政策，运用共同富裕的理念修改完善改革开放初期政策措施的不足，运用税收制度调节巨额收入和暴利行业，尤其对"煤老板"、"矿老板"和国企改革中暴富的群体等靠国家改革初期不完善的政策、利用国家公共资源、破坏公共环境谋取暴利的群体征收高额的资源使用税和环境保护税；让利用上述手段先富起来的人参与社会公共福利事业回报社会，平衡社会贫富悬殊，营造和谐稳

借鉴芬兰经验，推动幸福广东建设

定的社会氛围。

（七）诚信缺失

在芬兰消费，不必考虑假冒伪劣问题，商店摊铺明码实价，公共饮食监管严格。探根究源，得益于法律制度的严格，违法代价远高于违法成本。例如，在芬兰搭乘公共交通十分便利，无人验票和维持秩序，只有不定时的查票，只要查到无票乘车者，每次罚款 80 欧元（月票价格），是正常票价的 40 多倍。而我国坑蒙拐骗、假冒伪劣、问题食品现象让人防不胜防。重建诚信体系，营造和谐氛围，要靠法律、靠监管，要用重典、出重拳制乱，只有当违法代价远高于违法所得时，违法现象才会消失；同时要加强宣传教育的力度，在社会上开展诚信宣传，在学校开展诚信教育，让缺失诚信的人成为"过街老鼠"。那时，诚信社会不请自来。

三、芬兰经验对推进幸福广东建设的启示

他山之石，可以攻玉。中芬两国在人口、地域、政治、文化等方面都存在着巨大差异，但是芬兰高水平的全民教育、先进的公共管理理念、有效的政府运作机制、完善的法律制度和社会保障体系等都对我们具有重要的借鉴意义。

（一）必须坚定不移地落实好国家的人口政策

人口少是芬兰成为高福利国家、有序国家的主要原因。新中国成立后，我国经历了鼓励人口增长、严控人口增长和限制人口增长等阶段。通过计划生育政策，国家少生育了数亿人，有效地缓解了人口增长过快的问题。我国人口增长过快的原因主要是基数大和"养儿防老"、"多子多福"、"传宗接代"的传统思想观念。芬兰的年轻人没有赡养老人的义务，养老全部由政府负责，退休老人可以根据个人需要，向政府申请进养老院或申请家庭护理员，这些都是免费的，以至于芬兰在鼓励生育的政策下，人口数量不升反降。现阶段中国解决人口问题，要优先靠福利制度和强有力的奖励政策，而不能靠强制手段。一是对生育一胎的家庭进行重奖，既要物质奖励，同时还要对一胎子女的入托、入学、就业给予政策保障，让遵守国家计划生育政策的公民能充分享受到国家改革发展的成果，奖励他们对国家和社会的贡献；二是加快幸福广东的建设进程，提高全民特别是退休老人的福利水平和保障，让老人靠福利政策安度晚年而不是过度依赖子女。

（二）必须把公务员队伍建设成一支引领社会发展的重要力量

毛泽东同志说：政治路线确定之后，干部就是决定因素。公务员队伍作为政策制度的制定者和落实者，是推进幸福广东建设的骨干力量。在芬兰这个没有巨富和赤贫的国家里，公务员的工资处于偏高收入水平，公务员的职务晋升按领导类和普通公务员两个渠道有序晋升，保持了公务队伍的稳定，使公务员能够无负担、集中精力进行工作。而广东省的公务员队伍管理还有许多问题有待改进。在省直机关公务员队伍管理中存在的选拔渠道呆板、无法优中选优，晋升渠道不畅、"天花板"现象严重，收入待遇不均、工作动力不足等问题，都是制约公务员队伍建设健康发展的"瓶颈"。彻底解决这些问题，就需要进行艰苦细致的调查研究，制定科学合理的政策法规，更不能为解决一个问题而诱发更加严重的问题。在公务员队伍的入口选拔上，现有制度有效防止了腐败，但凭学历、凭分数，从学校、私企等岗位进入省级机关的公务员，由于没有长期的基层公务员岗位的锻炼，不可能具备制定政策、组织计划等宏观视野和经验，在工作能力和岗位适应上不一定是最优秀的。因此，还需要建立科学的优秀人才选拔机制和岗位调整、淘汰机制，以保持省级机关公务员队伍的高素质。在公务员队伍的职务晋升上，由于主任科员职务以下层级设置太少、领导职务公务员和非领导职务公务员同挤一条"独木桥"，使主任科员以上的各级公务员存在"天花板"现象。如果把非领导职务公务员和领导职务公务员晋升渠道分流，增加晋升层级，就可以保持公务员队伍的正常晋升，有效防治职务疲劳症和"天花板"现象。公务员队伍的工资设置要科学合理，太高不合民意，太低则不能吸引人才、没有激励作用，但更要统一标准。

（三）必须把教育摆在更加突出的位置

在北欧各国中，芬兰疆域小、人口少，资源也相对匮乏，历史上曾长期被瑞典和俄罗斯殖民统治。第二次世界大战中由于和德国结盟而成为战败国，背上沉重的战争赔款，当时的芬兰非常贫穷。20世纪50年代，有远见的芬兰领导层居危思远，清醒地意识到芬兰要想在世界舞台上占有一席之地，就必须走创新富国之路，靠人的聪明才智、靠全民文化素质的提高使芬兰步入创新型国家的行列。从那个时候开始，芬兰历届政府都把教育作为一项基本国策。经过几十年的努力，芬兰已经建成了一个全覆盖、多层次的全民免费教育体系，对教育的投入和坚持造就了今天成功的芬兰。2009年，《世界经济论坛报告》公布的世界企业界领袖对各国综合指数调查排名中，芬兰高等教育培训位居世界第一、高级专业技术人员创新能力位居世界第一、知识产权综合指数位居世界

借鉴芬兰经验，推动幸福广东建设

第二、国家创新能力位居世界第六。仅仅530多万人的国家，涌现出了诺基亚这样的世界级知名跨国公司，这无疑是非常值得我们学习的。广东作为我国改革开放先行地区，是全国第一经济大省，许多方面是走在全国前列的，但是在教育方面却明显落后于北京、上海、江苏、浙江等兄弟省市，这其中有复杂的历史和客观因素，但也应当看到，各级党委政府对教育认识不够、重视不够、决心不够、投入不够也是重要原因。教育投入是最重要、最基础的投入，也是收益最大的投入。广东加快经济发展方式转变，走创新型发展之路，就必须在教育上树立长远眼光、先行意识，克服等、靠等依赖思想，切实把教育摆在更加突出的位置，系统规划、政策倾斜、加大投入、长抓不懈。通过教育，切实把人口优势转化为人才优势，把人口数量优势转化为人才质量优势，为实现经济社会可持续发展提供强大的不竭动力源泉。

（四）不断完善法制，深化政府管理体制机制改革

芬兰社会对公平正义的尊重和维护是令人称道的。这不仅是芬兰社会重要的价值观，也是芬兰法律体系构建的重要支点。和芬兰人民接触，无论是政府官员、老师、医生还是普通民众，无一例外都自豪地称芬兰是一个公平的国家，对政府的公共服务、运作效率、廉洁治理等表示满意。当然，他们今天的成就不可能一蹴而就，其过程无疑是长期的和循序渐进的。改革开放30多年来，广东法制建设进程不断加快，政府体制机制改革不断深化，反腐倡廉建设等都取得了明显成效，但也应当看到，我们在政府角色定位、服务意识、廉洁廉政等方面仍有很大差距。其中的关键在于，我们必须真正把注重维护社会公平正义的理念贯注到法规政策制度建设的方方面面。同时，要进一步深化政府体制机制的改革，真正建立起一个法治、服务、廉洁和高效的政府。

（五）必须加强公共财政预算管理，减少浪费

芬兰预算管理经历200多年的发展历程，形成了十分精细的预算管理体系，政府预算曾一度精细到部门办公的纸和铅笔，各级政府比较准确地掌握了政府各部门每年所需经费额度，保证了政府公共财政预算的高效率。我国却不一样，政府财政浪费现象十分严重。省纪委经常参加办案的同志介绍，广东当前的政府财政支出中，巨额投资的"半截子"工程不胜枚举，浪费比腐败更严重。在我国现有的预算管理体制下，各单位上年度预算没用完，下年度就要相应削减，加之我国传统的预算水分大等原因，为浪费提供了"温床"。改革开放30多年，经过几代人的创新拼搏，广东积累了较为厚实的财政基础，但推进幸福广东建设任重道远，需要财政的强有力支持。我们应学习借鉴芬兰精

细化预算管理经验，继续保持艰苦奋斗、勤俭节约的优良传统，节支增收，加大对民生问题的财政投入，提高广东人民的幸福指数。

（六）必须把保持良好生态环境作为一项核心目标抓紧抓好

走入芬兰，你就会情不自禁地被这个"千湖之国"的美丽所吸引。这里天蓝水绿、空气清新，森林覆盖率达72%，街道干净整洁，社区井然有序。城市上空不时有一群群海鸥飞过，它们甚至飞到热闹的街道和人群中，在这里，人和动物真正成为朋友。赫尔辛基、卡佩雷、图尔库是芬兰三大城市，也处处充满田园风光，人们生活得闲适而从容，芬兰人尊重自然、理解自然，把自然与人有机统一而不是对立起来。广东这些年来经济发展很快，但是对环境欠账太多。随着各种生态问题的不断爆发，我们可以清楚地看到，生态问题已经不是一个单纯的环境问题和经济问题，而是关系到百姓生计生存，关系到千家万户、千秋万代的大问题。在这个问题上，任何人都无权利急功近利，任何时候都不能做历史的罪人。广东要牢固树立生态优先、环境优先的观念，要像抓经济发展一样抓环境保护。要采取一切可能的办法在发展中维护好环境，我们必须树立这样的意识，在条件不具备的情况下，宁可牺牲一时的发展也要坚决把环境保护好，绝对不能严重破坏环境。要拿出决心和勇气，拿出可行的政策措施，加大转移支付力度，让广州、深圳、东莞、中山等率先发展起来的地区，为保护环境担负更多的责任，补上过去因发展欠下的环境账。

（七）必须切实加大对民生的投入，加快和谐社会建设

芬兰的福利政策体系有两个最为鲜明的特点，一是它的普惠性、均等性，在芬兰，每一个公民都能享受到政府提供的同等的福利；二是它的高水平，芬兰的失业救济金人均每月达500多欧元，再加上生育、育婴、教育、医疗、养老等福利，在芬兰，一个人从出生到去世都在享受各种福利，高福利让每一个公民都不必担心自己的衣食住行和生老病死，长期坚持下来，芬兰的整个社会呈现出一种安定祥和的氛围。中国有特殊的国情，现阶段没有能力也不可能实施这样的高福利政策，但是加大对民生领域的投入，不断提高社会保障水平，也是政府不可忽视和推卸的责任。在推进幸福广东建设中，要牢固树立民生优先的观念，切实加大对民生领域投入，要把重视民生、改善民生作为硬性指标列入干部的考核体系中，让改善民生成为政府的头号工程，真正使广大人民群众得到实惠，享受改革开放和经济发展的成果。

芬兰用40年时间从"二战"后的负债国转变为一个高福利国家，这得益

借鉴芬兰经验，推动幸福广东建设

于芬兰国家小、人口少，思路正确、决策得法。广东改革开放 30 多年来，人民生活发生了天翻地覆的变化，但人口多、地域发展不平衡的问题已成为制约发展的瓶颈，解决当前的社会矛盾需要更长一段时间。只要我们不断解放思想，继续改革创新，加快经济发展方式转变，幸福广东离我们就不会太远。

后 记

中共广东省委、省政府高度重视公务员境外培训工作，为培养一批具有世界眼光和战略思维的党政人才，确保每年选派一批公务员到发达国家的大学学习公共管理先进理念和经验。广东省公务员公共管理芬兰专题研究班是广东省公务员境外培训项目之一，在国家外国专家局、广东省财政厅、广东省外国专家局的大力支持下，通过由广东省人力资源和社会保障厅、广东省人民政府外事办公室、中山大学与芬兰公共管理学院合力承办、共同努力，专题研究班取得了成功，达到了预期的目的。

2011年5月至7月，第五期广东省公务员公共管理芬兰专题研究班先在广州中山大学学习培训了一个月，再在芬兰公共管理学院学习培训一个月，为期两个月的学习培训采取了国内和国外培训相结合、理论教学与政策研讨相结合、课堂讲授与专题讨论相结合等灵活有效的方式进行。在国内的培训学习中，中山大学组织了公共管理方面的专家为本研究班讲授涉及公共管理、公共政策等方面的课程，并邀请校外权威专家就政治建设的中国逻辑、政府改革与创新、转变经济发展方式与建设服务型政府等问题作专题讲座。在此期间，学员还以小组讨论、学员论坛等形式对所学知识予以总结，并将理论知识结合具体问题进行分析。在国外学习期间，芬兰公共管理学院负责提供培训服务，通过培训，学员透过芬兰了解发达国家公共管理的体制机制、运行模式、政策措施及成功经验，掌握了公共管理基本理论。在学习中，学员们表现出极强的求知欲，善于利用课堂教学与研讨、图书馆查阅资料、网络搜索与交流、实地考察等学习方式，积极向培训专家求教，圆满完成了教学计划。

按照培训要求，每位学员在培训课程结束后，需提交一篇相关研究论文，运用所学公共管理理论并结合芬兰公共管理经验来深入分析广东公共管理实践。呈现在您面前的这部论文集就是第五期芬兰班学员精心撰写、反复修改之后的成果，内容涉及公共管理与公务员制度改进、科技教育与人力资源开发以及行业发展与社会保障等各个方面。他们充分结合各自的工作领域，借鉴芬兰的有益经验，对我国和广东省改革开放进程中政府所面对的诸多具体问题进行了积极的思考，对转变观念、提高公共服务意识、不断提高自身公共管理与服

借鉴芬兰经验，推动幸福广东建设

务的水平和能力等问题进行了较深入的分析和探讨。

  本期论文集由广东省人力资源和社会保障厅（广东省公务员局）综合管理与培训处、中山大学政治与公共事务管理学院组织编辑。由于时间仓促，本论文集难免有粗疏之处，还请各位批评指正。

编 者
2015 年 8 月